# M. LE CHANOINE

# HILLEREAU

## Curé de Saint-Donatien

### A NANTES

## SA VIE — SES ŒUVRES

### 1837-1907

### par l'Abbé Arm. BOURCIER

**NANTES**

LANOE-MAZEAU, Libraire-Éditeur, 2, Haute-Grande-Rue

**1909**

IMP. PIGRÉE ET Cⁱᵉ, — NANTES.

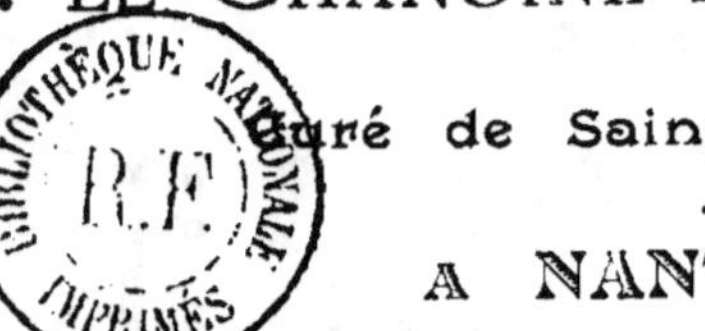

# M. LE CHANOINE HILLEREAU

## Curé de Saint-Donatien

### A NANTES

## SA VIE >-< SES ŒUVRES

### 1837-1907

## M. LE CHANOINE HILLEREAU

(PHOTOGRAPHIE PRISE A LA CLOTURE DU JUBILÉ DE 1901)

# M. LE CHANOINE

# HILLEREAU

## Curé de Saint-Donatien

### A NANTES

## Sa Vie ✤ Ses Œuvres

### 1837-1907

## PAR L'ABBÉ ARM. BOURCIER



NANTES

LANOE-MAZEAU, Libraire-Éditeur

2, Haute-Grande-Rue, 2

1909

*Nantes, le 13 Août 1909.*

PERMIS D'IMPRIMER :

† PIERRE-EMILE,

    évêque de Nantes.

Evêché
DE
NANTES

*Nantes, le 13 Octobre 1909.*

*Cher Monsieur l'Abbé,*

*Je loue et je bénis votre dessein. Par la notice que vous consacrez à la mémoire de Monsieur le chanoine Hillereau, curé de Saint-Donatien, vous avez voulu continuer son action salutaire dans le cœur de ses paroissiens et de ses confrères.*

*C'est une pensée toute bienfaisante dont la piété filiale, qui vous a inspiré, assurera le succès. Soyez-en bien cordialement félicité.*

*Fût-elle la plus modeste et la plus obscure, la vie d'un curé, généreusement préoccupé de sa propre sanctification et de celle de sa famille paroissiale, est toujours admirable.*

*Mais quand pour se sanctifier lui-même, et pour édifier ses paroissiens, un curé dépense, sans se lasser ni faiblir jamais, des dons naturels éminents et l'action d'une foi ardente, c'est une puissance créatrice merveilleuse.*

*Ce fut le caractère très exceptionnel de la vie de Monsieur le chanoine Hillereau. Homme de haute intelligence et de volonté inébranlable, il a* pu d'instinct concevoir et réaliser de grandes œuvres matérielles et morales, mais il ne les a rendues fécondes pour Dieu et pour les âmes, que par son esprit de foi très pratique et très généreux. C'est cette foi maîtresse de toute son âme qui, animant inséparablement dans sa vie l'action hardie et la prière confiante, a fait de lui « un ouvrier modèle ».

Que ses paroissiens, qu'il a si ardemment et si fidèlement aimés, bénissent son zèle, mais surtout qu'ils n'oublient ni ses leçons, ni ses exemples !

Que sa famille sacerdotale se console et s'instruise, en gardant à l'ombre de l'autel de nos saints Martyrs, avec ses restes mortels, le souvenir de sa piété et de ses labeurs !

Je vous offre, cher Monsieur l'abbé, à vous et à vos confrères, ce double vœu comme un gage nouveau de ma profonde vénération pour Monsieur le Curé de Saint-Donatien, et de mon estime singulière pour la plus grande de ses œuvres, votre union fraternelle en Notre-Seigneur Jésus-Christ.

Votre bien respectueux et dévoué.

† PIERRE-EMILE,

évêque de Nantes.

# PRÉFACE

Si nous n'avions consulté que notre cœur, il y a long-temps que cette Biographie aurait paru ;  mais  des circonstances, indépendantes de  notre volonté, en  ont jusqu'ici retardé la composition.

Depuis la mort du très regretté Monsieur Hillereau, nos paroissiens et les amis du cher défunt, demeurés très nombreux dans la ville de Nantes,  dans le  diocèse et au delà, nous ont souvent réclamé l'histoire de la vie si  bien remplie du Curé de Saint-Donatien.

C'est ce travail que nous leur donnons  dans cette brochure.

Nous ne pouvons cacher que pour  raconter la vie et les œuvres de M. le chanoine Hillereau, un volume plus considérable  n'aurait étonné personne ; mais nous avons dû passer sous silence beaucoup de détails de sa vie intime ; l'époque n'est pas encore venue d'exposer tout ce que nous savons de cet homme de bien, de ce curé modèle, dont un personnage intelligent et expert dans la matière, a pu dire : « J'ai vu beaucoup de curés, je n'ai jamais rencontré quelqu'un qui fut plus curé que M. Hillereau »

Pour faire l'histoire de cette vie depuis la naissance de M. Hillereau, jusqu'à sa nomination à la cure de Saint-Donatien, (1837-1872), nous avons eu la bonne fortune d'avoir entre les mains des notes nombreuses, recueillies jadis par une plume amie et très judicieuse. Nous avons puisé également dans les cahiers et les feuilles de retraites du séminariste à la Maison de Philosophie, au Grand Séminaire et au séminaire de Saint-Sulpice. Il nous a été donné encore de lire et de goûter les notes prises par M. Hillereau, au cours de ses retraites, faites pendant son vicariat.

Depuis 1872 jusqu'à sa mort, 1907, M. le curé de Saint-Donatien continua à recueillir avec soin et dans un ordre parfait, ces épanchements intimes de son âme ; et il n'a pas eu le temps ou la pensée, grâce à Dieu, de détruire avant sa mort le carton qui les renfermait. — Ces notes des différentes retraites suffiraient à elles seules pour faire un petit volume qui, certes, serait très édifiant et montrerait dans son beau jour l'âme de celui qui les a écrites. — Nous ne citerons que quelques fragments de ces feuilles, mais ils nous aideront déjà à faire connaître l'intime de « ce puissant ouvrier de Dieu », qu'on a pu prendre parfois pour un homme vivant surtout de la vie extérieure. — C'est une grave erreur qui, grâce à ces lignes prises çà et là, dans ces notes, sera aisément dissipée.

Nous ne pouvons pas oublier non plus que M. le curé de Saint-Donatien a été réellement identifié avec tous les événements remarquables et les grands travaux de sa longue carrière pastorale. Ils ont été conçus dans son esprit et exécutés par lui ou sous sa puissante influence. Comment alors raconter la vie du pasteur sans exposer, souvent dans le détail, des faits consignés déjà sans doute, publiés même tout au long, mais épars actuellement, dans les annales paroissiales et diocésaines. Le registre de paroisse et la Semaine Religieuse nous ont donc été très souvent d'un puissant secours.

Enfin nous avons puisé dans les souvenirs des anciens de la Collégiale, et dans nos souvenirs personnels, gardés précieusement dans notre mémoire ou fixés dans des notes particulières, pendant les quinze années que nous avons passées sous la paternelle autorité de M. Hillereau.

Daigne ce cher et vénéré père veiller lui-même à la composition de ces pages. — Cent fois des personnes pieuses nous ont répété qu'elles étaient plus portées à le prier pour elles qu'à prier pour lui... Facilement, certes, nous nous rangeons dans cette catégorie. Nous qui avons vécu avec lui dans l'intimité, nous savons ce qu'il était, comme il vivait ; et sa mort, toute subite qu'elle fut, ne nous a jamais donné aucun doute sur son salut éternel.

Si quelques-uns trouvaient parfois trop flatteur le portrait que nous allons tracer de M. Hillereau,... qu'ils se souviennent alors que ce sont ceux-là qui ont vécu de longues années près de lui qui l'ont mieux connu ; et du reste comment empêcher un fils reconnaissant de parler de son Père avec un cœur tout affectueux ?

Ce sera, pense-t-il, près de tous, sa meilleure excuse, s'il en est besoin.

*Saint-Donatien, en la fête de Notre-Dame-Auxiliatrice,*
*le 24 Mai 1909.*

Arm. BOURCIER
Vicaire de St-Donatien, Nantes.

# M. le Chanoine HILLEREAU

## Curé de Saint-Donatien

## CHAPITRE PREMIER

### L'enfance de M. Hillereau

Au village de la Guéraudière, actuellement paroisse et commune de la Planche, vivait, en 1837, une famille très honorable, dont le chef, Monsieur Jean-Baptiste Hillereau, était marchand de bois. C'était un homme intelligent, actif, intègre. Sa femme, Jeanne Douaud, était remarquable surtout par son sens pratique et par les qualités de son cœur pieux et affectueux.

De cette union, le 12 mars de l'année que nous venons de dire, naquit, dans ce jeune ménage, un fils qui reçut au baptême les noms de Jean-Baptiste, Alphonse, Eugène. Les cérémonies saintes eurent lieu à Vieillevigne, car la paroisse de la Planche ne fut formée que quelques mois plus tard, et ce fut seulement alors que la Guéraudière passa dans le nouveau territoire. Mais le futur curé de Saint-Donatien, tout en ne niant pas qu'il avait vu le jour sur le territoire de la grande paroisse de Vieillevigne, aimait cependant à dire avec une certaine fierté qu'il était paroissien de la Planche.

I

Les souvenirs de sa jeunesse revenaient, en effet, souvent dans ses conversations intimes. Il rappelait avec une grande simplicité son village, ses jeux d'enfants, ses turbulences avec la vieille Nannon, à qui sa mère le confiait quelquefois, ses premières leçons reçues d'un vieux maître, M. Loizeau, pour qui son père offrit une maison dans le bourg à condition qu'il fît la classe aux petits enfants. Ce fut cet homme droit, juste, bon, qui lui apprit à lire, à compter, et qui stimula les premiers élans de sa vive intelligence.

Ce qu'il avait une fois entendu et appris, il ne l'oubliait pas. Mais le catéchisme surtout avait pour lui, des attraits tout particuliers. Les anciens de la Planche racontent encore que lorsque M. Nail, leur premier curé, expliquait à l'église les leçons récitées et questionnait les enfants, le petit Hillereau était toujours prêt à répondre, et le catéchiste se trouvait obligé très souvent de terminer ainsi : « puisque, mes enfants, vous ne savez pas, voyons, toi, Baptiste, dis-nous cela. » — Et l'enfant répondait d'une voix claire et d'une façon nette à la question posée.

De bonne heure prit naissance dans le petit Jean-Baptiste le goût des offices de l'église et des cérémonies liturgiques. Aussi ce fut avec une joie très sensible que l'enfant se rendit à l'appel du vénéré Curé de la Planche qui le prit pour enfant de chœur, dès l'âge de 9 ou 10 ans. On raconte même que le jeune Hillereau laissait toute espièglerie à la porte de la sacristie. Il paraissait dans le lieu saint tellement saisi de l'action du Saint-Sacrifice qu'il ne pouvait présenter les burettes au célébrant sans un certain tremblement dans la main. Le bon M. Nail prit d'abord cela pour une gaucherie de Jean-Baptiste, mais il ne tarda pas à remarquer que c'était plutôt l'expression des sentiments intimes de cette jeune âme.

Cette religieuse tenue de l'enfant, la majesté qu'il apportait déjà dans ses mouvements, pendant qu'il servait à l'autel, excita dans M. le curé le désir de voir son enfant de chœur entrer au séminaire. Il alla un jour à la Guéraudière. Monsieur et Madame Hillereau pesèrent le pour et le contre, discutèrent avec leur curé, mais le Bon Dieu fut vainqueur et il fut décidé sans retard que Jean-Baptiste irait commencer ses premières classes au collège des Couëts. Il y fit la huitième et la septième ; puis pour des raisons particulières de famille, il fut envoyé au petit séminaire de Guérande.

Guérande était bien loin de la Planche ; et, en 1848, le chemin de fer n'existait pas.

Au mois d'octobre donc, l'enfant, les yeux pleins de larmes, embrassa son père, ses frères et sa sœur, et accompagné de sa mère quitta son village pour la première fois.

Sans doute, pour le jeune écolier un voyage en voiture jusqu'à Nantes, en bateau ensuite sur la Loire jusqu'à Saint-Nazaire, en voiture encore sur le bord de la mer jusqu'au séminaire de Guérande, un si long voyage, disons-nous, avait quelque chose d'agréable et de flatteur pour sa nature peu disposée à rester en place et dans le même lieu. Mais la distance lui devenait une chose pénible cependant, surtout lorsqu'il songeait que c'était pour des mois, et qu'il voyait sa mère s'essuyer de temps en temps les yeux en le regardant avec tendresse.

Le petit Jean-Baptiste aimait tant sa mère ! Il nous souvient qu'il en parlait souvent, même dans un âge avancé, et principalement lorsqu'il avait lui-même à consoler quelqu'un qui venait de perdre sa mère. « Une mère, quelle place elle tient dans notre vie ! répétait-il avec une émotion communicative ; rien ne peut remplacer son affection ! » — « Mon pauvre enfant, disait-il un jour à l'un de ses vicaires dont la mère était mourante, je prends une part bien grande à votre douleur, car j'ai su ce que c'est de perdre sa mère... Voilà quarante ans que ma mère est morte et le vide dans mon cœur est aussi grand que si c'était hier ! »

Le jeune Hillereau est donc à Guérande. La vieille cité bretonne avec ses murailles dentelées, avec ses tours qui rappellent un passé de plus de cinq siècles, exercent sur le jeune écolier une influence irrésistible. L'immense océan que l'on voit des salles d'études, de la cour, et surtout des dortoirs, lui ouvre les plus vastes horizons. Les promenades dans les marais salants, et surtout dans les chemins creux, dans les landes et les bois de sapins, laissent dans son âme une empreinte que les années ne pourront effacer. Que de fois dans sa vie il rappellera ces souvenirs d'écolier, lorsqu'une heureuse circonstance, ou une vieille affection, amèneront à sa table quelques anciens de Guérande !

Mais si Guérande a le privilège de captiver les cœurs, il faut dire sans tarder, que, au contact de la grande brise, les intelligences ne sont pas, pour l'ordinaire, endormies.

Celle du jeune Hillereau se développa rapidement ; et de même que dans les jeux et les courses il ne savait pas rester à l'arrière-plan, ainsi dans ses classes il ne pouvait pas se résigner à être un élève effacé. Ce n'était pas chez lui surtout le désir de paraître, mais il fallait qu'il arrivât Et si pour arriver à être classé dans les premiers rangs, il fallait un travail opiniâtre, ce travail ne le rebutait pas.

A Guérande, il travailla donc comme un bon écolier. Mais sa facilité était telle, que sans trop de peine, il se maintint dans un très bon rang parmi les élèves de sa classe, et il en fut du reste ainsi pendant tout le temps de ses études à Guérande et au Petit Séminaire, où il termina ses humanités.

Quand arrivaient les vacances, le jeune séminariste partait pour la Planche. Mais les vacances n'étaient pas un temps de paresse. De bonne heure, il avait pris l'habitude du travail intellectuel, même lorsqu'il ne lui était pas commandé. Il aimait à lire et il le faisait d'une manière pratique et profitable. Aussi doué d'une mémoire prodigieuse, il meubla son intelligence d'une multitude de connaissances dont il se servait agréablement pour intéresser ou distraire ses amis.

Les courses de vacances avaient aussi le talent de le fasciner ; avec d'autres séminaristes, l'après-midi se passait en ce qu'ils appelaient des « pèlerinages ». C'étaient des promenades aux églises des paroisses voisines ou aux chapelles des environs Deux sanctuaires surtout recevaient souvent la visite des écoliers touristes. Celui de Saint-Sauveur, à Aigrefeuille, et la chapelle de l'Abbaye, en la Planche, qui avait été un bien de la famille Hillereau. Dans ces lieux bénis, les séminaristes se délassaient de leurs courses souvent effrénées, en récitant les vêpres de la Sainte Vierge ou en chantant quelques pieux cantiques.

Mais nous allons suivre le jeune écolier, devenu jeune homme, dans un autre milieu.

Le petit séminaire a donné à M. Hillereau la clef des sciences profanes, ses études littéraires ont été couronnées par un plein succès dans les examens du baccalauréat, il lui faut maintenant passer à d'autres études sous la direction de nouveaux maîtres.

# CHAPITRE II

## M. Hillereau au Grand-Séminaire

M. Hillereau n'avait pas encore dix-huit ans lorsqu'il entra au séminaire de Philosophie.

Dans la solitude, près de maîtres pieux et savants, il allait trouver pour son esprit une nouvelle orientation et pour son âme la vocation que le Seigneur lui avait donnée.

A cette époque, en 1854, le séminaire de Philosophie était dirigé par le célèbre et distingué M. Branchereau, et on y enseignait encore le système ontologique. M Hillereau s'en amusait quelque peu plus tard, lorsqu'il avait autour de lui de jeunes élèves ecclésiastiques, ou lorsqu'il allait faire subir des examens au Grand-Séminaire. En présence du langage et des théories scholastiques il avait coutume de dire en souriant, sans critiquer l'ancien système philosophique qu'il avait beaucoup aimé : « Ah ! c'était bien plus simple de mon temps ; en ontologie, il suffisait d'accepter le premier principe, et le reste allait tout seul, fort agréablement du reste. »

Ce fut pendant son séjour à la maison de Philosophie que le jeune séminariste perdit son père.

Ce dernier se rendait chaque semaine de la Guéraudière à Nantes, pour ses affaires et en particulier pour son commerce de bois. Le 27 décembre, il y vint comme de coutume, mais c'était pour y rencontrer la mort qui le guettait. Une attaque de paralysie foudroyante le terrassa, en effet, sur la place du Commerce. Pendant que des amis transportaient le mourant à l'hôtel de la Maison-Rouge, un témoin complaisant courut au séminaire prévenir son fils. Jean-Baptiste arriva auprès de son père, en même temps qu'un prêtre de la paroisse Sainte-Croix, qui apportait le sacrement de l'Extrême-Onction. Trois heures après, le séminariste, à genoux, priait, éploré, devant un cadavre.

L'image de cette mort subite resta pour jamais fixée dans la mémoire de M. Hillereau. Plusieurs fois elle fut ravivée encore dans le courant de sa vie, par la disparition, dans des conditions analogues, de quelques membres proches de sa famille, et c'est ce qui lui faisait dire de temps en temps : « Je vous affirme que je mourrai subitement. »

Cette mort ne fut hélas ! que le prélude de nouveaux deuils.

La famille Hillereau était fière, et à juste titre, d'avoir l'un de ses membres, parmi les plus hauts dignitaires de l'Eglise. Un oncle à la mode de Bretagne de notre séminariste, et portant également le nom des Hillereau, appartenait à la Congrégation du Bienheureux Père de Montfort et était parti pour les missions d'Orient. Son zèle, sa piété, sa science l'avaient signalé comme pouvant remplir les postes les plus élevés et les plus difficiles. Aussi fut-il choisi, dans des circonstances que nous n'avons pas à raconter, pour monter d'abord sur le siège archiépiscopal de Smyrne et ensuite sur celui de Constantinople, avec le titre glorieux de « Patriarche latin » (1).

Deux mois après la mort de son cousin à Nantes, le 1er mars 1855, le patriarche était frappé, à Constantinople, par le terrible choléra, et ravi en quelques jours, à l'affection de ses amis, de sa famille, de ses chrétiens, de l'Eglise.

A Constantinople, depuis 1847, Monseigneur Hillereau avait près de lui comme Vicaire général, un cousin, frère du père de Jean-Baptiste. — Ce vénérable missionnaire, ordonné prêtre en 1837, avait d'abord exercé le ministère paroissial avec un grand succès, dans la paroisse de Legé. — Il partit pour Constantinople le 8 septembre 1847.

Après la mort du patriarche, il resta pendant sept mois chargé de la mission de Constantinople. Mgr Jacquemet lui écrivit, à cette époque, « qu'il n'avait jamais cessé d'appartenir au diocèse de Nantes, que s'il pensait ne pouvoir opérer désormais à son gré le bien en Orient, il l'engageait à revenir, et qu'il le regarderait comme un des membres les plus méritants de son clergé. » Le missionnaire rentra

---

(1) Ses armes, dont on conserve encore des spécimens au presbytère de Saint Donatien, étaient d'azur, à un triangle d'argent rayonné d'or en chef, à une étoile à cinq pointes d'argent à dextre, à un cœur de même à sénestre, à une ancre à trois bras de même en pointe.

donc en France, à la fin de 1855 ; et après quelques mois de repos dans sa famille, il fut nommé desservant de la paroisse de Saint-Omer, puis, cinq ans plus tard, curé de Nozay. (1)

Nous avons voulu évoquer le premier de ces souvenirs parce qu'il fut très honorable pour le curé de Saint-Donatien, et si nous réveillons la noble figure de l'ancien vicaire général, M. Pierre-Célestin Hillereau, c'est parce qu'elle exerça sur le jeune abbé, et plus tard sur le curé, une influence des plus heureuses et très durable. Son oncle fut l'idéal qu'il avait sans cesse dans l'esprit et qu'il voudra toute sa vie reproduire.

A une affabilité toujours égale et à une cordialité sans mesure qui attiraient, l'ex-missionnaire joignait un air de grandeur qui en imposait à tous sans rebuter personne.

Il aimait à voir son neveu près de lui pendant les vacances. Mais celui-ci se trouvait parfois gêné ; c'était à tort, car il se le reproche. — « J'aurai avec mon oncle plus d'ouverture », écrit-il. — Enfin, il prend le dessus, et à une retraite de rentrée, il dit dans ses notes : « Mais qu'est-ce

---

(1) On pourrait lire avec le plus grand profit la très intéressante notice biographique qu'a consacrée à ce prêtre remarquable par sa haute intelligence, son savoir faire, sa ténacité, son zèle, la *Semaine Religieuse* de Nantes, No du 13 septembre 1868. On y verrait que le Père Hillereau dut, en arrivant à Constantinople, apprendre le grec moderne, l'italien et le turc, qu'il prêcha plusieurs fois le carême à l'ambassade de France, et que, pendant quatre mois de l'année, il faisait à cheval ses courses apostoliques, à travers les plaines et les montagnes dans la Turquie d'Europe et l'Asie Mineure.

donc qu'une conduite sérieuse ? Est-elle opposée à la gaieté de mon caractère, et jusqu'à quel point ? » — D'ailleurs, sa résolution est prise, il veut ressembler à son oncle et il trace ces lignes : « Peser mes paroles. Bonne prononciation. Manières polies. Point de plaisanteries avec les paroissiens. Avec les inférieurs, paroles rares, toujours graves. »

Au petit séminaire, l'abbé Hillereau avait donné une haute idée de la force de son intelligence ; au grand séminaire, il se sent tout à fait dans son élément et vit, semble-t-il, de la vie des théologiens. Les manuels ordinaires ne lui suffisent pas ; ils n'ont pas du reste à cette époque la valeur de ceux qui ont été faits depuis. Mais M. Hillereau sent le besoin de nager au milieu de la grande science théologique, et les Salamanque, Suarez, deviennent les auteurs favoris où il va puiser ses arguments pour ses études personnelles et pour les thèses qu'il aura à soutenir.

Cependant il sait qu'il n'est pas au séminaire seulement pour étudier, même la théologie, il y est encore pour préparer son âme aux grâces de sa vocation, à ses différentes ordinations.

Il veut sans doute, et fortement, mener une vie digne et sérieuse, mais aussi cette vie sera solidement pieuse. — Il confirme ces bonnes résolutions dans ses notes d'ordination de 1859, c'est-à-dire à son sous-diaconat et à son diaconat. Il y dit, en effet, « qu'il se propose deux vertus : le recueillement et l'humilité : *Hoc est cardo totius vitæ* ! (1) Oh !

_________

(1) Cette vertu est le gond sur lequel roule toute la vie spirituelle.

quand me bâtirai-je donc une retraite dans mon âme, pour y habiter continuellement ? Quand ne serai-je occupé que de Jésus imprimant, à chaque instant, son sacerdoce dans mon âme par une union ineffable ?... Ainsi donc, fidélité à me recueillir aux instants déterminés, attention à taire tout ce qui regarde les thèses. — En récréation, sans vraie utilité ne rien dire de moi. »

C'est dans ces notes très nombreuses du séminaire qu'on trouve cette pensée, continuelle chez lui, de travailler à devenir, par des moyens très étudiés et sûrs, un excellent sous-diacre, un diacre modèle, pour être un prêtre selon le cœur de Notre-Seigneur. — « J'ai passé toute une journée, dit-il, à chercher les matériaux pour faire un règlement vraiment sérieux et dont l'observation fît de moi un bon et saint prêtre. Mais je n'ai pu encore en dessiner nettement les diverses observances ; il faut évidemment le secours d'en haut. »

Ce règlement il l'a fait enfin, et certes il serait à citer ici comme un modèle de clarté, de précision, comme le reflet d'une âme élevée, attentive à se dominer sans cesse.— Rien n'est petit pour lui : « J'écrirai toutes mes notes proprement ; lignes droites, espacées, papier en bon état ! » — Je ne me préoccuperai pas du succès, je ne m'enorgueillirai pas si je réussis... Je n'étudierai que pour la gloire de Dieu »...

— En classe je penserai avant de parler ; je me prononcerai le plus tard possible ; bon ton. » — « En récréation, gravité, c'est-à-dire bonne prononciation, manières polies, parler quand mon tour sera venu, pas de bouffonneries ni de conversations inutiles. » — Dans son cahier du sous-diaconat, il est admirable lorsqu'il étudie devant le Dieu à qui il va se donner : « le pourquoi de son sacrifice et le comment ? » — Il descend dans l'intime de son âme, il se voit bien en face avec toutes ses tendances naturelles, et à chacune il oppose une résolution surnaturelle précise, bien basée, étayée de tous les moyens qui la rendront efficace.

Il commence ses notes de diaconat par ces mots : « Tel diacre, tel prêtre ! — Tout pour Jésus ! » — Et quand il a reçu cet ordre : « *Magnificat* ! s'écrie-t il. — *Laudate Dominum !* »

Le 19 juin 1859, l'abbé Hillereau était diacre, son grand séminaire était terminé, et il n'avait que vingt-deux ans. Il ne pouvait recevoir encore le sacerdoce et ne se sentait nullement appelé à l'enseignement — Communiqua-t-il sa pensée au curé de Saint-Omer ? Lui manifesta-t-il le désir de continuer ses chères études théologiques, pour lesquelles il avait un véritable attrait et de remarquables aptitudes ? On ne sait ; toujours est-il que nous le voyons partir, à la fin de septembre, pour le séminaire de Saint-Sulpice, à Paris, afin d'y suivre les grands cours de théologie.

Sans tarder, le supérieur du séminaire, qui était alors M. Carrière, et les directeurs remarquèrent les talents du jeune diacre nantais. Son esprit clair, sa parole facile, sa science, dont les échos étaient venus par voie hiérarchique

de Nantes à Paris, sa tenue digne lui gagnèrent leur estime
et il fut nommé directeur du catéchisme de la Persévérance
des garçons. Dès le début, il se trouva à la hauteur de la
situation. Il se lança tout entier dans ce ministère nouveau
pour lui, et sans peine il gagna l'estime des parents et l'affection des enfants. Plus tard, ce sera toujours avec bonheur
qu'il fera revivre le souvenir des Catéchismes de Saint-
Sulpice, et fréquemment les noms de ses anciens catéchisés
lui reviendront sur les lèvres. Quand il parlera de G. Krantz,
l'un des petits de ce temps-là, plus tard ministre de la
guerre, il aimera à répéter de lui : « Ah ! que d'esprit dans
cette tête-là ! »

Si M. Hillereau, cette première année à Saint-Sulpice,
fut un bon séminariste, il est juste aussi de dire que son
esprit fut un peu fasciné par la capitale. Lui qui aimait le
grand et le beau trouva là, dans les sorties qu'il pouvait
faire, de quoi le vivement intéresser et l'instruire.

Pendant cette même année, il voulut voir Versailles, et
il nous racontait lui-même l'anecdote suivante, lorsque
nous traversions un jour ensemble, trois mois avant sa
mort, le boulevard du Roi. — « Voyez-vous cet hôtel ? dit-
il ; on y est très bien, mais ça coûte cher ! Quand j'étais à
Saint-Sulpice nous vînmes plusieurs ensemble visiter le
Château Royal et le Parc. — Notre appétit, aiguisé par le
voyage, désirait se satisfaire. Comme nous étions aussi
naïfs les uns que les autres, nous rentrâmes dans cet hôtel
« afin d'y être mieux » — Le déjeuner fut très bon,
abondant, obséquieusement servi .. Mais quand vint le

moment de demander la note, chacun fut ébahi... Enfin, il fallut s'exécuter, et ce fut, hélas ! la bourse bien allégée que nous rentrâmes au séminaire, un peu confus, mais surtout jurant au fond de nos cœurs qu'on ne nous y reprendrait plus. »

Au retour de cette année d'étude à Paris, un nouveau deuil, le plus cruel de tous, attendait l'abbé Hillereau à la Guéraudière.

Sa bonne Mère, malade déjà depuis quelque temps, allait s'affaiblissant. Après les trois ou quatre premières semaines, une fluxion de poitrine se déclara et mena la pauvre malade aux portes du tombeau. L'abbé Jean-Baptiste, en fils dévoué, aimant, pieux, entoura sa mère des soins les plus délicats, il lui manifesta plus d'affection, répandit pour elle, aux pieds du Bon Dieu, de plus ferventes et de plus abondantes prières. Mais le Seigneur avait marqué la dernière heure de cette femme de bien, de cette mère modèle et elle mourut entre les bras de son fils, avant de le voir prêtre, le 6 août, jour de la fête de la Transfiguration, qu'on appelle dans le pays « jour de la Saint-Sauveur. »

Nous l'avons dit déjà, cette mort creusa dans l'âme de M. Hillereau un vide qu'aucune affection ne pourra combler, que les années, en s'accumulant, n'effaceront jamais.

Ce furent donc pour le jeune abbé de tristes vacances. — Comme il se trouvait seul maintenant ! — La rentrée du mois d'octobre à Saint-Sulpice, en 1860, vint heureusement soulager son cœur. — Il allait reprendre ses occupations, ses chères études sous la haute et très sage direction de M. l'abbé Baudry, plus tard évêque de Périgueux ; il se préparerait enfin au sacerdoce ! (1)

Aussi se mit-il tout entier, dès le début de l'année, au travail de sa sanctification.

« Je suis diacre, répète-t-il  et un diacre ne doit pas être d'un esprit léger. » Il demande alors à Dieu « grâce pour le passé et force et lumière pour l'avenir. »

Comme dans tous ses règlements de vie, comme dans toutes ses notes de retraites et pendant toute sa vie, on trouve en 1860, spécifiée, d'une façon toute particulière, la dévotion à la Sainte Vierge. Et de même que plus tard aussi, à ce moment il écrivait : « Je me confie à la Sainte Vierge pour toutes les affaires importantes. »

Enfin le 25 mai 1861, fut le jour désiré, attendu depuis si longtemps. — M. Hillereau allait être prêtre !

« *Sacerdos alter Christus.* — Le prêtre est un autre Christ » — Le diacre se met pendant sa retraite d'ordination en face de la réalité. La vie du prêtre lui apparaît comme une immolation de chaque jour et un travail continuel pour les âmes qu'il doit sauver, en se sanctifiant lui-même; et de cette sublime considération il tire cette parole qui sera sa devise :

« Victime de Dieu, esclave des âmes ! » — Pour réali-

---

(1) M. Hillereau  disait quelquefois avec un fin sourire : « J'ai eu beaucoup de professeurs, mais je n'ai jamais rencontré que deux maîtres: M. Olivier au Petit Séminaire et M. Baudry à Saint-Sulpice ».

ser cette pensée, il lui faudra lutter contre lui-même et contre le démon. Le diacre se révèle fort alors ; « il portera un bracelet à pointes aiguës, dans les visites, en dehors du ministère ; après les fautes de malice ou les omissions notables dans l'oraison et le travail, il prendra la discipline pendant le temps d'un *Ave Maria*, il gardera une demi-journée le bracelet ou quatre heures la ceinture de pénitence » — Et il ajoute : « Y tenir ferme. »

Les notes de cette retraite sont peu nombreuses. Que se passa-t-il exactement dans l'âme du jeune diacre ? Dieu seul le sait. M. Hillereau ne le révéla jamais. Mais l'âme de l'ordinand ne fit que gagner dans la solitude, dans le cœur à cœur avec Dieu. Sa famille elle-même ne put se rendre à l'ordination, qui eut lieu à Saint-Sulpice — Tout s'est donc passé pour lui au Ciel, avec le souvenir de ceux qu'il avait perdus, et au saint autel où Notre Seigneur a été le seul confident des émotions de cette solennelle journée.

L'abbé Hillereau était prêtre, prêtre pour l'éternité.

Il revint à Nantes, les mains chargées de grâces et le cœur débordant de reconnaissance.

Mais sa devise était désormais sans cesse devant ses yeux : «Victime de Dieu, esclave des âmes ! » — Il désire, pour la mieux réaliser, croit-il, utiliser sans retard les connaissances qu'il a acquises, en faire profiter les âmes, en se consacrant au ministère paroissial.

# CHAPITRE III

## M. Hillereau et Dom Guéranger

Monseigneur Jacquemet accéda volontiers à la demande motivée que lui exprima l'abbé Hillereau, dès son retour de Saint-Sulpice ; et au mois d'août, le jeune prêtre de vingt-quatre ans fut nommé vicaire à Legé. — Le neveu rappelait à cette paroisse, le souvenir encore très vivant de l'oncle ; aussi, fut-il reçu par tous avec une grande joie.

Dès son arrivée, M. Hillereau se livra au travail avec ardeur et commença sans retard à mettre à exécution ses résolutions d'ordination, relativement à l'étude, la bonne tenue, la gravité, l'amabilité, la charité, le zèle.

Tant de qualités et de vertus dans ce jeune prêtre lui gagnèrent facilement toutes les sympathies et attirèrent vers lui les âmes en grand nombre.

Il en fut même effrayé au bout de quelques mois, car il ne pouvait suffire au travail des confessions, quand arrivaient les fêtes.

On allait à lui, parce qu'on était sûr de trouver, non seulement le père qui absout, mais encore le directeur zélé, le conseiller judicieux, le guide éclairé.

Cette situation, honorable pour le prêtre, pénible pour la nature dont les forces sont limitées, ne pouvait durer longtemps. Un changement s'imposait. Il ne fut pas celui que M. Hillereau espérait, et sa nomination au poste de vicaire à Saint-Nicolas de Nantes, avant l'âge de vingt-six ans, (1) fut une surprise pour ceux qui n'avaient pas été à même d'apprécier ses hautes qualités. Monseigneur Jacquemet avait le coup d'œil juste ; et la Providence, qui veille sur tous les détails de notre vie et mène tout à ses fins, avait tout ordonné dans cette nouvelle nomination.

En mettant en contact journalier M. Hillereau avec le curé de Saint-Nicolas, M. Fournier, le futur évêque de Nantes, l'évêque de la Consécration du diocèse au Sacré-Cœur, l'évêque du vœu libérateur, de l'ex-voto des Nantais au Cœur miséricordieux de Jésus, il y avait un plan tout tracé et que nous verrons se dérouler avec les années qui vont suivre.

Cependant Saint-Nicolas, avec ses dix-huit à vingt mille âmes, ne ressemblait pas à la paroisse de Legé. Dans une grande paroisse de ville, les occupations du ministère, sépultures très fréquentes, malades nombreux, confessions, direction des âmes, catéchismes, œuvres multiples, relations nécessaires, sermons et allocutions à préparer, absorbent facilement tout le temps, et celui qui ne sait pas le ménager se trouve emporté par un tourbillon, où il se démène, en se négligeant quelquefois lui-même. Tel fut le

___

(1) Cette nomination fut faite le 30 décembre 1862.

cas de l'abbé Hillereau en arrivant à Saint-Nicolas. Un jour même, raconte-t-il, il rentra au presbytère absolument découragé. Cette vie sacerdotale n'était pas celle qu'il avait entrevue dans le ministère paroissial... Et pendant que dans sa chambre, il se livrait à ses propres pensées, ses yeux rencontrèrent providentiellement l'image de la Sainte Vierge et s'arrêtèrent sur ceux de Marie. Immédiatement son trouble se calma, son esprit reprit plus de pondération. Il entrevit la vie du ministère sous un autre aspect. Tout ce qu'il avait à faire était nécessaire, mais il fallait y mettre un peu plus d'ordre, apporter dans chaque journée l'esprit d'oraison, et de cette façon il dominerait tout, en arrivant à bout de tout.

Cette consolation, cette grâce due à Marie fut si frappante pour l'abbé Hillereau qu'il se la rappela toujours et qu'il conseillait sans cesse aux âmes tristes, en peine, découragées, de se jeter sans retard entre les mains de la Sainte Vierge.


M. le curé de Saint-Nicolas lui confia la direction des catéchismes des petits garçons de la Communion. Le jeune vicaire voulut faire cette œuvre comme à Saint-Sulpice. Ici c'était plus difficile ; les caractères n'étaient sans doute pas de la même trempe. Le fait est que s'il ne réussit pas assez peut être à s'imposer à cette jeunesse turbulente, il arriva, au moins, à s'en faire beaucoup aimer.

Ce qui s'était passé à Legé se produisit également à Saint-Nicolas. M. Hillereau, par son exactitude, par son caractère égal, par son urbanité mêlée à une gravité qui ne rebutait pas, par la solidité de ses instructions et le côté pratique qu'il leur donnait, sut attirer à lui les âmes. Sa direction ne tarda pas à être très goûtée, et nous avons entendu maintes fois, ces dernières années, des hommes et des femmes nous dire qu'ils n'avaient pas eu depuis plus de quarante ans d'autre confesseur que M. Hillereau.

Quel éloge pour le jeune vicaire de Saint-Nicolas qui savait si bien, par ses conseils prudents et pieux, conduire les âmes à Dieu !

Cependant, malgré le calme qui était venu dans son cœur et le succès qui s'attachait à ses pas, M. Hillereau sentait qu'il lui manquait quelque chose. Il comprenait de plus en plus que le ministère sacerdotal est incomplet dans ses œuvres, quand il n'est pas soutenu par une vertu héroïque. Aussi, dans les notes du vicaire de Saint-Nicolas, on trouve que « toute l'application possible, tous les moyens que son amour pour Dieu et les âmes pouvaient lui suggérer ne pouvaient contenter son ardeur, rassurer sa conscience, apaiser la soif de perfection qu'il sentait nécessaire à la vraie vie du prêtre. » — A cette époque, il parle sans cesse aux âmes qui approchent plus souvent de lui, de pénitence, de sacrifice, de croix ! Il est évident que tout cela lui remplit l'esprit et le cœur.

Pendant les fêtes de Pâques, 1864, il ressentit comme des élans vers la vie contemplative. A faire tous ses travaux du ministère, et principalement à réciter le bréviaire en esprit d'oraison, il avait beaucoup gagné.

Cette idée de la vie contemplative, de l'office étudié et médité le poursuit pendant toute cette année. Nous ne sommes donc nullement étonnés de le voir, au mois d'août 1865, s'enfermer dans la solitude de Solesmes pour y faire une retraite très sérieuse.(1) « Tout à Dieu, tout pour Dieu! » écrit le jeune vicaire; « C'est ce qui m'a frappé en venant ici. » — Les notes de cette retraite sont admirables, son âme goûte le bonheur, elle jouit dans la solitude monastique, elle s'élève de plus en plus vers Dieu.

Il pense à lui-même assurément et à sa sanctification, mais il voit aussi les âmes qui lui sont confiées et il a peur de ne pas leur donner assez la vie de Jésus-Christ, qu'elles viennent lui demander. Il nous serait doux de citer toutes les pensées du retraitant; disons au moins ceci : « Je veux me sanctifier par mes devoirs ! — Oh ! que cette pensée me fait de bien ! J'ai été longtemps tiraillé et mécontent de moi, à cause de la multiplicité des pratiques et l'impossibilité de faire convenablement face à tout. Désormais je

---

(1) Solesmes, sur la Sarthe, à 2 kil. en amont de Sablé.

Un prieuré de Bénédictins y fut fondé au XIᵉ siècle.

Supprimé à la révolution, il fut rétabli en 1833, par les soins de Dom Prosper Guéranger. — Dom Guéranger, né au Mans, en 1806, entra de bonne heure dans les ordres, et à peine âgé de 27 ans, il réunit à l'ancien prieuré des Bénédictins de Solesmes un certain nombre de prêtres pour y reconstituer l'ancien ordre de Saint Benoît. Cette *Congrégation des Bénédictins de France* fut approuvée par le pape Grégoire XVI, en 1835, et le prieuré reçu de ce pontife le titre d'Abbaye. Nommé bientôt Supérieur par ceux qu'il avait ainsi groupés, Dom Guéranger contribua à porter très haut la renommée des nouveaux et savants bénédictins. — Ecrivain religieux remarquable, Dom Guéranger a laissé plusieurs ouvrages, dont le plus populaire est « *l'Année Liturgique*. »

veux : 1° prier en méditant, faire mes prières liturgiques avec recueillement, intelligence et ferveur ; 2° étudier par le cœur et l'esprit, de manière que ma vie soit comme une oraison continuelle. — Quelle liberté de cœur, quel temps pour l'étude cela me donne ! Que je suis content !... *Benedictus Deus in donis suis... qui non amovit misericordiam suam a me* ». (1)

Il se préparait à quitter Solesmes tout heureux de ses douces, pieuses et pratiques réflexions, charmé de la solitude de ces lieux enchanteurs, quand le Père qui le dirigeait lui demanda s'il ne désirait pas, pour terminer sa retraite, recevoir la bénédiction du R<sup>me</sup> Père Abbé, Dom Guéranger. M. Hillereau n'eut garde de refuser ; et bien que l'entrevue ne dura que quelques minutes, elle fut une révélation providentielle pour le jeune prêtre. De son côté l'illustre bénédictin jeta sur le retraitant inconnu, qui était à ses pieds, un de ces regards qui fixent pour jamais dans l'esprit les traits d'une physionomie.

L'abbé Hillereau rentra à Saint-Nicolas tout imprégné de la vie des fils de Saint Benoît. Il en parlait avec enthousiasme à ses confrères, aux personnes qui le venaient voir ou qu'il rencontrait ; il essayait de traduire dans sa vie ce qu'il avait vu, ce qu'il avait entendu. A l'église en particulier, il se croyait à Solesmes, chantant avec le chœur, suivant tous les chants liturgiques et s'unissant à toutes les

_______

(1) « Béni soit le Seigneur dans ses bienfaits... lui qui n'a pas retiré de moi sa miséricorde. »

cérémonies du culte. Il semblait si heureux qu'on ne tarda pas à croire qu'il avait laissé une partie de lui-même près de Dom Guéranger et on l'appela le « moine ». Bientôt le bruit courut qu'il serait sous peu bénédictin.

Naturellement ces chuchotements, ces petites critiques, mêlées nécessairement à une secrète admiration, arrivèrent aux oreilles de M. Hillereau. Il ne s'en formalisa point et continua, autant qu'il le put, la réalisation de son plan de spiritualité.

Cependant il ne peut se cacher à lui-même que son âme souffre encore ; elle se sent appelée à une vie plus contemplative. — « Savez-vous, disait-il un jour à quelqu'un, au mois de mai, 1866, que tout le monde me salue ces jours-ci comme un enfant de Saint Benoît ? Ah ! si seulement on pouvait dire vrai ! Mais hélas ! que j'ai peur de n'être pas digne d'une telle grâce ! — Je sens qu'il faut que j'aille à Sainte-Anne-d'Auray pour voir clair dans mon affaire. »

Il ne put se rendre au sanctuaire de sa bonne Mère ; mais il supplia Dieu plus ardemment de mettre la lumière dans son âme. L'appel de Dieu se faisait de plus en plus entendre. Dans sa pensée il voyait sans cesse deux voies qui lui semblaient différentes et qui finissaient par se confondre. Il crut qu'il fallait choisir entre les deux formes de la vie parfaite : la vie contemplative ou la vie active dans un ordre religieux. Cette alternative devenait pour lui une véritable souffrance. — « Mon Dieu, disait-il, j'ai besoin que cet état cesse. Je sens que je ne puis pas être tout entier à ce que je dis ou à ce que je fais, quand ce n'est pas une fonction surnaturelle. Je vois aussi qu'un jour ou l'autre il faudra prendre une décision et gagner l'affaire en premier et en dernier ressort. Il est nécessaire que je sois, sinon plus tranquille, du moins plus fixé. J'ai aussi grand peur de dépasser le but que de ne pas l'atteindre. »

C'était bien sa plus grande préoccupation. Il aimait la vie contemplative, la vie d'oraison, de prière, d'étude, de pénitence sous toutes ses formes ; mais s'il trouvait là un aliment à son amour pour Dieu et à son zèle, sa conscience lui disait encore que ce n'était pas assez.

Que de fois, en pensant à sa cellule de Solesmes, à ses rêves de moine, il disait : « C'est bien beau, c'est bien attrayant, bien consolant ; mais quand j'aurai passé beaucoup de temps à prier, à apprendre, que ferai-je de ce que j'aurai acquis ? Comment ! Je n'aurai peut-être personne à qui le communiquer, à qui faire du bien ? Mais il me semble que le Bon Dieu ne me demande pas cela ! »

Nous sentons que le Seigneur l'attire de plus en plus vers lui et qu'il ne tardera pas à lui faire entrevoir clairement ce qu'il attend de son prêtre.

« Je crois, dit-il, en effet, que tout sera décidé pour moi, que tous mes rêves du passé seront joyeusement abandonnés du *jour où j'aurai rencontré ici la pratique sérieuse des conseils évangéliques. Car cette pratique... il me la faut...* J'ai horreur des demi-mesures qui semblent tout sacrifier intérieurement et qui gardent tout extérieurement. »

1*

Nous ne sommes pas étonnés alors, en ouvrant ses notes de retraite de 1867, d'y lire cette ligne : « Je veux être un saint, dussé-je tout briser ! » Puis c'est alors un règlement de moine : « Je me lèverai à 4 h. 1/2, à moins de mariage de nuit ou d'appel près de quelque malade durant la nuit. » — « Je me donnerai le soir la discipline si j'ai perdu du temps au lieu de travailler. » — « Le vendredi, je prendrai la discipline pendant *un Miserere*. Le carême, une fois de plus. »

« Je pratiquerai autant que possible la pauvreté : ne tenir à rien de ce que j'ai ou de ce que je reçois. Ne jamais me plaindre. » — « Etre toujours propre et modeste. » — « Point de désordre dans mes livres, mes papiers, mes placards, mon armoire… Eviter absolument le genre sceptique, les paroles grossières ou équivoques, les laisser-aller. . Porter mon cilice quand je devrai être exposé. »

Les notes de 1868 commencent par ces lignes : « La sainteté consiste essentiellement dans la perfection de la charité. Le moyen d'atteindre cette perfection, c'est la pratique des conseils évangéliques, et le moyen d'assurer cette pratique, c'est d'en faire le vœu. — Voilà comment je suis amené à joindre les vœux de pauvreté et d'obéissance au vœu de chasteté que j'ai fait dans mon ordination.

« Le 8 janvier 1868 j'ai prononcé le vœu suivant : *Je fais vœu de pauvreté et d'obéissance selon la règle ci-jointe et selon la volonté de mon confesseur actuel.*

« C'est à Jésus que je veux offrir cet holocauste de moi-même. J'en ai conçu le dessein à ses pieds, et je l'exécute

afin de l'imiter parfaitement et d'atteindre le plus possible
à cette simplicité chrétienne, qui consiste à n'avoir au cœur
qu'un amour, et à aller à Dieu sans aucun retour sur soi-
même et les créatures.

« Puisque Dieu m'a dit d'avancer, ne serait-ce pas
orgueil et ingratitude de reculer ? Je ne veux que me vouer
à la poursuite du vrai bien, et correspondre à l'étendue
actuelle de ma grâce, pour obtenir de la bonté de Dieu,
par mon humilité et ma fidélité présente, l'augmentation de
cette grâce et la persévérance. »

M. Hillereau descend alors dans le détail de ces vœux de
pauvreté et d'obéissance. Et certes on ne voit pas ce que
pourrait faire de plus un religieux, enfermé dans son cloître.
Citons-en quelques points : « Mon père spirituel, dit il,
pourra : enlever de ma chambre ce qu'il voudra temporai-
rement ou pour toujours ; — employer mon argent aux
œuvres pieuses qu'il voudra. — Je n'économiserai rien
pour l'avenir ou ne le ferai que dans la mesure qu'il lui
plaira — Je n'accepterai rien sans sa permission. » — Il
continue : « Recevoir ou dépenser ou garder cinquante
francs, sans permission ou au moins sans intention de
demander l'autorisation et le soin de le faire au plus tôt
serait une faute grave. Au-dessous de cette somme, il n'y
aurait que matière à faute vénielle... — J'ôterai de ma
chambre tout ce qui sentirait le luxe et l'abondance ou
même dépasserait l'utile ; j'en ferai ce que mon Père voudra. »

Pour ce qui est de l'obéissance, les obligations sont
encore plus strictes, semble-t-il, et les détails plus spécifiés.

Non seulement M. Hillereau sera obéissant envers son
directeur, et cela sous peine de faute grave ou de faute
légère selon l'importance du commandement, mais il veut
attacher le mérite de l'obéissance à toutes les actions qui
lui seront commandées par les lois ecclésiastiques, par ses
supérieurs ou son ministère. Et il termine ainsi : « Je
veillerai par dessus tout à n'avoir rien de caché pour mon
Père : aucune démarche, aucun projet, aucune arrière-
pensée, de manière à renoncer en tout à la volonté
propre. »

Après avoir exposé longuement ainsi la teneur de ses
vœux, le jeune vicaire de Saint-Nicolas laisse percer son
esprit bénédictin en traçant son nouveau règlement.
Habituellement donc, il se lèvera à 4 heures 1/2 ; mais,
ajoute-t-il, « les jours de l'Epiphanie, Pâques, l'Ascension,
la Pentecôte, l'Assomption, la Toussaint, la Dédicace, je
me lèverai plus tôt *de manière à avoir le temps de chanter* :
Deus in adjutorium, l'invitatoire, les hymnes, les répons
brefs, le Te Deum, l'antienne à la Sainte Vierge. » — A
d'autres fêtes d'un degré inférieur, il chantera moins, mais
cependant certaines parties, notamment le Te Deum et les
hymnes.

Enfin ce règlement se termine par l'inventaire détaillé
de son mobilier, de son habillement, de sa bibliothèque,
afin de le remettre à son directeur du séminaire.


Tel est donc l'élan nouveau que M. Hillereau donne à
sa vie dans le ministère paroissial. Le ciel se chargera
bientôt de lui montrer d'une manière manifeste qu'en

agissant de la sorte il était parfaitement dans sa voie et que par là il jetait les bases d'une œuvre, pour laquelle, plus tard, il sacrifierait toute sa vie.

Au mois d'avril 1868, en effet, M. l'abbé Hillereau partit pour Paris avec son oncle, devenu curé de Nozay. Ce dernier désirait consulter un spécialiste pour sa santé ébranlée, et il pria le vicaire de Saint-Nicolas de l'accompagner. Or, à Sablé, la porte du wagon, où se trouvaient les deux voyageurs, s'ouvrit, et le R^me P. Abbé de Solesmes y prit place avec une personne qui revenait du monastère. Cette personne connaissait M. le curé de Nozay et son neveu, et elle leur adressa ses respectueuses salutations. — Immédiatement Dom Guéranger reconnut l'abbé Hillereau qu'il n'avait vu que quelques instants, deux ans auparavant, et dit à la personne qui était montée en même temps que lui dans le compartiment : « Il me passe bien deux cents prêtres par an entre les mains, et j'avoue que je les oublie aussitôt. Mais pour celui-ci son souvenir m'est resté dans la mémoire, et j'avais toujours désiré le retrouver. »

Après lui avoir rappelé son nom, son titre de vicaire à Saint-Nicolas de Nantes, cette personne demanda à Dom Guéranger de lui présenter M. Hillereau. Le Rév. P. Abbé invita alors le jeune prêtre à venir s'asseoir près de lui ; et là se forma l'amitié la plus vraie, la plus franche, la plus sincère, basée sur l'estime réciproque ; et là naquit, en l'un et l'autre, la certitude de l'action directe de la

Providence dans cet événement, petit en apparence, mais qui allait être le point de départ d'une grande œuvre.

Le Rév. P. Abbé se rendait au Mans ; l'entrevue fut donc relativement courte. Mais, de part et d'autre, il y eut un « au revoir » cordial qui en disait très long.

Quand le train arriva en gare et qu'il fallut se séparer, M. Hillereau sentit au fond de son âme qu'il avait rencontré, en Dom Guéranger, le vrai père, le guide éclairé, le conseiller fidèle dont il avait besoin pour diriger sa vie, et l'Abbé de Solesmes qu'il avait trouvé dans le jeune vicaire de Saint-Nicolas un fils spirituel sur lequel il pouvait compter pour l'aider dans l'exécution d'un plan qu'il caressait depuis longtemps.

Il est intéressant, en effet, de lire les réflexions de l'un et de l'autre après cette entrevue : elles jettent la lumière sur tous les événements qui suivront.

« Quelle délicieuse rencontre ! disait, quelques jours après son retour à Nantes, l'abbé Hillereau. Ce sont des souvenirs qui ne s'effacent pas. Il faut prier maintenant avec plus de ferveur que jamais. Je compte beaucoup plus sur la grâce que sur toutes les combinaisons des prudents. Dans cet avenir si incertain, mais si plein de sainteté de paix, de bonheur, je ne vois d'autre fil conducteur que le souffle de Dieu, qui aplanit les obstacles, et de ma part d'autre disposition que de tout faire ou de ne rien faire. »

Dom Guéranger, frappé de son côté des événements du 30 avril, écrivait le 11 mai suivant : « Le Seigneur conduit tout, et il a mis le comble à ses bontés, en ménageant l'entrevue qui m'attendait à la gare de Sablé. Je sens si fortement que tout est venu de Lui qu'il en résulte chez moi une consolation et une assurance qui ne sont pas d'ici-bas. »

Ces deux hommes priaient et réfléchissaient devant le Seigneur. L'abbé de Solesmes songeait au vicaire de Saint-Nicolas, et celui-ci demandait souvent des lumières à son nouveau guide spirituel. La correspondance de M Hillereau a été conservée par les religieux de Solesmes. « J'ai un bon nombre de lettres de votre vénéré curé, disait au mois d'août dernier, le R^me P. Delatte, le digne successeur de Dom Guéranger, à un prêtre de Saint-Donatien, qui était allé passer quelques jours chez les Bénédictins exilés à Quarr'-Abbey, Ile de Wight. Notre Révérendissime Père aimait beaucoup M. Hillereau, et nous revendiquons, en son nom, une bonne part dans la fondation de la Collégiale de Saint-Donatien. » (1)

C'est l'idée de cette fondation de la Collégiale qui va se

---

(1) Les Bénédictins de *Saint-Pierre de Solesmes,* subissant les effets pernicieux des lois nouvelles, ont été obligés de quitter leur Monastère. D'abord installés à Appidurcombe, au sud de l'Ile Wight (Angleterre), ils ont fait construire, en 1907-1908 un monastère, sur la côte septentrionale, en face de la rade de Portsmouth, dans un site véritablement enchanteur. — Les Bénédictines de *Sainte-Cécile* sont établies dans la ville de Ryde, à 4 kilomètres de Quarr'Abbey et celles de *Saint-Michel-de Kergonan,* à 77 kilomètres dans de East-Cowes

Dom Delatte termine en ce moment une vie très complète de Dom Guéranger. Troisième Abbé de Solesmes, il a succédé à Dom Couturier.

dessiner, en effet, de plus en plus dans l'esprit du savant abbé de Solesmes.

Sans doute Dom Guéranger aurait bien aimé voir M. Hillereau entrer dans sa communauté. Il y avait en lui l'étoffe d'un bon bénédictin. Mais les grandes intelligences ne sont pas égoïstes, et à mesure que le père spirituel étudiait le fils, à mesure qu'il mettait en face l'un de l'autre ce désir constant de la pratique des conseils évangéliques et celui de donner sans retard aux âmes la nourriture surnaturelle par la parole, la direction et l'administration des sacrements, il comprenait mieux que son idée n'était qu'une hypothèse qu'il fallait abandonner.

C'est surtout à partir de ce moment que Dom Guéranger entrevit plus clairement l'avenir, et bientôt sa pensée se précisa dans ces points : faire un petit Solesmes séculier dans une paroisse, avec des prêtres de paroisse ; faire aimer l'office divin par la psalmodie en commun ; donner au culte la splendeur des âges anciens par les cérémonies et les chants liturgiques.

Et Dom Guéranger qui avait fait revivre les siècles passés dans les vieux murs de l'abbaye de Saint-Pierre de Solesmes voyait sa pensée comprise au delà de son monastère, s'emparer d'une grande paroisse, et peut-être plus tard, si Dieu le permettait, s'implanter dans d'autres paroisses du diocèse de Nantes et des autres diocèses de France. Rien n'étonne dans le grand esprit de l'illustre abbé de Solesmes, accoutumé à former des plans vastes, grandioses, et à compter plus sur la Providence que sur les hommes pour les réaliser.

De son côté, M. Hillereau se livre à la prière et à l'accomplissement exact de son ministère. « Je n'ai plus qu'à
prier disait-il, le 30 mai 1869, et à me reposer en Dieu du
soin de l'avenir, pourvu que par ma ferveur je répare le
passé et que je n'abuse pas du présent. » — Il lit Sainte Ger-
trude et Sainte Paule et se prépare pieusement à la fête de
la Pentecôte. En même temps, il s'applique à tout ce qui
peut contenter son attrait et le développer. — Dans le courant de l'année il traduisit l'office des Vierges, l'office de
Sainte Agnès et commença un commentaire des Psaumes,
et en particulier des Psaumes Graduels. La récitation du
Bréviaire faisait son bonheur, il y mettait le plus de
temps possible. — « Quelqu'un m'a demandé, dit-il un
jour, comment je faisais mes exercices de piété. Je lui ai
répondu : — Je chante cinq quarts d'heure le matin, un
quart d'heure dans l'après-midi, un quart d'heure le soir
et le plus que je peux dans l'intervalle. » — Il voulait
parler de la louange par la récitation bien posée ou le chant
des différentes parties du Bréviaire et de certains psaumes
qu'il savait par cœur (1).

Si son âme avait besoin de s'épancher en Dieu par le
chant de l'office divin, elle trouvait bien aussi des moments
de recueillement intime, de repos à ses pieds, de silence
près de lui. Notre Seigneur l'attirait peu à peu à comprendre le dessein qu'il avait formé pour lui.

---

(1) M. Hillereau savait par cœur une grande partie des psaumes
et beaucoup d'oraisons. Aussi on le voyait souvent marcher dans la
sacristie ou se promener dans le jardin, sans bréviaire ni diurnal, et
récitant cependant à mi-voix certaines parties de l'Office.

Et lorsqu'une âme est pleine de ces pensées, non seulement elle cherche à s'épancher dans des cœurs qui peuvent la comprendre, mais de plus elle désire faire partager ses sentiments, elle fait du prosélytisme. M. Hillereau n'échappa pas à la loi commune. S'il voyait un confrère plus pieux, plus zélé, plus près de ses devoirs, il cherchait aussitôt à lui communiquer ses pensées intimes, ses désirs au sujet de l'avenir, quelque vagues qu'ils fussent encore ; en un mot, il voulait l'associer pour travailler avec lui à la réalisation de ce qu'il entrevoyait, et de ce que l'abbé de Solesmes considérait de plus en plus à la lumière de Dieu.

En s'expliquant un jour avec un ami sur la possibilité de voir revivre dans le clergé un semblant de vie monastique et peut être, avec la grâce de Dieu, de rendre aux prêtres la forme première de la vie ecclésiastique dans l'Église, la vie commune, M. Hillereau eut comme une vision de l'avenir. Ce fut, crut-il, comme un voile qui se déchirait ; il lui semblait qu'il ne cherchait plus un plan, mais qu'il le voyait.

Il se mit donc à étudier les traditions de l'Eglise à ce sujet ; il lut la règle de Saint Basile, celle de Saint Augustin, et il comprit comment ces habitudes monastiques, après avoir été la forme ordinaire de la vie des prêtres et des évêques jusqu'au v<sup>e</sup> siècle, s'étaient conservées dans l'Église parmi les plus fervents, sous le nom de « clercs réguliers » et de « Collégiale ». — L'abbé Hillereau trouvait là tout ce qu'il avait rêvé : moyen de sanctification pour les prêtres séculiers dans la pratique des conseils évangéliques, et

occasion de perfectionnement pour les fidèles qui profite-
raient de leurs exemples, de leurs études, de leurs prières.

Le vicaire de Saint-Nicolas est dans la jubilation de sa
pensée, qui ne fait qu'une avec celle de Dom Guéranger.
« J'y vois si clairement maintenant, disait-il, je me trouve
si bien dans ma position, qui n'est pourtant qu'un point
d'arrêt, que je ne puis me lasser de remercier le Bon Dieu
du « bon ami » qu'il m'a donné. Je compte plus que jamais
sur les prières des Religieux de Solesmes...

Je ne sais ce que je serai plus tard : moine, chanoine
ou curé ; mais ce que je n'oublierai jamais c'est que Solesmes a fait plus pour mon cœur que toutes les années précédentes, passées au séminaire ou ailleurs, et que le Rév.
Père Abbé a été vraiment « la voix de Dieu » pour moi. »

La pensée de l'œuvre qu'il espère voir surgir bientôt le
poursuit partout ; mais ce n'est pas pour le distraire et le
dissiper, au contraire : « J'ai célébré la messe, ce matin,
écrit-il, pour notre œuvre : j'ai remis les fruits du saint
sacrifice entre les mains de la Sainte Vierge, afin qu'elle les
applique selon ses vues sur nous ou sur d'autres qu'elle
choisira. Je crois que cette manière d'agir plaira à notre
Mère et qu'elle sera plus avantageuse à la gloire du Bon
Dieu, parce que la répartition des grâces se fera avec plus
de sagesse par elle que par nous. — Demeurons donc bien
tranquilles. Nous ne pouvons rien, mais Dieu peut tout. » —
« Désirons, prions, mais tenons-nous bien calmes dans
notre dessein de correspondre sans restriction à la grâce. —
Qu'est-ce que cela fait que nous n'arrivions pas à ce que

nous voulons, pourvu que nous fassions ce que Dieu veut ? »

Dans ces lignes, M. Hillereau fait allusion à quelques démarches qu'il avait faites près de quelques confrères et de leur promesse d'adhérer un jour à l'œuvre de « la Louange par l'Office divin ».

Les choses prenaient une telle tournure que M. Fauthoux, directeur au grand séminaire, ordonna à M. Hillereau de composer un *Mémoire,* dans lequel il exposerait ses idées, ses désirs, son plan de vie pour l'avenir, afin de le présenter à Monseigneur Jacquemet. — Le vicaire de Saint-Nicolas s'en effraya et s'en réjouit en même temps ; puis avant de commencer il partit pour Sainte-Anne-d'Auray.— « C'est à cette grande Sainte, disait-il plus tard, que j'ai confié la fondation de notre Collégiale ; » — et il fit le vœu d'aller jusqu'à la fin de sa vie, au moins une fois chaque année, en pèlerinage au sanctuaire de la « Bonne Mère », afin de lui demander pour sa chère fondation : « lumière, conseil, piété. »

« Je ne saurais dire, écrit-il, avec quelle force, en entrant dans son sanctuaire, cette pensée m'a saisi : *Ce n'est point avec des dissertations et des mémoires, mais avec des hommes et des vertus qu'on fait les œuvres de Dieu !* »

Au retour, par obéissance, il fait son travail pour Monseigneur l'évêque et il le résume en ceci : « Réunir quelques prêtres, les amener, autant que possible à la perfection de la vie apostolique, par la vie commune, la pratique des

conseils évangéliques et l'application aux prières liturgiques. »

Plus tard lorsque son œuvre aura vécu déjà pendant plus
d'un quart de siècle, il précisera sa pensée, en la simpli-
fiant encore : — « Tous les prêtres dans le diocèse vivent
en commun dans le même presbytère, soyons très unis
ensemble ; — tous les prêtres ont pour les conduire les
statuts du diocèse, les règlements des conciles provinciaux,
étudions ces règles et soyons-y fidèles dans les plus petits
détails ; — chaque curé ordonnance son presbytère, selon
des principes dictés par la sagesse pour le plus grand bien de
ses vicaires et de sa paroisse, prenons ces détails à la lettre
et faisons-en comme notre règlement particulier; — tous les
prêtres, par vocation, sont appelés à la perfection, méditons
les conseils évangéliques et qu'ils soient sans cesse devant
nos yeux pour le plus grand bien de nos âmes ; — la vie
liturgique, l'office divin, les chants religieux, sont un dépôt
que l'Eglise a confié à ses prêtres, aimons la liturgie,
l'office, les chants et rivalisons d'ardeur avec les églises
monacales, avec les cathédrales, afin que dans notre Collégiale, chaque jour les prêtres séculiers qui la composent
donnent à Dieu avec piété, dignité et régularité : amour,
louange et gloire. »


Nous avons tenu à donner dès maintenant ce commentaire, afin de ne pas se méprendre sur l'idée fondamentale
qui a présidé à la fondation de la Collégiale de Saint-Donatien.

Au mois d'Août 1868, M. Hillereau perdit son bon oncle, le curé de Nozay. Celui-ci aimait son neveu tout paternellement ; il avait été mis au courant des projets de fondation de la Collégiale, il en avait béni le Seigneur, et en mourant il posa lui-même la première pierre de l'édifice futur. Il institua, en effet, le vicaire de Saint-Nicolas son légataire universel, et les revenus de sa petite succession allèrent plus tard directement et tout entiers dans la fondation de l'œuvre nouvelle.

Le Mémoire désiré sur la Collégiale, et fait en deux exemplaires, a été remis à qui de droit. Alors M. Hillereau s'abandonne complètement à la Providence et se plonge de plus en plus dans l'étude des auteurs mystiques, qui ont vécu depuis les premiers temps de l'Eglise jusqu'au XVI<sup>e</sup> siècle. saint Denys, saint Basile, saint Athanase, saint Augustin, saint Jérôme et sainte Paule, saint Ambroise, puis saint Jean-de-la-Croix, sainte Thérèse, le P. Alvarez, Suarez et quelques autres vinrent successivement lui apporter leur admirable doctrine et donner à sa vie spirituelle, la direction, le développement qu'il cherchait. — « Que je trouve, écrit-il à cette époque, mes contemporains mesquins auprès de ces grands maîtres ! Ceux-ci ignoraient tous les raffinements de petites méthodes et de petits exercices particuliers ; mais si les esprits et les cœurs étaient plus larges, ils n'étaient que plus généreux... Au lieu de nager dans l'amour, les âmes se noient trop souvent dans un dédale de petits moyens. »

Ne croirait-on pas entendre parler l'un de ces moines

austères, à la piété sûre, aux idées larges, aux sentiments puissants et saints de quelque couvent bénédictin ? — C'est bien là cette vie surnaturelle et forte, cet extérieur toujours simple et aimable, dont furent témoins tous ceux qui jadis purent faire visite aux moines de Solesmes.

M. le curé de Saint-Nicolas n'était pas sans remarquer les qualités rares, l'énergie indomptable et l'esprit surnaturel de son jeune vicaire. Il savait aussi que ses confrères le taquinaient, en faisant allusion à sa retraite de Solesmes, à ses chants liturgiques exécutés dans sa chambre, à sa manière monastique de suivre les offices de l'Eglise ; il connaissait enfin l'appellation de « moine » qu'on lui donnait. Avec tout le tact qu'il avait, il sut peu à peu questionner l'abbé Hillereau, lui manifester qu'il le comprenait et l'assurer de son estime et de sa sympathie. Le jeune vicaire fut immédiatement touché par la bonté de M. Fournier et il ouvrit bien grand son cœur pour l'épancher dans l'âme de celui qui fut pour lui, à partir de ce jour, un confident sûr, un protecteur puissant, un père très aimant.

M. Fournier fut tellement épris de l'idée de l'abbé Hillereau que, volontiers et sans plus de retard, il lui aurait ouvert sa grande église, pour y établir la louange continuelle de l'office divin.

Ce fut le 7 avril 1869 que M. Hillereau se décida à aller voir Monseigneur Jacquemet, à Talence. Le prélat, tout malade, ne put le garder longtemps ; mais il écouta le jeune prêtre avec attention, le bénit, lui dit de prier et d'avoir bon espoir.

M. Branchereau, supérieur du Grand-Séminaire, tout à fait gagné à la cause, se fit très souvent l'intermédiaire entre M. Hillereau et l'évêque de Nantes. — M. Richard, alors vicaire général, entra également dans les vues de son évêque, et M. Hillereau trouva en lui un admirateur et un soutien qui ne se démentit jamais.

Au mois de juillet, on put croire un moment que le projet, tant caressé par M. Hillereau et Dom Guéranger, allait enfin être mis à exécution. Monseigneur, son entourage, le Grand-Séminaire y étaient favorables. Deux vénérables curés offrirent successivement leurs cures, l'un en s'affiliant aux prêtres qui entreraient dans l'œuvre, l'autre en abandonnant sa charge pastorale. Pour de multiples raisons, mais surtout parce que la Providence voulait la Collégiale ailleurs, les projets n'aboutirent pas.

Les trois prêtres qui avaient promis de se réunir au premier signal reçurent d'autres postes : M. Tendron resta professeur de seconde à Saint-Stanislas, M. Saillant fut destiné à faire la troisième à Guérande, M. X... débuta à Ancenis.

M. Hillereau, voyant l'heure de la Providence retardée, et plein de confiance cependant en elle, partit pour Rome le 26 septembre 1869, avec la permission et les conseils de Monseigneur Jacquemet. Depuis longtemps il avait eu la pensée de faire ce pèlerinage. Il désirait voir le Souverain Pontife, l'entretenir de ses projets, et il lui semblait que rien ne serait définitif avant qu'il eût obtenu de lui son approbation et sa toute paternelle bénédiction.

L'Italie avec ses merveilles aurait pu certes tenter le jeune voyageur, d'autant plus facilement qu'il parlait l'italien ; mais le but de son pèlerinage n'était pas principalement les chefs-d'œuvre des maîtres, les monuments et les palais, c'était Pie IX, puis le tombeau des apôtres et tout ce qui pouvait être utile à sa chère œuvre.

Le 15 octobre, il eut le bonheur d'être reçu près du Souverain Pontife. — « Je sors de l'audience du Saint-Père, écrit-il encore sous le coup de l'émotion ; elle n'a pas été longue et elle a été bien soudaine, puisqu'à dix heures je ne l'attendais pas et qu'à midi je sortais de ses appartements. Mais je l'ai vu, je lui ai parlé seul à seul, je me suis incliné sous sa bénédiction... Les trois quarts de mon voyage sont faits. J'espère que le bon Dieu me conservera au cœur les sentiments qui m'ont conduit au Vatican, sentiments que j'ai confiés au Vicaire de mon Maître et que Notre-Seigneur a ratifiés, j'en ai la douce confiance, par la bouche de son représentant visible sur la terre... Ce que le Saint-Père a le plus approuvé c'est notre pensée de nous sanctifier par la liturgie romaine. »

M. Hillereau était de retour à Nantes, le 6 novembre ; mais, à son grand regret, il ne put voir Monseigneur Jacquemet. Depuis quelques semaines la maladie du prélat avait fait de rapides progrès, et tout portait à craindre, dans un bref délai, un dénouement fatal.

Le 8 décembre en effet, le diocèse de Nantes était en deuil. Son évêque était parti pour son éternité, le jour même de la fête de Marie-Immaculée, et au moment où s'ouvraient à Rome les grandes assises du concile du Vatican.

Ce fut un vif regret pour M. Hillereau, car Monseigneur Jacquemet avait toujours été bon pour lui, et le saint évêque avait bien compris le jeune vicaire. Celui-ci se jeta alors plus profondément entre les bras de la Providence et pria. Qu'allait devenir l'œuvre de la future Collégiale ?

# CHAPITRE IV

## M. Hillereau, Secrétaire général de l'Evêché et Curé de Saint-Donatien

Le deuil de l'Eglise de Nantes dura longtemps. Chacun se demandait avec anxiété qui monterait, après Monseigneur Jacquemet, sur le siège des saint Clair, saint Similien, saint Félix, saint Emilien, saint Pasquier, saint Gohard. — Bientôt la rumeur publique cita des noms ; et parmi ceux qui furent mis le plus habituellement en avant se trouva celui de M. Fournier, le distingué curé de Saint-Nicolas de Nantes. — Né dans cette paroisse, vicaire à Saint-Nicolas, puis curé de la paroisse, il s'était fait estimer et aimer par ses talents d'orateur et d'administrateur, par son savoir-faire, par son tact et par sa charité, dont les actes ne se comptaient plus.

Le nom de M. Fournier fut donc présenté au Ministère des Cultes ; le Souverain Pontife, qui avait vu le vénérable curé en audience particulière, au mois de janvier, lui avait témoigné une grande bonté et lui avait parlé paternellement. Devant les désirs manifestés par un grand nombre de Nantais, Rome et Paris tombèrent d'accord ; et le 17 mai 1870, M. Emile Ollivier, ministre des Cultes, présenta à l'Empereur le décret qui nommait l'abbé Fournier à l'Evêché de Nantes ; Napoléon III le signa avec plaisir.

M. Fournier fut donc préconisé, le lundi 27 juin. Le 3 août, les bulles d'institution, enregistrées par le Conseil d'Etat, arrivèrent à Nantes et furent présentées au Chapitre de la Cathédrale par M. l'abbé Rousteau, qui prit, comme vicaire général et au nom de son évêque, possession de la juridiction épiscopale.

La veille, le prélat était parti pour Solesmes, afin de trouver dans la solitude le repos désiré et se préparer avec plus de ferveur, près du pieux Dom Guéranger, à recevoir l'onction qui fait les pontifes.

C'est pendant qu'il était à Solesmes que parut sa lettre de prise de possession, où il parle si magistralement de la mission divine imposée à l'évêque, chargé comme les apôtres « d'enseigner, de régir, de gouverner une portion de la sainte Eglise ». Mais, dans ces pages éloquentes et lumineuses, le nouvel évêque montre surtout les sentiments de son âme, qui n'a qu'une ambition : « se dévouer sans mesure pour ses frères et pour son peuple. » (1)

La cérémonie du sacre eut lieu le 10 août, dans l'église de Saint-Nicolas, au milieu d'une assistance que ne pouvaient contenir les vastes nefs. Elle fut présidée par Mgr Brossais Saint-Marc, archevêque de Rennes, assisté de nombreux prélats et des RR. PP. abbés de Solesmes et de Melleray.

Dans la ville, Mgr Fournier ne désira pas de manifesta-

---

(1) La devise de Mgr Fournier fut, en effet, celle-ci : *Fratrum amator et populi Israël*, et ses armes sont : de gueules, à une église d'or Saint-Nicolas de Nantes, au chef d'argent chargé de cinq hermines de sable. — Sa Grandeur se plaisait à appeler la basilique élevée par lui « son titre de noblesse ».

tions bruyantes et solennelles ; son cœur de Français songeait, en effet, que depuis le 18 juillet la patrie luttait là-bas sur les frontières de l'Est contre un ennemi très fort, très prêt et parfaitement discipliné. Il savait que nos troupes avaient subi des échecs à Wissembourg, à Werth, à Frœschviller, à Reischshoffen, à Forbach. L'évêque entra donc majestueusement, mais soucieux, dans son évêché, le soir du sacre.

Il emmenait avec lui celui qu'il appelait « son enfant » et à qui il témoignait la plus vive et la plus paternelle affection, M. l'abbé Hillereau. Il lui donna le titre et les fonctions importantes de secrétaire général de l'évêché, en l'installant chanoine honoraire.

Cette nomination faite depuis deux mois avait peu à peu transpiré dans le public ; mais si elle avait réjoui les amis de M. Hillereau, il faut cependant avouer qu'elle lui avait fait subir à lui-même de terribles assauts.

Devant cette perspective de la vie de bureau, il hésite, il gémit, il a peur, il regrette. — « Me voilà indéfiniment engagé dans des occupations que je n'aime pas ». disait-il.

— « La tristesse m'atteindrait facilement, écrivait-il encore, si je n'avais la conviction que je fais la volonté de Dieu et que je me rapproche du but. Oui, la prière en commun, l'office en commun, voilà le but, et j'espère que nous y arriverons. Prions bien et attendons. »

Il est facile, en effet, de comprendre que ce qui l'avait déterminé à accepter cette charge de secrétaire général c'était l'avis de ses supérieurs et de son directeur de Solesmes, les conseils de ses amis et surtout l'espoir d'arriver plus sûrement par là à fonder sa Collégiale, en profitant de la première occasion qui se présenterait.

Mgr Fournier connaissait tout cela, approuvait ces pieux désirs, et promettait de contribuer à les réaliser, lorsque l'heure de la Providence aurait sonné.

Pour rendre moins pénible à son secrétaire général la privation du saint ministère, Mgr Fournier le nomma, pendant les vacances, supérieur de la communauté des Ursulines, rue Saint-Clément. M. Hillereau en fut tout heureux, car il se trouvait là au milieu d'âmes qui se sont vouées à la perfection, qui y tendent chaque jour, qui ne veulent pas discuter les droits de Dieu sur leur intelligence, leur volonté, leur cœur, leur être tout entier.

Mais au moment de la rentrée, la guerre battait son plein, et elle vint faire diversion aux projets et aux nouvelles occupations de M. Hillereau. Le danger croissait de jour en jour, des corps auxiliaires se formaient de tous côtés pour courir à la défense du pays ; il fallait des aumôniers pour les accompagner et les suivre même, jusqu'en pleines batailles. Monseigneur fit appel aux prêtres de bonne volonté ; son secrétaire général se présenta aussitôt... Il est inutile de dire que l'évêque garda à ses côtés celui qui, dans ces moments terribles, lui était plus nécessaire que jamais.

Depuis le commencement de la guerre, en effet, malgré la confiance illimitée de M. Emile Ollivier et les présomptions du maréchal Lebœuf, nos armées étaient allées de défaite en défaite. Le 2 septembre, Sedan avait capitulé, et Napoléon III se rendit prisonnier ; la déchéance du gouvernement impérial fut déclarée le 3 septembre, la République proclamée le lendemain ;   quelques jours après, l'ennemi était aux portes de Paris et mettait le siège devant la capitale.

En face de toutes ces horreurs, l'évêque de Nantes tourne son regard vers le ciel ; et dans une lettre pastorale du 22 septembre, il fait connaître à son troupeau tout entier, l'intention formelle qu'il avait conçue de consacrer son diocèse au Sacré Cœur : « La justice de Dieu passe sur la France comme une tempête, dit-il, renversant toutes nos prospérités, humiliant toutes nos grandeurs, creusant des abîmes, accumulant les ruines, jetant partout la stupeur et l'effroi. — Bien loin de nous cependant le découragement et le désespoir. Cela doit être ainsi assurément, lorsqu'un peuple vaillant, lorsqu'une nation qui s'appelle la France est résolue au prix de tous les sacrifices, à combattre et à se défendre, lorsque la foi et la piété réunissent, innombrables et fervents, les enfants de Dieu au pied des autels. » — Monseigneur rappelle ensuite les miséricordieuses promesses de N. S. à sa servante de Paray-le-Monial et il ajoute : « Nous nous sommes souvenus de ces promesses, N. T. C. F., et nous avons pris la résolution de consacrer au Cœur adorable de Notre-Seigneur le cher et beau diocèse que Dieu nous a confié, à l'heure même où sa justice irritée s'est levée pour châtier la France. »

Cette consécration solennelle eut lieu dans l'église cathédrale, le deuxième dimanche d'octobre, et fut prononcée par l'évêque lui-même. — Le même jour et à la même heure à peu près, cette consécration au Sacré Cœur fut faite dans toutes les églises et chapelles publiques du diocèse ; et, d'après l'article 9 du mandement épiscopal, elle se fera ainsi et ce même jour à perpétuité.

Dieu eut certainement pour agréable cette donation solennelle du diocèse, mais sa justice ne fut pas calmée cependant. Les défaites continuèrent ; le 27 octobre, Metz capitula et Bazaine livra au prince Frédéric-Charles 173.000 de nos soldats. — Malgré le combat sanglant et acharné du 2 décembre, à Loigny, malgré la bravoure héroïque du général de Sonis et des zouaves pontificaux conduits par le colonel de Charette, malgré la présence, sous le feu des balles, du drapeau du Sacré Cœur, l'armée ennemie avança toujours ; le Mans fut pris le 12 janvier, et des paroisses extrêmes du diocèse, on entendait déjà gronder le canon des Prussiens. Tout le pays était dans l'alarme. A Nantes on s'attendait à être envahi avant huit jours, et le bruit courut même que la somme à donner pour racheter la ville du pillage était déjà prête.

Monseigneur mande alors son secrétaire général et lui fait part de l'inspiration qui lui est venue : « Prenons, dit l'évêque, pour nos intercesseurs auprès du Sacré Cœur, Saint-Donatien et Saint-Rogatien, Patrons de la ville et du diocèse... J'ai formé le projet, continue-t-il, de faire, à la clôture des quarante-heures, et du haut de la chaire de la cathédrale, en mon nom et au nom du diocèse, le vœu solennel de rebâtir l'église de nos Martyrs, si nous sommes délivrés de l'invasion prussienne et de la guerre civile. Nous bâtirons une belle église, ce sera l'*ex-voto* du diocèse tout entier. »

Et pourquoi ne pas dire maintenant ici ce qui fut long-temps caché dans l'intime du cœur de M. Hillereau ?

En entendant son évêque lui faire cette confidence, un éclair brilla sur sont front, une joie indicible envahit son âme et il répondit alors à Mgr Fournier : « Quelle bonne et sainte pensée, Monseigneur !... Si la Providence voulait permettre que cette église fût un jour le berceau de la Collégiale!...» — Oh! je le veux bien, répondit l'évêque, à son tour émerveillé ; voyez si vous êtes prêt, si vous avez en hommes et en argent ce qui est nécessaire pour cette fondation. Si vous y arrivez et si Dieu nous exauce, l'éta-blissement de la Collégiale sera l'œuvre et la consolation de mon épiscopat. »

Le vœu solennel fut donc décidé séance tenante, et M. Hillereau demanda à son évêque quelques heures pour lui répondre. — La réponse fut telle qu'il l'avait lui-même désirée : si le ciel parlait, il serait prêt à commencer.

Le 19 janvier, Monseigneur Fournier, à la clôture des quarante-heures, monta en chaire, et, l'âme tout émue mais très confiante, il fit solennellement le vœu qu'il avait conçu. — Le lendemain il écrivait au clergé et aux fidèles de son diocèse la lettre suivante :

*Nantes, le 20 janvier 1871.*

Monsieur le Curé,

Déterminé par la gravité des circonstances et me faisant l'interprète de la volonté manifestée d'un grand nombre, et de la volonté présumée de tous, après avoir pris conseil du Chapitre de la Cathédrale et des prêtres qui m'entourent,

J'ai fait hier, à la clôture des exercices de l'Adoration, au nom du clergé et des fidèles de la ville de Nantes et du diocèse, un vœu solennel à nos saints Patrons, Donatien et Rogatien, par lequel je leur recommande et confie, dans les dangers qui nous menacent, tous nos intérêts ; et j'ai pris l'engagement, au nom de tous, que, si Nantes et le diocèse sont préservés des horreurs de l'invasion et de la guerre civile, nous contribuerons, chacun selon notre bon vouloir, à l'érection d'une nouvelle église en l'honneur des Enfants-Nantais, patrons de la ville et du diocèse.

Je vous prie, Monsieur le Curé, de porter ce vœu à la connaissance de vos paroissiens, persuadé qu'ils s'y associeront de bon cœur et réuniront leurs prières aux nôtres, afin que, sous le patronage et par l'intercession de nos deux glorieux Martyrs, notre Sauveur Jésus, au divin Cœur duquel nous sommes et demeurons consacrés, nous préserve des calamités qui nous menacent.

Ce vœu, comme vous le ferez observer, est conditionnel.

On peut, pour son bon vouloir, prendre l'engagement de fournir une cotisation sans en déterminer actuellement l'importance, mais on ne serait tenu de verser sa part contributive, qu'autant que la Providence, écoutant nos prières, aurait éloigné de nous tous ces maux.

Daigne le Seigneur, touché de notre foi et de cet acte de religion, nous couvrir de sa protection toute-puissante.

Recevez, Monsieur le Curé, l'assurance de mon sincère attachement.

✝ FÉLIX,

ÉVÊQUE DE NANTES.

La Semaine Religieuse faisait suivre cette lettre de quelques commentaires, parmi lesquels nous relevons ces lignes : « Nous ne craignons pas de nous rendre les interprètes des fidèles de ce vaste et beau diocèse, en disant à notre vénérable évêque : Merci, merci d'avoir employé cette arme sacrée pour le défendre et en écarter les horreurs de l'invasion étrangère et de la guerre civile. Si notre cher pays n'est pas préservé de ces fléaux, vous aurez du moins fait tout ce qui était en votre pouvoir pour les en éloigner ! »

Le vœu fut pleinement exaucé. A partir de ce jour les Prussiens n'avancèrent plus, et ils ne foulèrent pas le sol nantais.

Le Ciel avait parlé, le diocèse de Nantes allait lui répondre en offrant au Sacré Cœur, sur le tombeau de nos

Martyrs, devenus une fois de plus nos intercesseurs et nos protecteurs, un magnifique ex-voto.

La paix signée et le calme revenu, M. Hillereau fut donc nommé, « *in petto* », curé de Saint-Donatien, pour succéder au curé actuel M. Bernard, quand il mourrait.

Mais hâtons-nous de dire que si la première base de l'établissement de la future Collégiale était trouvée, rien ne faisait cependant désirer de précipiter les événements. Sans doute, le curé de Saint-Donatien était malade, mais M. Hillereau n'avait pas encore trente-quatre ans et lui-même sentait le besoin de réfléchir, de combiner, de formuler d'une façon précise toutes ses idées. De temps en temps il voyait les confrères qui devaient travailler avec lui à la fondation de la Collégiale ; mais après une de ces réunions intimes, il écrit : « Le bon Dieu fait bien de nous tenir dans cette halte ; nous ne sommes vraiment pas prêts. Il faut se livrer à la prière. Pour moi je vais encore essayer une fois ma conversion. »

De nouveau il prend son bonheur dans l'étude des mystiques et se délasse ainsi, en s'instruisant pour l'avenir, de ses travaux absorbants.

Monseigneur Fournier, son directeur du séminaire et Dom Guéranger étaient mis au courant de tout ce qu'organisait le secrétaire général pour fonder la Collégiale. Pour eux c'était une œuvre durable qu'il fallait faire et ils ne calculaient pas leur peine pour lui donner une base solide.

Le 10 novembre M. Hillereau remit par écrit tous ses plans à son évêque ; celui-ci s'en fit expliquer les grandes lignes, puis il garda ces pages précieuses pour les étudier à tête reposée. — Le 12, sa Grandeur rendit à son secrétaire son dossier ; tout était simple, bien pensé, juste, clair. Les membres de la future Collégiale qui voudraient se plier à ces combinaisons, remplies de l'esprit des premiers siècles de l'Eglise, qui est le véritable esprit évangélique continueraient de demeurer assurément des prêtres séculiers. Il était hors de doute cependant qu'ils contribueraient plus largement à rendre à Dieu la louange qui lui est due par une plus grande intimité de vie, par l'office canonial psalmodié ou chanté en commun, et par la splendeur des cérémonies du culte.

Dans l'intimité de son âme, chacun des prêtres de la Collégiale se laisserait guider par le directeur particulier qu'il aurait choisi et par le souffle de l'Esprit-Saint.

Monsieur Hillereau est tellement convaincu que l'Eglise, que les paroisses ont besoin de saints prêtres qu'il veut mettre à même ceux qui vivront avec lui de courir dans le chemin de la perfection. Il n'a pas l'intention d'imposer aux autres toutes ses pratiques personnelles. Lui, il désire vivre comme un religieux, il sent que le bon Dieu le lui demande. Ses notes des retraites de 1870, 1871, 1872, l'indiquent encore et de plus en plus. Le 29 octobre 1870, en effet, il écrit : « Je veux être à Dieu, tout à Dieu, rien qu'à Dieu. — Je renouvelle mon vœu de pauvreté : je n'ai rien que par la charité de Dieu ; — je renouvelle mon vœu d'obéissance : point de volonté propre, j'appartiens aux prêtres du diocèse et à mon évêque ; — jamais de péché volontaire ; — exactitude sans restriction à l'examen de conscience, à la retraite du mois. »

Du 16 au 21 octobre 1871, le jeune secrétaire général est à Solesmes. « *Labora sicut bonus miles Christi,* » écrit-il au commencement de ses notes de retraite. (1) Sa pensée est toute pour la Collégiale. Il s'impose 6 h. 1/2 ou 7 heures de sommeil seulement ; il parle de remettre sa planche dans son lit, de se servir encore des ceintures et des bracelets et il ajoute : « Voilà mon noviciat qui commence ; mon Dieu, rendez-m'en digne. » Il signe : « *Ego peccator.* » (2)

Au mois de janvier 1872, dans sa retraite du mois, il se fait des reproches. Depuis quelques semaines il s'est laissé entraîner par les affaires, par les visites. Tout a été plus superficiel. Et il termine en disant : « Recommençons ; tout à Dieu, pénitence, étude »

Tous ces détails démontrent bien que si M. Hillereau n'atteint pas la perfection, il a au moins la volonté constante d'y arriver, en prenant tous les moyens mis par Dieu

---

(1) Travaille comme un bon soldat du Christ.

(SAINT-PAUL, 2e ép. à Tim, II, 3.)

(2) « *Ego peccator* : moi pécheur. »

à sa disposition. Il veut se trouver moins incomplet quand l'heure de la Providence sonnera.

Cette heure vint plus tôt qu'il ne le pensait. A la fin de juillet, il s'absenta de Nantes ; et en arrivant à son domicile, il apprit que M. le Curé de Saint-Donatien était dans un état très inquiétant. Le 5 août, M. l'abbé Rousteau alla le confesser et revint en disant que sa vie ne se prolongerait pas au-delà de quelques heures... Le 7 août, en effet, M. Bernard rendit à Dieu sa belle âme, tendre, affectueuse, généreuse. Il fut pleuré de tous ses paroissiens, car il était bon pour tous et tous l'aimaient comme un père. Que de fois nous avons entendu répéter cette parole par des personnes qui avaient vécu sous son pastorat : « C'était un prêtre de l'ancien temps ; ah ! M. Bernard, comme il était bon, simple et dévoué ! »

Monseigneur Fournier voulut donner au cher défunt un témoignage de son estime et de sa grande sympathie ; il vint avec sa famille épiscopale assister aux funérailles, qui eurent lieu dans l'église provisoire. — Depuis quelques mois, l'ancienne église paroissiale avait été démolie et la pensée d'une nouvelle église à construire n'avait pas peu contribué à hâter la mort du curé de Saint-Donatien.

La cérémonie funèbre eut donc lieu dans la grande salle du Patronage, transformée en église provisoire. M. Hillereau s'y trouva, et certes il dut profondément réfléchir en songeant que dans le courant des semaines suivantes, il prendrait possession lui-même, si jeune, à trente-cinq ans, de cette stalle vide, aujourd'hui recouverte d'un crêpe.

Cependant, Monseigneur, en annonçant à M. Hillereau sa nomination officielle, lui recommanda le silence jusqu'à l'approbation du Ministère des Cultes. Seuls en furent immédiatement informés les intéressés directs, c'est-à-dire les futurs membres de la Collégiale.

Les vicaires de Saint-Donatien furent mis à même de garder leur poste, en acceptant la nouvelle vie canoniale. Deux sur trois s'engagèrent : M. Delorme, qui fut pendant toute sa vie le conseiller, le soutien le plus discret de M. Hillereau, et M. Jouet, qui, après une année, demanda à entrer chez les Pères de St-Laurent-sur-Sèvre. (1) — M. Tendron, depuis 22 mois vicaire à Nort, permuta avec M. Feildel, et M. Saillant laissa Guérande pour entrer à la Collégiale à la fin de septembre.

L'installation de M. Hillereau ne put avoir lieu que le 22 septembre, le jour où l'Eglise célébrait, cette année-là, la fête de N.-D. des Sept-Douleurs.
A l'heure ordinaire de la messe solennelle, une foule immense remplissait la grande salle de Toutes-Joies, déco-

---

(1) M. Delorme mourut vicaire et chanoine de la Collégiale, le 30 août 1894.
M. Jouet est mort à Rome en 1907. — Il était devenu procureur général de la Compagnie.

rée avec un goût remarquable pour la circonstance. Monseigneur Fournier, escorté de ses deux vicaires généraux, MM. Rousteau et Morel, de MM. les curés de la ville, et d'un grand nombre de chanoines et autres ecclésiastiques, entra solennellement dans la pauvre église et procéda aux cérémonies habituelles de l'installation. — L'évêque adressa ensuite la parole aux fidèles pour leur dire avec quelle tristesse il se séparait de son secrétaire général, mais en même temps avec quelles espérances il confiait à celui-ci la belle paroisse de Saint-Donatien et les œuvres singulièrement grandes qu'elle était appelée à réaliser sous sa direction. Le Pontife voulut enfin résumer tous ses regrets et ses vœux dans cette parole de saint Paul à Timothée : « *Bonus eris minister Christi Jesu.* — Vous serez un bon ministre du Christ Jésus. » (I, Tim IV, 6.).

Le nouveau curé gravit à son tour les marches de l'autel, et de là il adressa à ses nouveaux paroissiens quelques paroles émues sans doute, mais vibrantes et pleines d'onction ; promettant bien que, puisque la Providence l'avait conduit sur ce sol sacré, détrempé par le sang des Martyrs Donatien et Rogatien, il saurait s'y consacrer au salut des âmes, en se dévouant pour elles pendant toute sa vie.

Il nous souvient qu'un témoin de cette fête nous disait naguère : « Pendant que Monseigneur Fournier parlait à l'assemblée des fidèles, avec cette finesse, ce tact et ces envolées dont il avait le secret, je me disais, et d'autres pensaient assurément comme moi : quelle mine va faire maintenant après son évêque, notre nouveau et jeune curé ?- Mais certes après l'avoir entendu, chacun comprit que l'évêque n'avait pas exagéré ses compliments et que le nouveau curé était déjà à la hauteur de la situation. »

Au dîner qui suivit la cérémonie, il y eut plusieurs toasts portés, mais nous ne voulons que citer une parole de Monseigneur Fournier. L'évêque, se levant, promena d'abord son regard sur tous les convives qui l'entouraient : « Avouez, Messieurs, dit-il alors, que j'accomplis aujourd'hui un grand acte de courage... Je me suis coupé le bras droit, pour le donner à cette paroisse, » ajouta-t-il en se tournant vers le nouveau curé, pendant que tous approuvaient par leurs applaudissements prolongés la délicatesse et la justesse de ce compliment.

# CHAPITRE V

## Les débuts de la Collégiale et la construction de l'Eglise votive des Nantais au Sacré Cœur

M. Hillereau était à peine installé curé de Saint-Donatien qu'il s'occupa sans retard de ses deux grandes œuvres : la Collégiale et la construction de l'église votive.

Dès le 25 septembre, il écrivait ces lignes : « Nous avons commencé l'office canonial ! Hier soir, tous ensemble, nous avons fait la prière et l'examen de conscience et ensuite nous avons pieusement récité les Matines. Ce matin nous avons dit, à 5 heures, les Laudes et Prime et fait oraison. Qu'il en soit ainsi tous les jours ! »

Lorsque M. Hillereau arriva à Saint-Donatien, les travaux préparatoires à la construction de la nouvelle église étaient déjà commencés.

Pour ceux qui ne le sauraient pas, voici, en effet, où en étaient les affaires en 1872.

L'édifice, qu'on venait de démolir au mois de juillet, avait été construit en 1803, sur un terrain acheté par douze notables de la paroisse, grâce à leurs offrandes personnelles, à celles des autres paroissiens et notamment à la somme de 30.000 francs, versée par Mesdemoiselles de Trévelec. (1)

Mais cette église, devenue trop étroite pour la population de Saint-Donatien, leur paraissait bien modeste aussi en face de sa voisine, Saint-Clément, et comparée à celles de Saint-Nicolas et de Notre-Dame-de-Bon-Port.

M. Bouyer, sur la fin de sa vie, avait pensé à entreprendre la construction d'une nouvelle église ; sa vieillesse ne le lui permit pas. Son vicaire et digne successeur, M. Bernard, fut plusieurs fois pressé par les hommes de la paroisse de commencer les travaux, mais ce ne fut qu'après la grande Mission de 1867 qu'il se décida. Il réunit une somme de plus de 100.000 francs, et confia le plan de l'œuvre nouvelle à un Nantais, jeune architecte de renom, M. Emile Perrin.

Celui-ci le fit dans de si larges et si belles proportions qu'il embarrassa M. le curé et le Conseil de fabrique. Il leur en coûtait d'y renoncer et cependant la prudence humaine semblait interdire les dépenses considérables nécessaires à la réalisation de ce plan.

Cette question d'argent fut résolue par l'événement providentiel du 19 janvier 1871 et que nous avons signalé.

Ce fait donnait à l'œuvre une physionomie nouvelle. Sans doute, l'église de Saint-Donatien ne cessait pas d'être

---

(1) Voir à l'Appendice l'acte de rachat et les noms des notables.

Les armes des de Trévelec sont à une des clefs de voûte de l'abside de la Basilique, près de l'autel des Apôtres ; elles se trouvent également au fond des deux plateaux qui servent à faire la quête à l'église. *Elles sont « d'azur à trois croissants d'or, avec une fleur de lis de même en abîme. »*

## M. HILLEREAU, JEUNE CURÉ,

### EN COSTUME DE CHANOINE DE LA CATHÉDRALE DE NANTES

*Les rochets à dentelle n'ont été donnés aux chanoines qu'en 1894
par Mgr Laroche*

## M. HILLEREAU, JEUNE CURÉ,

EN COSTUME DE CHANOINE DE LA CATHÉDRALE DE NANTES

*Les rochets à dentelle n'ont été donnés aux chanoines qu'en 1894
par Mgr Laroche*

paroissiale, mais elle devenait en même temps et dès lors « église diocésaine ». Elle se trouvait être, par suite du vœu de l'évêque de Nantes, ratifié par le diocèse, *l'ex-voto au Sacré Cœur* de tout le peuple nantais reconnaissant.

Bientôt cette église en construction, qui devait avoir tout naturellement Saint Donatien et Saint Rogatien pour titulaires, pour patrons, allait recevoir de S. S. Pie IX un autre titre de gloire, sinon unique en son genre, du moins dont on rencontre peu d'exemples.

L'association qu'avait faite Monseigneur Fournier, dans son vœu du 19 janvier, de nos Saints Patrons avec le Sacré Cœur : « J'ai fait un vœu solennel à nos Saints Patrons, Donatien et Rogatien..., afin que, sous leur patronage et par leur intercession, notre Sauveur Jésus, au divin Cœur duquel nous sommes et demeurons consacrés, nous préserve des calamités qui nous menacent »... donna l'inspiration, dit le registre paroissial, de demander au Souverain Pontife une nouvelle faveur, celle du Patronage du Sacré Cœur de Jésus. Les Saints Martyrs resteraient les Patrons titulaires de l'église paroissiale, mais partageraient avec le Sacré Cœur le Patronage de la paroisse.

Afin, continue le registre, que tout se fît d'après les règles de la Sainte Eglise, les paroissiens furent invités à donner leur avis sur ce projet. C'était le jour de la clôture des prières de l'Adoration des quarante-heures, le jeudi 26 février 1874.

M. le curé, à l'issue de la cérémonie, fit voter les fidèles présents dans l'église provisoire ; et tous *par acclamation*

2*

adhérèrent au projet. La supplique fut alors transmise à Rome par Monseigneur l'Evêque, qui, le 1er octobre suivant, reçut de Pie IX, le rescrit favorable. (1)

Ce fut le 15 novembre, en la solennité de la fête de la Dédicace, que M. le curé annonça, après les Vêpres, la grande nouvelle aux paroissiens et promulgua la Lettre Apostolique, qui donne à la paroisse le *Sacré Cœur de Jésus pour Patron principal*, conjointement avec les Saints Martyrs nantais.

Un cœur en vermeil, commémoratif de cette fête, fut suspendu au cou de la statue du Sacré Cœur dans l'Eglise provisoire.

Ne regrettons pas d'avoir empiété un peu sur les événements. Ce fait a servi et servira encore à montrer que l'église votive a été considérée, dès le début de sa construction et le sera davantage avec les années, comme « le Montmartre nantais ».

Au mois de septembre 1872, c'est-à-dire à l'arrivée de M. Hillereau, on en était donc encore aux préliminaires des travaux, et ce ne fut qu'au milieu d'octobre que l'on commença à creuser les fondations (2).

Là se produisit une cruelle déception. La nature du terrain exigea des tranchées beaucoup plus profondes qu'on

----

(1) Cette réponse du Pape se trouve à l'Appendice.

(2) Le 7 octobre, on avait tendu les cordeaux pour avoir l'axe de l'édifice et commencé à faire le tracé des fondations.

ne l'avait calculé. De plus l'hiver amena pendant quatre mois des pluies torrentielles, et le lendemain il fallait refaire avec plus de peine ce qui avait été fait la veille.

En même temps que se poursuivait lentement le travail des fondations, pendant que l'architecte et l'entrepreneur surveillaient et activaient les terrassiers, Monsieur Cahour, chanoine honoraire, aumônier du Lycée, et Messieurs Petit et de Kerviler venaient fréquemment examiner le sol découvert par les ouvriers. Mais celui qui était l'âme de toutes ces recherches, de toutes ces fouilles, de tous ces travaux, c'était le jeune et intrépide curé. Sans cesse sur le chantier M. Hillereau examinait, encourageait et mettait lui-même la main à la pioche.

Les fouilles se continuèrent tout le printemps et tout l'été de 1873. Les archéologues découvrirent une quantité de poteries, de bases de colonnes, de chapiteaux et d'urnes funéraires, des sarcophages en pierres, des cercueils en bois, des châsses en plomb, des pierres tombales, des débris de murailles, appartenant aux églises successives, des plaques commémoratives de bénédictions de première pierre dans les siècles passés.

Mais ce qui, par dessus tout préoccupait, et à bon droit, M. Hillereau, c'était la tombe de nos Saints Martyrs.

Qu'il nous soit permis de relever ici à la gloire du vénéré pasteur, les détails fort intéressants d'un rapport de M. l'abbé Cahour, au sujet de cette tombe des Saints Enfants Nantais.

Elle sera une excellente préface à ce que nous dirons plus tard pour l'inauguration de la crypte.

« Nous savions, dit cette étude, par l'histoire et par la tradition locale, que cette précieuse tombe devait se trouver dans le périmètre de l'église érigée sous l'invocation des Saints Patrons. Ce point est incontestable et je ne crois pas avoir besoin d'en rappeler ici les preuves.

Les mêmes documents et l'usage de l'église nous indiquaient également l'abside comme étant l'enceinte, où nous avions toutes chances de rencontrer les traces désirées. Mais en quel endroit précis gisaient-elles et quelles pouvaient-elles être à l'heure présente ? Les imaginations actives se plaisaient à voir surgir un mausolée, ou, du moins, des débris parfaitement conservés et portant avec eux leur authenticité manifeste. Mais nous, avertis par les premières tranchées de l'état déplorable dans lequel se trouvaient ces lieux, nous n'osions nous livrer à de telles espérances ; car, alors même que des ruines importantes eussent révélé un monument, quelles preuves eussions-nous eues qu'il eût renfermé la tombe même ? Nous savions encore que nous ne pourrions la reconnaître à l'invention des reliques et de leurs châsses, transportées solennellement du tombeau à la cathédrale, vers le milieu du xiie siècle. Enfin, une autre observation nous donnait de l'inquiétude : c'était la nature molle des couches du sol dans lequel la fosse avait dû être hâtivement creusée, au lendemain du martyre. N'était-il pas possible que cet emplacement eût été foulé, déformé et rendu méconnaissable ? Tous ces motifs nous engageaient à procéder avec l'attention la plus scrupuleuse dans cette recherche. Nous l'avons fait, et nous sommes heureux de pouvoir dire que les résultats ont dépassé notre espoir...

Quant à l'abside, car c'en était bien une, elle offrait en ce moment un spectacle étrange. Bien que de très petite dimension et démolie jusqu'aux substructions, à l'exception du côté sud, qui s'élevait encore à près d'un mètre, elle paraissait enfouie entre deux rangs d'énormes sarcophages en pierre, placés, l'un à son chevet, et l'autre à sa base. Et si les tranchées précédentes n'avaient pas détruit déjà les cercueils de même espèce qui flanquaient ses côtés, elle en eût paru littéralement assiégée, tant ils étaient pressés les uns contre les autres, s'élevant parfois à deux étages, et renfermant jusqu'à deux et trois squelettes. Mais, chose remarquable, pas un n'avait osé s'avancer assez pour violer la petite enceinte. Tous l'avaient respectée et semblaient se tenir autour d'elle dans l'attitude d'une vénération profonde. (1)

Il n'y avait pas à en douter ; nous touchions au lieu le plus important de nos fouilles. M. le curé avait donné l'ordre d'en faire l'exploration complète, mais seulement devant lui et en présence de Messieurs les membres de la Société archéologique. Le jour venu, quatre ouvriers intelligents, sous la conduite du contre-maître, commencent à déblayer l'enceinte, encore encombrée d'une partie des remblais appartenant à la couche supérieure. Bientôt se présente une zône pleine de débris de mosaïque, restes de l'antique dallage

---

(1) Un seul, des plus récents et placé presqu'à la surface du sol, s'avançait jusque sur la partie ruinée du mur.

dont ont parlé MM. de Kerviler et Petit. Sous ce dallage reparaît la couche noire des bûchers, et les travailleurs y rencontrent de nouvelles urnes cinéraires. Du côté nord, le plus endommagé, elles sont rares ; mais du côté sud, elles se multiplient, et plusieurs sont rangées debout, à la même hauteur, et manifestement dans la position première où elles furent déposées après l'incinération. Nous étions arrivés au sol naturel, et, après avoir ouvert plusieurs tranchées, à droite et à gauche, sans que la pioche indiquât autre chose que le terrain primitif, elle s'enfonça tout à coup et sans résistance dans des terres déjà remuées. Avertis par cet indice, nous redoublons de précautions et nous commençons à mettre à découvert une large fosse, située dans l'axe même de l'abside et dont les parois s'accentuaient à mesure que les terres meubles qui en occupaient le centre étaient enlevées. Chemin faisant, la pelle rejetait avec ces terres de gros clous revêtus d'une grossière patine d'oxyde. Leur masse, rongée et déformée par le temps, rendait leur appréciation difficile. Néanmoins nous pouvons dire que les plus longs comptaient encore six à sept centimètres de longueur et les plus courts quatre à cinq. Nous pûmes en recueillir vingt-sept, qui sont précieusement conservés au petit musée. (1)

D'où venaient ces clous ? Une seule et même explication se présentait à tous les esprits. C'étaient les derniers restes des cercueils qui avaient contenu les corps saints, dont

_______

(1) Le petit musée était dans une des salles du presbytère. Les objets qu'il renfermait furent transportés plus tard au Musée d'archéologie de la ville de Nantes.

l'absence même confirmait toutes nos données et nos appréciations.

En effet, des débris de cercueils et surtout les moindres
restes d'ossements dans cette fosse eussent suffi pour auto-
riser le doute ; car il n'est pas présumable que ceux qui
procédèrent à l'élévation religieuse des corps n'aient pas
pris toutes les précautions requises pour recueillir les plus
petites parcelles d'ossements. Il est à croire au contraire,
que les cercueils qui les contenaient furent enlevés avec
eux et déposés, suivant les rites de l'Eglise, sur un autel
fixe ou portatif, où la reconnaissance minutieuse en fut
faite et le procès-verbal dressé avec détail.

Quant aux clous, ils purent être détachés des cercueils
par le temps, qui les rongeait depuis un siècle, ou par l'opé-
ration même de l'enlèvement des châsses ; et il n'est pas
surprenant qu'ils soient tombés et restés enfouis dans ces
terres de la fosse, lorsqu'elle fut devenue veuve de son trésor. Toujours est-il qu'ils sont demeurés là, en fait, pour
être de nos jours, les témoins révélateurs et éloquents du
précieux dépôt qu'ils scellèrent jusqu'au jour de son élévation de terre.

J'ai parlé, Messieurs, d'un ou de deux cercueils, car
rien ici qui puisse trancher la question. On peut seulement dire que la fosse, qui mesurait un mètre de largeur
sur 2<sup>m</sup> 50 de longueur, était assez vaste pour contenir les
corps des deux frères, dans deux caisses ou dans une·seule,
car on put dès lors leur appliquer, comme on l'a si souvent
fait depuis à leur éloge, ces belles paroles de nos Livres
sacrés : « *Aimables et beaux pendant leur vie, ils ne furent
point séparés par la mort.* »

Dans les jours qui suivirent la découverte de la tombe des Saints Martyrs, Monseigneur Richard, alors évêque de Belley, était de passage à Nantes. Il vint à Saint-Donatien, et, lorsqu'on lui eut narré le fait précédent, il se rendit sur le chantier, s'approcha du « Lieu saint des Nantais » et se prosterna, en le baisant, afin de montrer et sa croyance et sa haute vénération pour cette place sanctifiée par la présence des corps de Donatien et de Rogatien.

Les fouilles n'empêchaient pas les ouvriers de travailler activement à faire cet immense lit de béton qui devait former un rocher artificiel, jugé nécessaire pour soutenir tout l'édifice. Les murs sortirent de terre avec le soleil de l'été de 1873, et Monseigneur Fournier fixa, d'accord avec M. le curé, la bénédiction de la première pierre pour la clôture de la retraite pastorale. Le Diocèse tout entier, représenté par son clergé, serait là comme pour renouveler le vœu du 19 janvier 1871.

La cité nantaise avait du reste été avertie de la cérémonie solennelle, et le vendredi, 12 septembre, dès l'heure de midi, une foule considérable se dirigeait en habit de fête, vers le lieu qui fut autrefois témoin du martyre des Enfants Nantais, Saint Donatien et Saint Rogatien. (1)

Le dimanche précédent, en effet, dans toutes les églises de notre ville, on avait donné lecture de la lettre suivante, adressée par Monseigneur l'évêque à MM. les curés :

_______________

(1) Nous empruntons ce récit à la *Semaine Religieuse*, N° du 20 septembre.

Monsieur et cher curé,

Le vendredi, 12 septembre, à une heure, aura lieu la bénédiction de la première pierre de l'église qui s'élève en l'honneur du Sacré Cœur et des saints Donatien et Rogatien, patrons de notre ville et de notre diocèse.

Nous tenons à vous rappeler que cet édifice est érigé en exécution d'un vœu auquel nous attribuons, à bon droit, notre délivrance des maux dont nous menaçaient à la fois l'invasion ennemie et la révolution.

C'est vous dire tout l'intérêt que cette réunion doit avoir pour nous tous, prêtres et fidèles.

Veuillez donc l'annoncer et y inviter de notre part votre clergé et votre fidè'e peuple.

† FÉLIX, évêque de Nantes.

La population catholique nantaise répondait donc à l'appel de son évêque.

A une heure, le clergé paroissial de Saint-Donatien se rendit au Grand-Séminaire. Avec lui, allèrent au-devant de Sa Grandeur, MM. les membres du Conseil de fabrique, M. Perrin, architecte de l'église, M. Laprie, entrepreneur des travaux de construction, frère de l'éloquent prédicateur qui devait bientôt se faire entendre.

Les prévôts anciens et actuels de la Confrérie des Saints Patrons servaient de cortège d'honneur au groupe des statues que tous connaissent, et les jeunes gens de la société de Notre-Dame-des-Enfants-Nantais étaient heureux et fiers de porter le brancard monumental sur leurs robustes épaules.

Le cortège se rangea autour de l'image de Marie, dans
la cour d'entrée du Grand-Séminaire, et immédiatement la
procession se mit en marche.

Ce fut alors un magnifique et imposant spectacle. Plus
de trois cents prêtres, venus de tous les points du diocèse
pour assister à la retraite pastorale, s'avancèrent en habit
de chœur, à la suite des croix et des bannières, chantant à
pleine voix les Litanies des Saints, au milieu d'une double
haie de fidèles aussi nombreux qu'au grand jour de la
Fête-Dieu. Tous les cœurs étaient émus en contemplant
ces prêtres, nouveaux apôtres de la foi, pour laquelle nos
deux jeunes concitoyens eurent les premiers, sur notre sol,
la gloire de verser leur sang.

Monseigneur, revêtu de ses ornements pontificaux et la
crosse en main, fermait la marche ; il était accompagné de
ses vicaires généraux et des membres du vénérable Chapitre.
— Tous les Nantais s'inclinaient religieusement sous la
bénédiction du Prélat.

A l'entrée du vaste chantier où devait se faire la cérémonie, la bannière de Bretagne flotte dans les airs. Sur
toute la ligne des fondations principales de la nouvelle
église, avaient été placés des mâts pavoisés, reliés par des
guirlandes de gaze et de feuillage. Au fond, à l'endroit qui
sera le chœur de la basilique, une vaste tente était
dressée, et au-devant de cette tente, entre les armes de
Pie IX et celles de Mgr l'Evêque, on remarquait un magnifique écusson du Sacré Cœur, avec cette inscription : *Cor*

*Jesu sacratissimum, miserere nobis.* — De chaque côté, les mâts vénitiens portaient d'autres écussons en grand nombre et d'une exécution remarquable. Sur l'un d'eux était reproduit le sceau des anciens Chartreux de Saint-Donatien, qui l'avaient eux-mêmes reçu des prêtres de « *l'antique Collégiale* », et qu'adoptent aujourd'hui les membres du clergé paroissial. (1)

Les autres représentaient les armes des principales villes du diocèse : Saint-Nazaire, Châteaubriant, Ancenis, Guérande, Le Croisic, Machecoul, Blain, etc : pieuse et délicate attention, qui rappelait à tous la part prise par le diocèse entier, à l'érection du monument destiné à perpétuer parmi nous le souvenir d'une commune protection et d'une gratitude universelle !

Lorsque Monseigneur eut pris place au fauteuil qui lui avait été préparé, les Litanies des Saints cessèrent ; les meilleures voix de notre clergé entonnèrent le cantique :

> Chantons les combats et la gloire,
> Des Saints nos illustres aïeux, etc.

dont les paroles furent répétées avec enthousiasme par l'assistance.

M. l'abbé Laprie, chanoine de Bordeaux, professeur à la Faculté de Théologie, parut alors sur le socle d'une des colonnes du transept, qui lui servit de chaire. Pendant plus

---

(1) Il porte, sur fond de gueule, les deux saints Martyrs nantais, Donatien et Rogatien, d'or, tenant en main la palme de la victoire, debout entre deux tiges de fleurs, un lis du côté de Donatien, une rose du côté de Rogatien.

d'une heure, il tint son immense auditoire sous le charme de sa parole.

Pour rappeler et garder le souvenir de ce discours éloquent, nous en donnerons ici une courte analyse et quelques fragments.

Dans un exorde brillant, commentant un fait biblique (l'érection d'un monument placé par Josué, sur les hauteurs de Galgala, en reconnaissance des bienfaits de Dieu pour son peuple), l'orateur s'est exprimé ainsi :

« N'êtes-vous pas, vous aussi, au lendemain d'un prodige accompli en votre faveur par le Très-Haut ? La hauteur de Galgala, n'est-ce pas le plateau où nous sommes ? — Ce fleuve qui là-bas baigne vos murs, ce fleuve illustré lui aussi par tant de combats mémorables, dont ses rives furent le théâtre, n'est-ce pas le Jourdain ? Et Josué, le conducteur du peuple, l'homme hardi, l'homme éloquent, l'homme qui possède le secret de remuer également et les cœurs et les pierres, n'est-ce pas le Pontife qui gouverne vos paroisses au nom du Ciel ? Et ces pierres que nous voyons, ces pierres que le conducteur du peuple va bénir, n'est-ce pas par son initiative qu'elles ont été transportées en ce lieu et qu'elles y sont devenues les premières assises d'un édifice sacré ? — Enfin, ici, comme à Galgala, n'est-ce pas l'élite de tout un peuple qui se trouve assemblée ? N'ai-je pas aperçu, autour du Grand-Prêtre, la portion la plus considérable de la tribu sacerdotale ? N'ai-je pas remarqué aussi plusieurs représentants des diverses fonctions publiques ?

Oui, l'élite de la cité nantaise est sous nos yeux, et si

quelque chose doit m'étonner et me confondre, c'est de me
voir appelé à l'honneur de haranguer une telle assistance.
Heureusement, quand le prêtre parle, l'homme n'est rien,
et Dieu est tout.

Quoi qu'il en soit de l'orateur d'aujourd'hui, quand
demain vos fils vous demanderont : Pourquoi ces pierres et
que signifient-elles ? que leur répondrez-vous ? — Oui,
pourquoi cette nouvelle basilique ? — Et puisque, au dire
de l'Evangile, les pierres ont une voix, "*lapides clamabunt*",
quelle est la voix qui sortira de ces pierres ? « *Quid sibi
volunt isti lapides* » ? — Telle est la question qui fera le
sujet de ce discours. » (1)

L'orateur établit d'abord que l'église nouvelle est un
monument de l'amour de Dieu pour le peuple nantais, un
monument destiné à nous rappeler un nouveau gage de cet
antique et constant amour ; et à ce titre, a-t-il dit, ces
pierres crieront aux enfants de Nantes : reconnaissance et
fidélité au Dieu de vos pères !

Dieu nous a traités avec un amour de préférence, en
nous donnant : — un sol à part ; — un caractère distinctif
dont la sagesse et la patience sont le principal apanage ; —
une foi ferme, profonde, inébranlable ; — une vocation
spéciale, celle du culte de l'honneur, vocation symbolisée
dans le blason de la cité, l'hermine sans tache, et dans la
devise qui l'accompagne : — *Potiùs mori quam fœdari* !
*Plutôt la mort que la souillure* !

---

(1) *Lapides clamabunt*. — Les pierres crieront.
*Quid sibi volunt isti lapides*.— Quelle est la voix qui sort de ces pierres ?

Dieu n'a pas borné là ses faveurs : il a tressé sur notre front trois diadèmes qui le couvrent de gloire : un diadème de grands citoyens, un diadème de grands évêques, un diadème de grands saints. »... — Toutes ces pensées furent développées avec une largeur de vue, un bonheur d'expression, une énergie sainte, un enthousiasme vrai qui transportaient l'auditoire.

L'émotion fut plus vive encore lorsque l'orateur ajouta :

« C'est ainsi que depuis l'origine des temps Dieu a constamment aimé le peuple nantais ; mais naguère, au jour du grand deuil de la France, il vous donna un nouveau gage de sa prédilection.

1870-1871 ! Quelle date lugubre ! et nos arrière-neveux pourront-ils croire à toutes les calamités dont la patrie fut en ces jours-là accablée ! Quel déluge de maux ! Quel renversement subit de toutes nos prospérités ! La veille, on avait vu la France au comble de la fortune. « Je suis, disait-elle, la première nation du monde, et mes aigles ont contracté avec la victoire d'indissolubles noces ; » mais pendant qu'elle parlait de la sorte, le Seigneur tenait un autre langage : « J'ai vu, disait-il, l'orgueil de Samarie, j'ai vu ses idolâtries et entendu ses blasphèmes ; à moi la vengeance, *vœ genti apostatrici* ! »

Et les barbares arrivèrent ; et ils s'acquittèrent si terriblement de leur mission vengeresse qu'il en sera parlé jusqu'au dernier jour de l'histoire.

Des champs de bataille remplis de carnage, des villes en

cendres, des campagnes dévastées, des ruines fumantes, des populations errantes et affamées, d'inconsolables pleurs, telles étaient les traces de leur passage à travers notre belle France. Pour comble d'humiliation et d'infortune, des hommes de sédition et de hasard, s'étant arbitrairement partagé les tronçons d'un sceptre avili, commandaient à la France, parlaient au nom de la France ; et dans leurs discours officiels, ces consuls sans pudeur évitaient soigneusement et obstinément de prononcer le nom de Dieu.

A chacune de leurs proclamations insensées, le ciel répondait par un nouveau coup de foudre, et afin que l'écho en retentît plus loin, c'était régulièrement le jour du dimanche qu'éclataient les nouvelles de nos désastres successifs. Et pendant que se poursuivait ce désolant dialogue entre la folie de nos dictateurs et la foudre divine, les barbares étaient parvenus aux limites du territoire nantais. L'immense trombe de fer et de feu est là qui s'avance ! Encore quelques heures, et elle va nous envelopper de ses tourbillons inexorables, elle va assouvir sa fureur sur nos foyers réduits en poudre !

Grâce à la pitié de Dieu, il en fut décidé autrement ! Souvenez-vous de ce qui eut lieu, en ce moment terrible, sous les voûtes de votre cathédrale. Du sein de votre cathédrale, en face et à l'encontre de l'immense trombe de fer et de feu, une immense prière se dressa dans les airs, montant au ciel ! la prière du peuple nantais, solennellement exprimée, au nom de tous, par le Pontife qui porte si bien le titre d'« *amator fratrum* », exprimée, formulée par le Prélat en qui bat le cœur de la cité, car il en est tout à

la fois et le fils et le père : le fils par la naissance, le père
par l'épiscopat ! Ainsi représentés par leur évêque, et invo-
quant le secours de ce Dieu des armées que nos gouver-
nants affectaient de ne pas connaître, la ville et le diocèse
de Nantes s'engagèrent par vœu, si Dieu daignait les préserver de l'invasion, à lui élever un temple commémoratif
de son bienfait, sous le vocable du Sacré Cœur et des
bienheureux Enfants Nantais, Donatien et Rogatien.

Tout le monde sait ce qui arriva. Comme si Dieu avait
commandé au fléau de la guerre et lui avait dit : Tu n'iras
pas plus loin, l'invasion s'arrêta tout à coup et le canon
cessa de gronder.

N'était-ce pas là un gage nouveau de l'antique et constant
amour de Dieu pour le peuple nantais !

Que les hommes d'impiété, que ceux qui ne savent ni
prier, ni combattre, se rient tant qu'ils voudront de cette
puissance attribuée à la prière ; que, là où nous voyons
une intervention divine, ils ne voient qu'un événement
naturel, une coïncidence fortuite... Libre à ces parvenus.

Mais, en dépit de leurs beaux dédains et de leurs sourires
transcendants, la basilique de votre vœu est fondée ; la
voilà ! Et ces pierres ne se feront pas complices de l'ingrat
aveuglement des impies ; elles attesteront devant la pos-
térité que Dieu vous préserva de l'invasion germanique par
une faveur insigne de sa bonté souveraine.

Et voilà pourquoi ces pierres vous crient, ô Nantais :
reconnaissance et fidélité au Dieu de vos ancêtres ! « *ut vos
timeatis Dominum omni tempore* » !

Après avoir dit ce que Dieu a fait pour le peuple nantais, l'orateur exposa, dans une seconde partie, ce que le peuple nantais a fait pour Dieu et pour la cause catholique, en face de cinq ennemis formidables, — le paganisme, — l'invasion barbare, — le mahométisme, — l'hérésie protestante, — et la révolution. — Et à l'heure présente, de tous les points du territoire, des milliers de voix s'élèvent pour attester, dans un harmonieux concert, que le peuple nantais n'a pas cessé d'aimer ardemment son Dieu : la basilique nouvelle, dont le Pontife va bénir les fondations, n'en est-elle pas encore un bien éloquent témoignage ? Aussi la miséricorde et la bénédiction de Dieu seront toujours sur le peuple nantais.

Une entraînante péroraison termina ce beau discours, et Monseigneur fit alors la bénédiction de la première pierre de l'église, avec toutes les solennités de la sainte liturgie. Une excavation avait été pratiquée dans cette pierre du plus beau granit. Une plaque commémorative, en cuivre, y fut déposée ; elle porte une inscription latine, rappelant que le monument a été bénit au mois de septembre 1873, en la 27e année du pontificat de Pie IX ; le maréchal de Mac-Mahon étant président de la République ; sous l'épiscopat de Monseigneur Félix Fournier ; M. Jean-Baptiste Hillereau étant curé de la paroisse ; MM. Retailleau, Ferrus, Cottineau, Chauvin, Bousquet, membres du Conseil de Fabrique ; M. Emile Perrin, architecte.

On y lit aussi que les travaux ont été entrepris, conformément au désir des habitants de Saint-Donatien, dont l'ancienne église paroissiale n'était plus assez vaste, et en exécution du vœu fait par Mgr l'Evêque, pour obtenir la délivrance des maux dont nous menaçaient l'invasion ennemie et la révolution.

Après cette brillante et inoubliable journée, les travaux de l'église allèrent bon train. Le curé savait par sa présence, par sa parole, par des moyens pratiques, les activer et les surveiller.

Cependant ce serait une erreur de croire que le côté spirituel souffrait chez lui et autour de lui des travaux matériels absorbants.

Nous trouvons, en effet, dans les notes de M. Hillereau — retraites de 1873 et années suivantes, — des pensées ou résolutions comme celles-ci : « Je veux être un saint et dans le sens propre du mot : un saint curé, un saint disciple des apôtres, tout entier à mon œuvre pour l'amour de Dieu. Etre le serviteur de mes confrères, quand ils font le bien ; n'être leur supérieur que pour empêcher et réprimer le mal. — Chercher à bien faire et non à plaire. Eviter toute tenue molle. — Ne faire du feu que dans les grands froids. — Discipline deux fois la semaine. — Quand le moment de l'office est venu, y aller sans retard ; il n'y a rien d'aussi urgent que de prier ; oublier tout, s'y mettre tout entier. — Quand une chose est à faire, la faire rondement et avec soin. — La croix, c'est la seule chose vraie. — Bien accueillir mes vicaires, ce sont mes plus chers paroissiens. — Eviter le confortable et soigner ce qui est à mon usage. — Ma Collégiale sera ce que je la ferai avec la grâce de Dieu. — Je suis le gardien du culte et de l'honneur des S. S. Patrons, le client du Sacré Cœur de Jésus. — Voici l'heure des vertus fortes et solides, parce que c'est l'heure des grandes œuvres et des grands périls. — La vie agitée que je mène depuis trois ans m'a causé beaucoup de dommages, cependant j'ai confiance dans le Sacré Cœur. — Je renouvelle mes vœux et mes promesses. »...

Le commencement de l'année 1875 fut très douloureux pour le cœur de M. Hillereau. La mort de son père spirituel, Dom Guéranger, arrivée le 30 janvier, fut une épreuve très dure pour l'œuvre de sa sanctification personnelle et pour sa Collégiale naissante.

Le supérieur général des Bénédictins de la Congrégation de France, auteur de l'*Année liturgique* et de tant d'ouvrages si estimés, mourut au milieu de ses Frères, dans le monastère dont il fut le fondateur. L'illustre religieux, si intimement uni d'affection à Monseigneur Fournier, était chanoine d'honneur de la cathédrale de Nantes. L'évêque, accompagné d'une députation du vénérable chapitre, se rendit à Solesmes pour la cérémonie des funérailles qui eut lieu, le jeudi 4 février, avec la plus grande solennité. La foule était immense et le deuil général. M. Hillereau ne put, à son grand regret, y assister, mais il y fut présent de cœur.

A la suite de la cérémonie funèbre, les religieux bénédictins des diverses abbayes, plus de cent prêtres, un grand nombre de laïques éminents, se trouvaient réunis au monastère. Mgr Fournier fut prié d'adresser quelques paroles à cette assistance choisie. L'un des rédacteurs de l'*Univers* était présent ; nous extrayons de son compte-rendu les deux passages suivants qui viennent bien ici pour montrer de nouveau quel guide sûr M. Hillereau avait choisi, et combien fut grande la douleur de son âme sacerdotale.

« Sur l'invitation pressante qui lui en fut faite, Mgr Fournier se lève pour dire quelques mots à son tour sur l'illustre défunt. Parole facile et vibrante, geste simple et naturel, mais surtout émotion puissante et communicative, c'est ainsi qu'on pourrait, il me semble, caractériser cette improvisation chaleureuse, au bout de laquelle le respect a grand peine à retenir de vifs applaudissements, Monseigneur rappelle qu'il y a quatre ans, sur le point d'être évêque, il venait se mettre sous la direction de Dom Guéranger ; il rappelle qu'il en reçut des conseils qui, s'ils étaient suivis à la lettre, certainement feraient, de qui les pratiquerait, un grand évêque.

« Que vous dirai-je ? poursuit l'éloquent évêque de Nantes. Dans toute l'acception du mot, celui que nous pleurons fut grand, et dans le conseil et dans l'action. De ses travaux, jaillissent toutes préparées ce que je me permettrai d'appeler des formules que l'Eglise a plus d'une fois consacrées par ses définitions. Qu'est-ce à dire ? L'Eglise n'est-elle donc pas un soleil par elle-même ? Oui, sans doute, mais pourtant elle a ses luminaires, que Dieu lui donne pour l'aider à éclairer le monde, et de ceux-là, Dom Guéranger fut certainement l'un des plus illustres. Pleurons-le donc, mais en même temps, et pour le louer dignement, inspirons-nous toujours de son esprit. Dans la tombe où il va être scellé, son corps n'abandonnera pas les siens. Que son esprit demeure plus encore au milieu d'eux. Que de lui surtout, dont la doctrine reste, on puisse dire à jamais : Vivant, il nous parlait ; mort, il nous enseigne mieux encore ! » (1)

En 1876, M. Hillereau eut la pensée de demander à Monseigneur d'avoir une retraite spéciale à son presbytère, uniquement pour lui et ses prêtres, et il s'en réjouit grandement. Il en profita pour se comparer à ses confrères et se lamenter sur l'état de son âme — « Il faut se reprendre, écrit-il ; — plus grande pénitence ; — travail plus actif ; — pas un seul péché volontaire. »

En 1877, il se plaint encore devant Dieu de ses faiblesses, de ses défaillances ; il rappelle sa belle retraite de Solesmes, en 1865, sa résolution de faire toutes ses actions en esprit d'oraison, et il la renouvelle. — « L'exemple des saints, dit-il, me confond. — La vie mixte est la plus parfaite, mais elle porte en elle-même un danger, je n'ai pas su y résister. — Je ne me sens pas pourtant découragé. — A l'œuvre de nouveau ; fidélité stricte à la règle que je me suis donnée. »

En 1878, il est à Solesmes, et aux pieds du pieux Abbé Dom Couturier, successeur de Dom Guéranger ; il a réflé-

_______

(1) Le 4 mars suivant, dans l'église abbatiale de Saint Pierre de Solesmes, et devant une assistance, composée de cinq évêques, de deux abbés, d'une multitude de prêtres et de laïques distingués, le cardinal Pie prononça l'éloge funèbre de celui qui fut appelé « le plus grand moine que l'Eglise de France posséda de nos jours. »

chi, et il écrit ces lignes pleines de simplicité et d'humilité :
— « Voilà bien des années que je cherche à résoudre le problème d'unir la vie active et la vie contemplative ; j'ai toujours manqué mon coup, et, comme un homme qui va se heurter à une porte fermée, après quelques essais, je suis retourné plus ou moins meurtri.

Le R. P. Abbé m'a donné la solution : « On n'arrive point à cette union par des méthodes et des moyens savamment agencés ; on n'y arrive que par une augmentation d'amour. » — Je n'ai pas assez aimé ; voilà pourquoi je n'ai rien fait. En aimant davantage, j'approcherai du but ; en aimant encore plus, j'y arriverai. — L'amour demande la pénitence et l'horreur du péché. — Je dois inspirer la même manière de voir et de penser à ceux qui m'entourent. »

Toutes ces notes prises ici et là, un peu au hasard, dans les papiers du curé de Saint-Donatien, montrent bien sa grande préoccupation, ses désirs de perfection, ses déceptions pénibles, mais aussi son courage et sa confiance. Ce qui en ressort également c'est qu'il ne pense pas seulement à lui, comme jadis, mais encore et beaucoup aux membres de sa Collégiale. Il ne voudrait pas qu'ils fussent des prêtres ordinaires au sujet de la piété et de la fidélité à leurs devoirs, et il se préoccupe sans cesse des exemples qu'il leur doit donner pour les entraîner dans le chemin de la vertu.

Et pendant ces années de 1874 à 1878 que devenaient les travaux de l'église votive ?

Les paroissiens de Saint-Donatien s'habituaient sans doute à leur grande salle de Toutes-Joies ; on s'y sentait les coudes, on y était en famille. Mais tous soupiraient malgré cela après le jour où l'enceinte de la nouvelle église serait prête à les recevoir.

Pasteur et troupeau semblaient par avance s'essayer à ce vaste monument qui avait déjà toute leur affection. — « C'est ainsi qu'en 1874 et en 1875, dit le registre paroissial, la procession des Reliques des saints Patrons, le soir de la fête patronale, a pu faire station et se terminer dans l'enceinte de l'église neuve en construction. Le sermon y a été donné, en 1874, par le R. P. Alet, Jésuite de la résidence de Nantes, et en 1875 par M. l'abbé Renaud, missionnaire diocésain de l'Immaculée-Conception, en présence des saintes Reliques, déposées à l'endroit même où fut jadis le tombeau des saints Martyrs. Un autel improvisé permit de terminer la cérémonie par le salut solennel du saint Sacrement. »

Au milieu de ses préoccupations et de ses travaux, dans les difficultés de plus d'un genre qui se présentèrent devant lui, M. Hillereau trouva toujours en Monseigneur Fournier le conseiller le plus sage, le soutien le plus fort, le père le plus dévoué. Hélas ! il devait le perdre dans un moment où, avec tout le diocèse, il se réjouissait d'un pèlerinage dans la ville éternelle, conduit par le vaillant et pieux évêque, à la fin du mois de mai 1877.

Monseigneur Fournier, frappé à Rome du terrible mal qui s'appelle « la malaria », vit la fièvre le miner rapidement et en quelques jours le conduire aux portes du tombeau. — Pie IX, qui, depuis quelques semaines, avait entendu plusieurs centaines d'adresses, remarqua cependant celle de l'évêque breton, lui rappelant, avec l'à-propos qui lui manquait rarement, l'histoire de saint Clair, venu de Rome à Nantes, avec le clou qui avait attaché la main droite de saint Pierre, lui citant les glorieux noms des de La Moricière, des de Pimodan, des de Charette, des Guérin, gloires de son diocèse et gloires romaines. — Le Saint-Père fit dire au cher malade combien sa parole, à l'audience du 1er juin, l'avait ému, et qu'il priait pour lui. — Le vénéré pontife reçut les derniers sacrements des mains du cardinal de Falloux, le samedi 9 juin, et dans la soirée, il rendit à Dieu son âme qui n'avait vécu que pour lui.

A la nouvelle de sa mort, Pie IX dit en présence des cardinaux (1) : « C'est un deuil bien profond pour la France et pour Moi, de perdre à si peu d'intervalle, deux grands évêques comme ceux de Versailles et de Nantes ! L'évêque de Nantes dont tous veulent s'entretenir, tant était ardent son zèle pour l'église, tant a été sainte sa mort ! Tous deux ont donné, pendant leur vie, de bien grands sujets d'édification. Leur mort a été conforme à leur vie ; ils ont reçu la récompense de leurs vertus ! La mort de Mgr l'évêque de Nantes est un grand deuil pour moi ! »

En apprenant cette mort, Nantes fut dans la consterna-

---

(1) Paroles rapportées par Mgr de Reynetal, Supérieur de Saint-Louis-des-Français. — L'évêque de Versailles dont il est question ici était Mgr Mabile.

tion et M. le curé de Saint-Donatien, en fils affectueux et reconnaissant, en ressentit vivement le contre-coup. Il fut l'un des premiers à partir pour Paris afin de recevoir les restes du Prélat et de leur faire cortège jusqu'à Nantes.

La cérémonie funèbre eut lieu le 21 juin ; quatre absoutes furent données à la cathédrale, la cinquième à Saint-Nicolas, où le corps de Mgr Fournier devait être déposé selon ses désirs. (1) — La marche à travers la ville fut un véritable triomphe ; toute la troupe de la garnison était sur pied, les autorités civiles et militaires formaient cortège derrière le somptueux corbillard. De nombreux évêques et abbés mitrés avaient voulu s'associer à ce deuil de toute la famille nantaise.

Pour M. Hillereau cette mort ne faisait que lui rappeler la perte bien douloureuse du grand moine bénédictin, Dom Guéranger. Et certes, il pleure aujourd'hui le meilleur soutien de ses œuvres, comme il avait pleuré naguère la mort du père spirituel le plus aimé. Mais dans ces dures épreuves sa foi se raviva, sa confiance dans la Providence ne fut pas ébranlée.

Dieu l'en récompensa, en donnant bientôt au diocèse de Nantes un évêque qui fut la plus vivante image de la bonté, et du dévouement inaltérable de Monseigneur Fournier envers la Collégiale et les œuvres de Saint-Donatien. — Monseigneur Jules-François Lecoq, alors évêque de Luçon, fut nommé à Nantes par décret ministériel du 30 juillet 1877,

_______

(1) Le cœur de l'Evêque, renfermé dans une urne voilée de crêpe, était porté par des prêtres, sur un élégant brancard, chargé de fleurs. Il fut ensuite processionnellement ramené à la cathédrale.

et institué évêque de notre diocèse par bref du Pape, en date du 20 août. Le prélat fit son entrée dans sa ville épiscopale, le mardi 25 septembre. Il arrivait avec cette belle devise : « *Missus a Deo*. Envoyé de Dieu », — et précédé de la réputation « d'un évêque plein d'aménité, accessible à tous, payant partout de sa personne, d'une éloquence facile, et par-dessus tout, d'un homme de cœur et de dévouement »

Nantes était dans la jubilation. — Saint-Donatien avait retrouvé un ami, un conseiller fidèle, un guide sûr, un père très aimant.

# CHAPITRE VI

## La nouvelle Eglise de Saint-Donatien

Pendant la dernière partie de l'année 1877 et les premiers mois de 1878, les travaux de l'église furent menés avec une très grande activité. Les murs et les colonnes arrivèrent à leur hauteur normale, la charpente monumentale fut placée, la toiture achevée. Et quand les voûtes furent commencées, M. Hillereau put prévoir que l'année ne s'écoulerait pas avant qu'on pût faire retentir la louange de Dieu dans le nouveau temple et y célébrer le saint sacrifice. La bénédiction fut, en effet, fixée au lundi, 9 décembre, jour où l'Eglise devait célébrer, cette année-là, la fête de l'Immaculée Conception de la Vierge Marie.

Ce fut une explosion de joie dans la paroisse et dans la ville de Nantes.

Le jour convenu, à 9 heures, Monseigneur Le Coq arrivait aux portes de la nouvelle église, assisté de ses Vicaires généraux. — M. le doyen du Chapitre, plusieurs vénérables chanoines, M. le supérieur du Grand-Séminaire et MM. les directeurs, MM. les curés de Nantes et un grand nombre d'ecclésiastiques de la ville et de tous les points du diocèse, faisaient cortège à Sa Grandeur. Autour d'eux se pressaient

les élèves des séminaires, en habit de chœur, les notables
de la paroisse, les membres du Conseil de Fabrique et les
prévôts de la Confrérie des Saints Patrons, les conseillers
municipaux du canton, etc. Une foule compacte occupait la
place devant l'église.

M. le curé, revêtu de son étole pastorale, le visage
rayonnant de bonheur, prit la parole, et d'une vóix émue
s'adressa en ces termes à Mgr l'Evêque :

Monseigneur,

Je remercie Votre Grandeur d'avoir bien voulu venir
prendre possession de cet édifice au nom de l'Eglise, en ouvrir les portes à la légitime impatience du peuple qui nous
entoure, et présider dans son enceinte à l'inauguration des
saints mystères.

L'œuvre est loin d'être achevée. Partout le regard attristé
aperçoit la trace d'un travail à peine ébauché et d'une disposition provisoire ; de longtemps encore, le silence du lieu
saint sera interrompu par le bruit de la scie et du marteau.
Nous eussions paru téméraires de convier dès aujourd'hui
vos prêtres et vos fidèles aux splendeurs d'une dédicace
solennelle : l'ex-voto n'est pas encore prêt pour sa consécration définitive.

Aujourd'hui, Monseigneur, c'est une paroisse qui vous
supplie de mettre un terme à un trop long exil et à une
douloureuse dispersion ; ce sont les nombreux amis des
Enfants Nantais qui ont hâte de revoir leur sépulcre vénéré ;
ce sont les fidèles du Sacré Cœur qui désirent trouver,
auprès du monument qui rappellera leur promesse, le cou-

rage de l'accomplir jusqu'au bout, et dans le nouveau sanctuaire élevé par leur foi un tutélaire abri, dont la protection, accordée en 1871, est l'heureux augure.

Voilà onze ans que la paroisse de Saint-Donatien forma le dessein de rebâtir son église, et que son curé commença à recueillir les offrandes pour cet important travail. Huit années nous séparent de ces jours pleins de périls et de larmes, où, dans un sublime élan de foi et de confiance, l'évêque, le clergé et les fidèles de l'Eglise de Nantes, offrirent à la famille paroissiale un concours inespéré ; et depuis six ans et deux mois, nous travaillons sans relâche à réaliser le plan grandiose que mon vénéré prédécesseur avait demandé à un architecte de notre ville, chrétien convaincu et artiste au goût délicat, mais que notre modeste paroisse n'eût pas osé exécuter, si, par un coup providentiel, l'église paroissiale ne fût devenue, une fois le péril écarté, *l'ex-voto de tout un diocèse.*

Hélas ! pendant ces années de la préparation et du premier travail, que tant de motifs nous ont fait trouver longues, ceux qui ont commencé l'œuvre ont disparu, la laissant inachevée. Le pieux et vaillant curé n'a pu voir commencer les travaux du nouvel édifice. Il est mort sur la brèche, au moment où les dernières pierres de l'église, témoin de ses ferventes prières et de ses paternelles exhortations, tombaient sous le marteau du démolisseur.

L'évêque aussi nous a quittés pour une meilleure patrie. Ah ! ce fut bien par une inspiration du ciel qu'il ramena les chrétiens de notre âge à ce tombeau que nos pères appelaient avec confiance « le lieu sacré des Nantais, le salut

dans les maux du présent et la protection contre ceux de
l'avenir ! » Aussi, avec quelle joie il bénissait, il y a cinq
ans, la première pierre de cet édifice ! Avec quelle chaleureuse conviction, à la vue des rapides accroissements de
nos murailles, il proclamait son vœu « un des plus grands
actes de son épiscopat », comme il en restera une des
gloires les plus pures ! — « Hâtez-vous, nous disait-il avec
une simplicité touchante ; votre église est l'enfant de ma
vieillesse ; je veux la consacrer avant de mourir. »

La mémoire de Mgr Fournier et de M. l'abbé Bernard
reste en bénédiction parmi nous ; et dans cette fête de
l'inauguration, c'est une douce obligation de redire ce qu'ils
ont fait l'un et l'autre dans la période de la préparation,
de même qu'en contemplant les voûtes aériennes de notre
nef, on ne saurait oublier le point d'appui nécessaire
enseveli dans les fondations.

Du reste, Monseigneur, le souvenir de l'éminent prélat
qui aimait cette église et son clergé est intimement uni à
notre reconnaissance et à notre dévouement pour son
successeur. Dieu, qui aime les Nantais, a mis sur la chaire
des Clair, des Similien et des Félix un pontife, digne
héritier de l'amour des évêques de Nantes pour nos saints
Martyrs, et jaloux de continuer les œuvres commencées
pour la glorification de leur tombeau. Permettez-moi de
dire, le cœur ému et plein de piété filiale, qu'à l'heure des
derniers efforts, le solide appui de votre zèle pour nos
saints Martyrs soutint notre courage, comme la bienveillance
paternelle et les exemples de Mgr Fournier avaient enflam-
mé notre ardeur au début des travaux.

Mais, en disant ce que les évêques de Nantes et mon prédécesseur ont fait pour cette église, j'ai expliqué comment, dans l'espace de six ans et deux mois, cet édifice a pu grandir et arriver au point où nous le voyons. Nous n'avons eu qu'à seconder dans notre paroisse l'admirable élan qui lui avait été imprimé, et à nous adresser avec confiance aux dévouements que la parole de nos premiers pasteurs avait suscités dans la ville et dans tout le diocèse.

Malgré de sérieuses difficultés au début, malgré ces déceptions, ces retards inévitables dans toute œuvre importante, la tâche nous a été rendue facile par l'active et consciencieuse direction de l'architecte, par l'habileté professionnelle des entrepreneurs que nous avons trouvés à l'œuvre à notre arrivée dans cette paroisse, et surtout par l'union parfaite qui n'a cessé de régner entre le curé et Messieurs les membres du Conseil de fabrique, les marguilliers d'honneur et les prévôts de la Confrérie de nos saints Patrons.

Grâce à Dieu, ces honorables fonctions sont dignement appréciées parmi nous ; et quiconque en est revêtu se croit obligé de redoubler de zèle pour l'honneur de l'Eglise et les œuvres paroissiales.

Soutenue par ces exemples, notre religieuse population ne nous a rien laissé à envier aux paroisses les plus chrétiennes. A l'obole du pauvre donnée sans regret, à la modeste contribution de l'ouvrier, sont venues se joindre la généreuse offrande du riche propriétaire et celle de l'humble chrétienne, qui sait se contenter de peu pour donner plus largement ; et ces bazars, organisés avec un entrain qui ne s'est pas démenti, et qu'on aurait pu appeler de vraies « fêtes de famille », tant il y avait de joyeux empressement à placer et à prendre les billets de chaque loterie.

Vous le dirai-je cependant, Monseigneur ! Si pendant la construction de cette église, le malaise de notre situation provisoire, les incertitudes de l'avenir n'ont pu abattre ma confiance, c'est que j'avais près de moi une famille sacerdotale qui n'a jamais eu « qu'un cœur et qu'une âme » ; et que pour nous tous la construction du temple matériel n'était qu'un acheminement vers un but plus élevé. Et que pouvaient être les difficultés, les lenteurs et les mécomptes auprès de cette union des âmes qui a pour devise : « *Erit cor meum ibi. — Hæc est vera fraternitas* », et de l'espoir d'offrir bientôt à Dieu, dans cette enceinte, le sacrifice de la louange perpétuelle, dont un pieux auteur a dit justement qu'il était « l'avant-goût du ciel ».

Je ne me dissimule point les difficultés de l'avenir. Peut-être devrais-je me troubler en présence du travail qui nous reste à faire, et de la dette énorme qui pèse sur nous et nous enchaîne pour longtemps.

Mais je n'oublie point que c'est sur la parole de nos évêques que nous avons accepté ces liens ; et je croirais faire injure aux sentiments bien connus de mes paroissiens et de nos bienfaiteurs, et ne pas estimer à leur juste valeur la bienveillance de mon évêque et sa paternelle bénédiction, si je n'espérais, avec le concours de tous, diminuer peu à peu nos charges et terminer une église si heureusement commencée. »

Monseigneur Le Coq, en répondant à M. le curé, voulut renforcer encore sa confiance et il lui donna l'assurance de son concours le plus dévoué et le plus durable.

Après les cérémonies liturgiques de la bénédiction, une foule considérable envahit l'église et bientôt l'Evêque apparut dans la chaire provisoire et fit entendre, pour la première fois, la parole de Dieu dans le nouveau sanctuaire.

Grâce à un habile sténographe, (1) nous avons pu posséder la brillante et impressionnante improvisation de Monseigneur, et nous nous faisons un doux devoir de garder ici ce souvenir, en en reproduisant quelques passages.

Au milieu du plus profond silence, il débuta ainsi :

« *Oui ! j'en fais le serment, nous bâtirons un magnifique temple aux Enfants Nantais.* »

Ce fut une grande parole, mes très chers Frères, que cette parole épiscopale : grande, à cause des circonstances où elle fut prononcée, grande par les obligations qu'elle s'imposait à elle-même, et qu'elle imposait à d'autres ; grande par les prodiges de foi qu'elle devait enfanter. Elle fut prononcée à une heure de cruelles angoisses. Déjà on entendait les pas des bataillons ennemis qui s'avançaient, rapides et menaçants, à la frontière de notre province. Aux nouvelles sinistres de la veille succédaient, le lendemain, des nouvelles plus désastreuses encore : partout la terreur et l'effroi. Le cœur du Pontife, qui était aussi le cœur d'un

---

(1) M. l'abbé Lesage.

père, s'émeut de tant de tristesses et de tant d'alarmes. Du haut de la chaire de sa cathédrale, il regarde, il interroge tous les points de l'horizon, et l'horizon est sombre et silencieux ; nulle part on ne voit poindre même une lueur d'espérance ; du côté de la terre et du côté des hommes, tout semble donc perdu. L'évêque alors, déployant en quelque sorte les ailes de sa vive et ardente piété, s'élance jusqu'au ciel. Là il contemple le Cœur de Jésus, source inépuisable de miséricorde et de bonté ; autour de ce Cœur, la multitude des anges et des saints qui l'adorent ; et parmi ces saints, Donatien et Rogatien, les deux Martyrs nantais ! A cette vue, le Pontife ravi, plein de confiance, s'écrie avec un accent que n'oublieront jamais ceux qui l'ont entendu : « O doux et saints Patrons, si par votre intercession, le Cœur de Jésus daigne nous préserver des maux qui sont sur le point de fondre sur nous... *oui, j'en fais le serment, nous vous bâtirons un temple magnifique !* »

C'était une parole inspirée par la charité et l'amour, parole essentiellement féconde, germe précieux qui, en s'épanouissant, devait produire la merveille que tous maintenant peuvent admirer ici.

Cette parole, bénie de Dieu, ne pouvait pas expirer tristement dans le vide. Elle s'en alla, au contraire, forte et persuasive, à l'orient et à l'occident, éveillant partout de nombreux et sympathiques échos.

Elle retentit tout d'abord dans l'âme du jeune et courageux pasteur qui, sans délai, sans crainte exagérée, sans hésitation aucune, se dit à lui-même : — Voici une entreprise grande, gigantesque, humainement irréalisable. N'importe. Celui qui pour moi tient la place de Dieu a parlé. Il a déclaré l'œuvre bonne, opportune, urgente, sacrée ! Je l'accepte, je l'adopte, je l'aime, j'y travaillerai sans relâche ; « j'y dépenserai, s'il le faut, mes forces et ma vie ; j'y mettrai toutes les heures de mes jours et au besoin les heures de mes nuits : *Si dedero somnum oculis meis, et palpebris meis dormitationem ; et requiem temporibus meis, donec inveniam locum Domino, tabernaculum Deo Jacob.* (Ps. CXXXI, ℣ 4 et 5).

La parole de l'Evêque, elle fut jadis accueillie avec un véritable enthousiasme par l'excellente paroisse de Saint-Donatien, si justement fière d'apprendre que l'église, objet du vœu solennel, s'élèverait sur son sol déjà illustré par le sang des Martyrs.

La parole de l'Evêque, elle fut comprise par cette admirable ville de Nantes, où se rencontrent à chaque pas, et dans toutes les conditions, des cœurs magnanimes qui savent donner, donner encore, donner toujours, semblables en cela, dit l'Esprit-Saint, à ces fontaines dont les eaux salutaires et limpides coulent, sur les places publiques, sans tarir jamais.

La parole de l'Evêque, elle a pénétré jusqu'aux extrémités du diocèse, au fond des plus lointains hameaux ; et partout, sous le toit de chaume comme sous le lambris doré des opulentes demeures, elle a provoqué ces dons, modiques parfois, mais toujours généreux, au moyen desquels on a pu voir rapidement se construire, sous la direction de l'un de nos plus habiles architectes, ce temple splendide, monument immortel de la foi et de la confiance de tout un peuple !

Que tous ceux qui ont contribué à cette œuvre soient donc bénis ; bénis de Dieu et bénis des hommes ! car ils ont accompli un acte éminemment religieux et patriotique.

Et maintenant, mes Frères, combien ce monument ne doit-il pas vous être cher ? N'est-ce pas lui qui nous rappelle, en les résumant, nos plus vénérables traditions ? Personne parmi vous ne peut l'ignorer : c'était aux jours mauvais de Dioclétien, il y a plus de quinze siècles, le noble sang des deux Enfants Nantais coulait ici, sous le glaive du bourreau ! Leurs restes vénérés étaient déposés en toute hâte au lieu même où nous sommes. Ce tombeau, sans doute, fut tout d'abord modeste ; mais un siècle ne s'écoulera pas avant qu'on voie resplendir, au-dessus de la crypte obscure, une superbe basilique. Les Barbares arrivent, la basilique est pillée et renversée ; les Barbares s'en vont, et la basilique apparaît de nouveau. Au souffle de la Révolution, elle tombe encore ; dix ans plus tard, elle se relève, réduite, il est vrai, cette fois, à cause de la détresse du temps, à une extrême simplicité. Pauvre, exiguë, elle n'était plus en harmonie ni avec les pompes du culte, ni surtout avec la majesté des souvenirs, qui essayaient vainement de s'abriter sous son ombre.

Mais attendez un peu et voyez ce qui se passe. En plein XIXe siècle, au milieu des agitations perpétuelles d'un monde qui semble avoir perdu son point d'appui, en face d'un avenir plein d'incertitude, sous le regard d'une légion d'hommes jaloux et hostiles, le peuple chrétien, le peuple nantais a su élever, à la mémoire de ses Patrons, un temple qui, par l'élégance de ses formes, la grandeur imposante de ses proportions, donne au présent une supériorité incontestable sur tout le passé. C'est là, mes Frères, et je le dis avec fierté, un témoignage authentique et public de la foi qui vous anime. Non, elle n'est pas morte, la foi qui se manifeste avec un tel éclat et une telle magnificence.

Œuvre de foi, ce temple est naturellement une protestation haute et ferme contre les erreurs les plus accréditées de nos jours, soit par l'hérésie, soit par l'incrédulité...

Ici se réuniront désormais tous les pieux fidèles de la paroisse Saint-Donatien. Ici viendront, de tous les points de la cité et du diocèse de nombreux et fervents pèlerins. Ici, Saint Donatien et Saint Rogatien obtiendront pour nous du Sacré Cœur les plus précieuses et les plus abondantes bénédictions... »

A peine Monseigneur était-il descendu de chaire que MM. les séminaristes firent retentir le beau cantique suivant, composé pour la circonstance par M. l'abbé Marbœuf, en l'honneur de nos saints Patrons. Ces strophes, chantées à l'unisson, avec enthousiasme, par une masse de voix jeunes et bien exercées, produisirent un effet grandiose.

Chantons la victoire<br>
Et célébrons la gloire<br>
Des Martyrs dont le nom fait tressaillir ces lieux.<br>
Ici, tout rappelle<br>
La lutte solennelle<br>
Où, vainqueurs de l'enfer, ils ont conquis les cieux.

Quand le bruit des armes<br>
Remplit ces murs d'alarmes,<br>
Soudain vers nos Martys un cri d'espoir monta :<br>
Du ciel leur prière<br>
Apaisa la colère :<br>
Au nom du Sacré Cœur le fléau s'arrêta.

3*

Gage d'espérance
Et de reconnaissance,
Un monument s'élève ici sur leurs tombeaux ;
Et, dans leur langage,
Ces murs disent : « Courage !
« La cendre des Martyrs écarte les fléaux ! »

Martyrs, nos modèles,
Nous resterons fidèles
Au Christ, à son Eglise, à son Pontife-Roi.
Votre sang nous crie :
« Au nom de la patrie,
« Soyez toujours Bretons, et gardez votre foi ! »

Pendant l'exécution de cet hymne, tout était disposé pour le saint sacrifice, et bientôt M. le curé monta à l'autel. La messe fut célébrée avec la plus grande solennité en présence de Monseigneur l'évêque assistant au trône.

La joie rayonnait sur les visages, les désirs ardents de tous étaient enfin exaucés ; la paroisse de Saint-Donatien entrait en possession de son église, et les fidèles du diocèse entier pouvaient dire au Sacré Cœur de Jésus la parole du Psalmiste : « Nous faisons monter vers vous l'encens de notre louange, dans une magnifique basilique, nos vœux s'accomplissent en présence de ceux qui craignent le Seigneur. » (Ps. XXI, v. 26).

A la suite de cette solennelle et réconfortante cérémonie, des agapes fraternelles attendaient les conviés dans la salle des jeux du Patronage, « dont les élégantes décorations rappelaient la grâce et la fraîcheur, sinon la chaleur du printemps. »

Le moment des toasts arrivé, M. le curé se leva pour payer à chacun des principaux convives un large tribut d'éloges. Après lui. M. Ferrus, président de la Conférence de Saint-Vincent-de-Paul et trésorier de la Fabrique se fit l'écho de toute la paroisse, en quelques phrases pleines d'âme et empreintes d'une spirituelle simplicité.

Monseigneur prit enfin la parole et de nouveau exprima la joie que tous ressentaient : « Non, dit-il en terminant et pour se résumer, non, ils n'ont pas l'avenir ceux qui n'ont pas le passé, car ils n'ont pas de racines ! »

Le soir, aux vêpres, M. Hillereau ne put s'empêcher de dire quelques mots à ses paroissiens pour exhaler les sentiments qui débordaient de son cœur de pasteur et pour leur rappeler que le dimanche, 26 janvier suivant, s'ouvriraient les exercices de la grande mission annoncée.

En prêchant la mission de 1867, en effet, les RR. PP. Récollets avaient fait germer dans l'âme des habitants de Saint-Donatien, nous l'avons vu, le désir ardent et très légitime d'avoir une nouvelle église ; il était juste que dans cette solennelle circonstance ils fussent choisis pour faire les prédications dans l'édifice récemment livré au culte.

Ce fut une mission pleine d'enthousiasme, aussi bien de la part des Pères et du clergé que de la part des fidèles. Trois semaines durant les missionnaires ne cessèrent de prêcher, d'avoir des réunions spéciales pour les enfants, pour les jeunes filles, pour les jeunes gens, pour les hommes et les femmes. Les confessionnaux étaient littéralement assiégés du matin au soir. Il est facile alors de se faire une juste idée de la jubilation du pasteur qui, du reste, ne pouvait s'empêcher de la manifester à tous et partout.

Ce fut pendant cette mission, le jeudi 13 février, que furent inaugurés les nouveaux lustres pour l'éclairage à gaz, tous marqués au chiffre du Sacré Cœur et de Saint Donatien et de Saint Rogatien. Monseigneur Le Coq voulut être de la fête ; ce qui ne l'empêcha pas de revenir le dimanche suivant pour clôturer la mission, en célébrant lui-même la messe des hommes et en leur donnant la sainte communion.

Les deux principaux fruits de cette mission furent l'établissement dans la paroisse des Associations des femmes chrétiennes et des hommes chrétiens, qui depuis n'ont cessé d'avoir leurs réunions mensuelles à l'un des autels de l'église votive.

Le mouvement religieux était donc parfaitement imprimé pour la paroisse ; M. le Curé n'oublia pas non plus sa Collégiale.

Durant ces sept premières années le nombre de ses prêtres s'étaient peu à peu augmenté. Tous étaient venus là près du tombeau des Martyrs nantais, poussés par le désir de trouver en M. Hillereau un guide vigilant pour l'accomplissement de leurs devoirs sacerdotaux, attirés par le sérieux de la vie des membres de la Collégiale, épris de cette pensée qu'ils glorifieraient davantage le Seigneur par la pompe des cérémonies liturgiques et la psalmodie de l'office canonial.

Depuis cette époque avec l'agrément des évêques qui se sont succédé sur le siège de Nantes, d'autres prêtres sont venus remplacer ceux qui n'avaient fait que passer ou que des emplois nouveaux ont appelé ailleurs. Plusieurs cependant, le plus grand nombre même, habitués à cette vie de famille, aimant le chant et la psalmodie, attachés à la paroisse, aux œuvres du saint ministère ou de l'enseignement, ont obtenu de l'autorité diocésaine de couler leurs jours dans ces lieux bénis et ont renoncé à tout autre situation qui aurait pu être offerte soit à leur âge, soit à leurs mérites personnels. Du reste des administrateurs de haute expérience ont reconnu que cette stabilité plus ou moins prolongée à la Collégiale, et toujours acceptée volontairement, n'avait pas peu contribué au bien moral de la paroisse.

Avec ses prêtres, M. Hillereau avait toujours désiré, dans son presbytère, une école presbytérale, une Psallette. Établie dès l'origine, elle n'a fait que prospérer depuis. — Les enfants de famille, qui demandent à être admis, y font leur études secondaires au moins en partie. (1). En même temps qu'ils étudient sous la direction des prêtres de la Collégiale, désignés pour l'emploi de professeurs, ces élèves assistent, avec les vicaires et leurs maîtres à la

______

(1) De 1873 à 1899, la Psallette comprenait seulement deux classes, puis trois classes, et les élèves étaient conduits jusqu'à la classe de Philosophie. — Depuis 1899, elle possède seulement les basses classes, depuis la huitième jusqu'à la troisième inclusivement. — A la Psallette a été adjointe, depuis 1892, une école maternelle.

messe chantée quotidienne de huit heures ; ils y font les cérémonies ainsi qu'aux offices du dimanche. Et certes tous les habitués de Saint-Donatien savent combien ce cortège d'enfants modestement costumés, stylés par un maître expert, donne plus d'éclat aux offices publics. Depuis sa fondation, la Psallette de Saint-Donatien a fourni à l'Eglise et à la société des sujets d'élite dont elle est fière elle-même, et qui, de leur côté, ne cessent de donner à leur ancienne maison et à leurs premiers maîtres les témoignages de la plus filiale affection et de la plus fidèle reconnaissance.

Qu'on nous pardonne cette digression ; elle est du reste tout à la louange de M. Hillereau, car la Psallette de la Collégiale a toujours été une œuvre chère à son cœur.

Avec ses prêtres plus nombreux, M. le curé de Saint-Donatien, en entrant dans la nouvelle église, organisa d'une façon pratique la louange divine.

Chaque jour, (et la chose n'a jamais cessé depuis), l'office divin fut psalmodié en public. Dès cinq heures du matin, au chœur, commençaient les Matines, suivies des Laudes — Dans la soirée, à des heures variant selon les besoins du service paroissial, les Vêpres et les Complies résonnaient, comme maintenant, sous les voûtes de la basilique votive. — Les élèves de la Psallette, en mêlant de temps en temps leurs voix argentines à la psalmodie des offices du soir, comme de nos jours, donnaient à cette louange quelque-chose de plus vivant, et qui réjouissait fort le cœur de

M. Hillereau. Comme il était fier de la récitation psalmodiée du bréviaire dans son église !

Il apportait souvent, pour encourager ses confrères, l'exemple des moines de Solesmes ; ils étaient toujours ses modèles et dans le chant et dans la psalmodie.

Mais la partie matérielle, si nous pouvons parler ainsi, était bien loin de lui suffire. — « Il faut chanter et psalmodier, disait-il. en esprit d'oraison. » — Nous nous souvenons qu'un jour, dans une conversation intime avec ses vicaires, il leur rappelait, en appuyant sur les mots, une pensée de Dom Guéranger à ses moines : « Mes chers fils, répétait le pieux Abbé, quand nous nous trouvons à l'église, nous y sommes pour le bon Dieu, pour Notre-Seigneur, et non pour le public qui peut venir nous entendre. Chantons et psalmodions aussi bien, aussi parfaitement quand nous sommes seuls que lorsque notre église est pleine de fidèles »

M Hillereau aimait tant la psalmodie de l'office divin, qu'il en parlait fréquemment à ses paroissiens et il les pressait même de venir le soir à l'église, au moment des Complies, afin de s'unir à leurs prêtres qui les psalmodient. — N'est-ce pas là, en effet. la plus belle, la plus chrétienne, la plus sainte des prières du soir ?

Grâce à Dieu la parole du pasteur a été entendue de ses ouailles, et chaque soir, il y a dans la basilique votive un bon groupe de personnes pieuses qui se réunissent pour la récitation publique du chapelet et qui assistent ensuite aux Complies.

Formons un vœu en terminant ce chapitre : c'est que la voix de celui qui, si souvent fit appel à ses paroissiens pour cette grande prière de l'Eglise, sorte encore silencieuse de sa tombe et continue de les grouper près de leurs prêtres pour s'unir avec eux, dans une commune prière du soir, et remettre en même temps leurs âmes entre les mains du Seigneur, qui veillera sur elles pendant les heures reposantes de la nuit.

# CHAPITRE VII

## Les premières gloires de l'Eglise Saint-Donatien

Naturellement par suite de tous les travaux faits jusqu'ici, en exécution du vœu de Monseigneur Fournier, par suite de la construction monumentale de l'église diocésaine, le culte des saints Martyrs prit un nouvel essor dans la paroisse, dans la ville de Nantes et dans tout le diocèse.

Plus que jamais alors le curé de Saint-Donatien est identifié avec leur culte traditionnel, comme il le sera bientôt également avec celui du Sacré Cœur.

M. Hillereau, tout imprégné de son rôle, ne vivra plus que pour ces deux buts, dont la poursuite lui a été si providentiellement attribuée. Pour les saints Patrons et pour le Sacré Cœur de Jésus, il donnera toutes ses forces, il usera son cœur, il sacrifiera sa vie.

Dès 1879, sur la demande de M. le Curé, Monseigneur autorisa quatre processions annuelles dans l'intérieur de l'église votive, sans préjudice de celle de la fête patronale qui se fera au dehors, tant que les circonstances le permettront.

Mais maintenant que le temple du Sacré Cœur est livré au culte, il faut l'orner ; M. Hillereau ne peut supporter les choses à moitié faites.

Le premier ornement qui apparut dans l'église fut un magnifique chemin de Croix. Monseigneur vint lui-même le bénir et procéder aux cérémonies liturgiques de l'installation. — La foule était immense et quatorze jeunes hommes de la paroisse se firent un honneur et une gloire de porter les tableaux des stations. (1)

Mais il y avait un autre ornement à l'église votive auquel Monseigneur Le Coq tenait beaucoup. Il lui répugnait de voir enfouie sous des débris de toutes sortes, la tombe retrouvée des deux Martyrs nantais. La piété s'y refusait ; une crypte pour la garder s'imposait.

C'était un plan postérieur à tous les plans ; une construction venant après les fondations de tout l'édifice. Il fallait, pour résoudre le problème, surmonter de grands obstacles, se résigner à des travaux longs et dispendieux. Mais l'évêque dévoué savait parler à M. le curé et il avait recours aux plus pressants encouragements.

---

(1) Le registre paroissial a conservé leurs noms et il nous a semblé bon de les reproduire ici. Ce furent : Auguste Ballain, sous-quartier-maître de marine ; Auguste et Henri Bézier ; Louis Bureau-Lefèvre ; Georges Charrier ; Jean-Baptiste Chauvin ; Alexandre Cottineau ; Louis Deshayes, de la Collinière ; Alexandre Dupé, de la Bottière ; Pierre Durand ; Francis Duret ; Donatien Guillard ; Alexandre Guillon : et François Leprin, des Chambelles. — Monseigneur était accompagné du clergé paroissial, de Messieurs les membres du Conseil de Fabrique, des marguillers d'honneur et des prévôts de la Confrérie des saints Patrons, ainsi que d'un nombreux cortège de notables de la paroisse.

En revenant des fêtes de Saint-Martin, à Tours, il lui dit : « Faites-nous une crypte à Saint-Donation, et je vous donnerai des évêques pour l'inaugurer. »

Il fallut bien se mettre à l'œuvre.

On creusa donc de nouveau le sanctuaire et on retrouva promptement la petite abside et la fosse des Martyrs. (1) Les fragments de murailles antiques furent respectés ; on les enfonça dans le sol de la nouvelle crypte, tels qu'ils furent retrouvés. Dans l'intérieur, une plaque de cuivre fut scellée avec une inscription latine dont voici la traduction : « Ceci est un reste des murs de l'ancienne abside, la première élevée autour du tombeau des S. S. martyrs Donatien et Rogatien. Des savants l'ont retrouvée en 1873 et l'ont de nouveau reconnue en 1881. Pour conserver ce fragment, on l'a par mes soins, lors de la construction nouvelle, enfoui dans le même lieu, mais à six pieds plus bas environ. L'an 1881 ; Hillereau, curé. »

Excités par la présence presque continuelle du curé et de ses vicaires, les ouvriers travaillèrent avec une activité incroyable, presque jour et nuit, et bientôt furent achevées les trois petites nefs avec leur absidiole qui renferme l'autel. Au centre, une pierre de marbre noir occupe, dans toutes les dimensions, l'emplacement même de la tombe. Sa facé supérieure est au niveau du fond de la fosse primitive et porte l'inscription suivante :

---

(1) Voir : Histoire de Saint-Donatien, par M. l'abbé DELANOUE, p. 272.

ICI FURENT APPORTÉS
APRÈS LEUR MARTYRE
LES CORPS DES SS. DONATIEN ET ROGATIEN.
LA FOSSE OÙ ILS FURENT DÉPOSÉS
A ÉTÉ RETROUVÉE EN 1873,
ET RECONNUE DE NOUVEAU EN 1881,
LORS DE LA CONSTRUCTION DE LA CRYPTE.
ELLE AVAIT LA LONGUEUR ET LA LARGEUR DE CETTE PIERRE,
ET SA PARTIE INFÉRIEURE
ÉTAIT AU NIVEAU DE CETTE INSCRIPTION.

Aux extrémités longitudinales, deux pans de marbre blanc supportent une seconde pierre de même matière, à base quadrangulaire, à faces latérales, taillées dans le glassis, dans le style ordinaire d'un sarcophage. L'arête médiane supérieure est interrompue dans son milieu pour former une petite table destinée à recevoir le reliquaire.

La crypte était terminée ; le curé avait réalisé la pensée et le désir de l'évêque ; l'évêque à son tour tint parole.

L'Inauguration fut fixée au dimanche 16 octobre, jour de la fête de la « Translation des Reliques des saints Martyrs », et huit évêques et un abbé mitré se trouvèrent à Saint-Donatien pour cette circonstance solennelle. (1)

---

(1) Mgr Richard, alors coadjuteur de l'archevêque de Paris ; — Mgr Bécel, évêque de Vannes ; — Mgr Hugonin, évêque de Bayeux ; — Mgr Moreno, évêque de Chiapa, Mexique ; — Mgr Laborde, évêque de Blois ; — Mgr Germain, évêque de Coutances ; — Mgr Catteau, évêque de Luçon ; — et enfin celui de Nantes ; — plus le R. P. Dom Eugène, abbé de Melleray. — Mgr Ducellier, évêque de Bayonne ne put venir, retenu au dernier moment par la mort du supérieur de son grand séminaire. — (Mgr Germain et Mgr Ducellier avaient été les élèves de Mgr Le Coq.)

Le samedi 15, eurent lieu deux cérémonies qui, sans avoir l'éclat et la pompe du lendemain, intéressaient vivement la piété : la consécration de l'autel du Sacré Cœur ou du vœu diocésain par Monseigneur Moreno, et la consécration de l'autel de la crypte par Monseigneur Le Coq lui-même.

Le dimanche, Mgr l'évêque de Blois donna la même consécration à l'autel de la Sainte Vierge et commença par cet acte pieux cette journée à jamais mémorable. — Nos annales diocésaines en ont conservé le souvenir impérissable.

A l'intérieur de la Basilique votive, y lit-on, tout était prêt pour le triomphe des Martyrs : on aurait dit une mère toute parée pour recevoir ses fils victorieux. Au centre, l'autel majeur est dans tout le lustre de sa jeunesse, l'or se reflète vivement sur le marbre aux couleurs variées et transparentes ; la verdure des palmiers s'étale dans une harmonieuse disposition. Au-dessus de l'autel, supporté debout sur un piédestal de marbre blanc, se dresse un groupe des deux frères, d'un nouveau modèle. Donatien le plus jeune, dans l'ardeur de son baptême, élève une croix et semble dire : En avant vers le ciel, à son frère Rogatien qui l'écoute et médite la vérité de l'Evangile !

Au fond, fermant le sanctuaire, un grand orgue, dont l'installation n'est pas encore terminée, donnera tout à l'heure un premier essai de sa puissante harmonie, sous les doigts d'un religieux artiste, le P. dom Legeay, bénédictin de l'abbaye de Solesmes.

Les fidèles ont envahi le vaste vaisseau et la foule qui

n'a pu y pénétrer stationne impatiente sur la petite place du Carrois et dans les rues voisines.

Vers dix heures, le clergé arrive ; ce sont les élèves du séminaire de Philosophie et du Grand Séminaire, les prêtres de la ville, les curés, les chanoines, et enfin les évêques. — Après cette entrée triomphale, Monseigneur Richard bénit le groupe des deux Enfants Nantais et célèbre lui-même pontificalement le saint Sacrifice de la messe.

Au dîner qui suivit cette cérémonie du matin, M. le curé de Saint-Donatien prit le premier la parole :

« Messeigneurs, dit-il, peut-être devrais-je garder le silence, car la modeste personnalité du curé disparaît dans la splendeur du triomphe de nos Martyrs et s'efface devant l'éclat incomparable que votre auguste présence donne à cette solennité.

Mais je suis gardien d'un tombeau... Grâce à vous, il sort de la poussière sept fois séculaire ; la fosse vide et oubliée qui renferma longtemps le plus précieux joyau de l'Eglise de Nantes, a retrouvé son trésor et redevient, sous une forme nouvelle, un sépulcre radieux de jeunesse et de beauté.

Je ne puis ni cacher la joie qui inonde mon cœur, ni retenir le cri de la reconnaissance qui vous est due.

Il y a plus de sept cents ans, (1) l'église de Saint-Donatien vit, à pareil jour, un nombreux cortège de prélats se réunir dans son enceinte pour une translation solennelle. Mais c'était pour un départ des corps de nos Saints, départ nécessaire peut-être, glorieux si l'on veut, mais cependant mêlé de tristesse. Aujourd'hui c'est un joyeux retour

_________

(1) En 1145.

préparé par le doigt de Dieu et acclamé de tous. »... Puis M. le curé donne à chacun des compliments et des remerciements bien mérités.

Monseigneur de Nantes, se lève alors ; il rejette toute la gloire de ce jour sur son vénéré prédécesseur, Monseigneur Fournier, et sur M. Hillereau qui fut l'instrument choisi pour l'exécution de son pieux dessein. — Chaque évêque reçoit une parole aimable, un remerciement chaleureux, et le prélat termine en portant un toast à l'Eglise et à Léon XIII, à la France et à la Bretagne.

A l'après-midi était réservée la cérémonie la plus imposante.

Vers deux heures et demie, rapporte la *Semaine Religieuse*, Nosseigneurs les évêques se réunirent dans la chapelle de la Société des Jeunes gens de N.-D. des Enfants Nantais. En présence de témoins nombreux et autorisés, furent faites la reconnaissance et la translation des Reliques insignes de Saint Donatien et de Saint Rogatien des reliquaires anciens dans un reliquaire unique, présent de Monseigneur l'Evêque de Nantes. C'est une riche monstrance en vermeil de forme antique, dont la petite coupole est surmontée d'une croix. Deux tubes de cristal renferment les deux ossements des Martyrs, retenus dans des filets d'or. (1)

---

Ces deux ossements, dons du Chapitre de la cathédrale en 1766, sont : une partie notable du cubitus gauche de Saint Donatien et la clavicule gauche de Saint Rogatien. M. Hillereau en parlait souvent dans les pèlerinages pour expliquer la pose des deux Saints dans les groupes qui les représentent : le bras gauche de Donatien soutient son frère, pendant que sa main repose sur l'épaule gauche de Rogatien.

Après cette reconnaissance solennelle, et dont le procès-verbal a été dressé et signé par tous les prélats présents, le cortège reprit le chemin de l'église, au milieu d'une foule plus grande encore que le matin.

Mais l'heure la plus solennelle de la journée fut celle qui suivit les Vêpres pontificales. Les Pontifes, en effet, quittent à ce moment l'un après l'autre le sanctuaire et reprennent le chemin du petit oratoire, afin de ramener en triomphe les Restes sacrés.

« Avancez, chantait le chœur, ô Saints de Dieu, entrez dans la cité du Seigneur, une nouvelle église vous a été bâtie, où le peuple doit vénir adorer la majesté du Seigneur. » (1)

Portées sur les épaules des prêtres et des lévites, les Reliques s'avancent et bientôt apparaissent au milieu d'un peuple que le cortège traverse avec peine ; et pendant ce temps les mille voix de la multitude chantaient dans un magnifique ensemble :

A leur courage
Rendons hommage !
De nos Martyrs célébrons les combats :
A nos modèles
Soyons fidèles,
Ce qu'ils ont fait ne le ferons-nous pas ?

Au moment où fut déposé sur l'autel le nouveau reliquaire, l'assistance entonna avec une singulière énergie le cantique suivant, dû à un poète déjà nommé, (2) dont

---

(1) «Ambulate, Sancti Dei, ingredimini in civitatem Domini; ædificata est vobis Ecclesia nova, ubi populus adorare debet majestatem Domini.»
(Antienne des processions des Reliques).

(2) M. l'abbé Marbeuf.

la muse a bien souvent, et avec succès, chanté nos saints
Martyrs ;

> Salut ! ô Restes précieux !
> O cendre immortelle et sacrée !
> Oui, de Nantes toujours tu seras vénérée,
> Toi qui dans le péril as sauvé nos aïeux !...

Le cantique finissait à peine, lorsque le R. P. Matthieu
de l'ordre des Frères Prêcheurs, apparut dans la chaire,
pour déposer à son tour, aux pieds des deux héros de la
journée, le tribut de l'éloquence, le tribut de la louange
publique. (1)

Il prit comme texte ces paroles du IVᵉ Livre des Rois,
(Ch. XXIII, 17) : « *Sepulcrum est hominis Dei : dimitte eum et
nemo moveat ossa ejus.* — C'est ici le sépulcre d'un serviteur
de Dieu : qu'on le respecte et que personne n'ose plus
toucher à ses ossements. »

L'éloquent orateur, après avoir mis en comparaison la
translation solennelle des Reliques, faite en 1145, de ce lieu
à la cathédrale, et celle d'aujourd'hui, montre d'abord les
généreux athlètes, vaillants témoins de J.-C. en 289, et
ensuite le témoignage que Dieu, à son tour, dès ce monde,
rend à ses Martyrs. — Pour démontrer ce second point, le
R. P. Matthieu rappelle, dans un style entraînant, les fêtes
splendides de la translation et de la reconnaissance des
corps de nos saints Patrons, en 1145 et en 1456 ; puis celles
qui eurent lieu, en 1766, à l'occasion de la translation qui
fut faite de la cathédrale à Saint-Donatien, des Restes
précieux que nous vénérons en ce jour. (2)

---

(1) Le R. P. Matthieu est mort à Jérusalem, prieur du couvent
des Dominicains.

(2) Voir le procès-verbal de cette translation à l'Appendice.

L'orateur indique le côté providentiel de cette dernière translation, en rappelant que toutes les reliques de la cathédrale, cachées on ne sait où, furent perdues à la Révolution ; tandis que nos deux ossements rapportés ici, furent conservés par la main de Dieu, pendant toute la période troublée, dans une maison de la rue Saint-Donatien, et reconnus en 1803. (1) — Enfin, la voix de l'orateur sent de plus en plus l'enthousiasme, et l'assistance entière partage ses émotions, lorsqu'il décrit le témoignage incomparable d'honneur que Dieu donne à nos deux Martyrs, Donatien et Rogatien, dans la nouvelle et très solennelle translation de leurs Reliques en ce jour.

Après la cérémonie et la bénédiction des évêques, Monseigneur Le Coq, rayonnant de joie, prit le reliquaire et descendit le déposer sur le tombeau de la Crypte.

Puis ce fut, pendant plusieurs heures, un pèlerinage sans fin de la population nantaise près des ossements glorieux. Chacun tenait à faire toucher aux Reliques et à la tombe des objets de dévotion et de piété ; chacun voulait vénérer encore une fois ce lieu qui était bien et qui restera toujours « le Lieu saint des Nantais. — *Iste sacer Nannetensium Locus* ».

Quelques semaines après l'inauguration de la Crypte,

---

(1) Cette maison, refaite récemment est actuellement au n° 35 de la même rue. On y voit en relief, sur la façade, deux reliquaires ayant de chaque côté une palme ; et au-dessous, on lit ces dates : 1793-1802. — En 1866, 24 décembre, M. l'abbé Bernard donna à la cathédrale une parcelle des Reliques des S. S. Donatien et Rogatien.

Monseigneur Le Coq revenait à Saint-Donatien pour la bénédiction et l'inauguration de l'orgue d'accompagnement. Aux fêtes du mois d'octobre, l'instrument n'avait été que provisoirement et hâtivement établi ; mais M. Debierre reprit son œuvre, et le dimanche 4 décembre, aux Vêpres paroissiales, M. Le Grand, organiste de la cathédrale, sut mettre en évidence tous les secrets de ce mécanisme, qui révélait les talents artistiques du constructeur.

Que va faire maintenant M. Hillereau après toutes ces fêtes et ces grands travaux ?

Depuis de longues années déjà, M. le curé caressait un projet qui lui était bien cher : c'était de voir Smyrne, puis Constantinople, où ses deux oncles avaient travaillé pour Dieu et pour les âmes, mais aussi et surtout de visiter les Lieux-Saints.

Un de ses amis intimes, paroissien de Saint-Donatien, le savant docteur Joüon, avait le même désir. (1) Souvent ensemble ils en parlaient et s'excitaient l'un l'autre dans cette pieuse entreprise. Les circonstances les favorisèrent. Une caravane s'organisa· à Paris, sous la direction de M. Raboisson, vers la fin de 1881 ; les deux voyageurs

---

(1) M. le docteur François Joüon fut encore et toujours l'ami fidèle et dévoué de tout le clergé de sa paroisse.

C'est à juste titre aussi qu'il est rangé parmi les bienfaiteurs de la Collégiale — Après avoir été longtemps professeur distingué à l'Ecole de Médecine de Nantes, conseiller municipal et conseiller général du 2ᵉ Canton, il mourut subitement d'une maladie de cœur, à sa campagne de Bel-Air en Vertou, le 12 Avril 1904.

nantais décidèrent d'en faire partie, et purent se mettre en route après les quarante-heures, c'est-à-dire à la fin de Janvier 1882.

C'était, certes, un pèlerinage que les deux amis voulaient faire, mais en hommes pratiques l'un et l'autre ils étudièrent parfaitement leur itinéraire, afin d'en tirer aussi le plus possible d'agrément et de jouissance intellectuelle.

Les deux pèlerins s'embarquèrent à Marseille et visitèrent d'abord l'Egypte ; ils remontèrent le Nil jusqu'à la première cataracte d'Assouan. De retour à Suez, ils pénétrèrent dans le désert, gravirent le mont Sinaï et le mont Horeb et arrivèrent en Syrie. Les souvenirs bibliques et les lieux visités par Notre-Seigneur, firent sur les deux voyageurs des impressions si vives qu'elles ne s'effacèrent plus. Mais M. Hillereau répétait bien souvent que rien ne produisit en lui une commotion plus grande que la vue de la grotte de l'Agonie, à Jérusalem, et principalement l'endroit même du Calvaire où fut plantée la Croix du Sauveur du monde.

Après la visite des Lieux-Saints, les pèlerins passèrent à Chypre et de là abordèrent en Asie Mineure. Smyrne était ici le but de leur voyage : l'archevêque les attendait et avec lui, son secrétaire général, M. le chanoine Plaurens. Ce dernier avait fait ses études au Petit Séminaire de Nantes, en même temps que plusieurs vicaires de Saint-Donatien, et il conserva, depuis sa jeunesse cléricale, avec M. Hillereau, d'amicales et presque filiales relations.

De Smyrne, M. le docteur Joüon et son compagnon arrivèrent enfin à Constantinople. La vue du Bosphore les ravit tous les deux, et M. Hillereau goûtera dans l'avenir un véritable bonheur, lorsqu'une âme charitable lui fera cadeau pour sa salle à manger, d'une très belle gravure de 3ᵐ 50 de longueur sur 0 ᵐ 40 de largeur, représentant le Bosphore, pendant la guerre de Crimée.

Le curé de Saint-Donatien put constater avec joie que ses oncles n'étaient pas oubliés à Smyrne et à Constantinople, et que leurs œuvres duraient encore.

Ce qui frappa aussi les deux voyageurs dans la grande ville turque, comme en Egypte du reste, ce fut la piété, extérieure du moins, des Mahométans. — « Ils faisaient si bien leurs prières », répétait très souvent M. Hillereau.

Mais les semaines avaient succédé aux semaines ; plus de trois mois s'étaient écoulés depuis le départ de Nantes. M. le curé de Saint-Donatien se trouva fatigué par ces pérégrinations continuelles, et le bon docteur jugea prudent de regagner la France par le chemin le plus court et le plus rapide.

Lorsque leur arrivée à Nantes fut connue, ce fut une explosion de joie à Saint-Donatien. Un grand nombre de paroissiens, à la suite de leur clergé, se transportèrent à la gare. M. le curé était tout heureux de revoir ses fils, ses enfants ; mais comme il paraissait exténué ! Il voulut cependant manifester devant tous, et dès son retour, son bonheur et les douces joies qu'il avait goûtées en Palestine.

— Il redira du reste souvent dans la suite du haut de la chaire de son église, les souvenirs de ce pieux pèlerinage, et toujours avec une émotion très sentie, qui facilement se communiquera à tous ses auditeurs.

Mais trois jours après son arrivée, le matin de la deuxième procession des Rogations, M. Hillereau sentit ses forces le trahir. Il dut se retirer, et sur l'ordre du docteur, prendre sans retard deux mois de repos à la campagne.

Cet éloignement forcé, dans le calme, ne fut pas perdu pour lui, ni pour sa chère Collégiale, ni pour sa paroisse.

D'après ses notes, en effet, nous voyons qu'il en profite pour se regarder plus en face, pour réfléchir sur les années passées au milieu d'un labeur incessant, qui l'a forcé trop souvent à s'extérioriser. Il se rappelle les belles années à Saint-Nicolas, où il n'avait qu'à songer à sa sanctification ; il compare sa vie de curé bâtisseur à cette vie monacale qu'il avait entrevue, et il trouve qu'il est bien au-dessous de l'idéal qu'il s'était formé. Il se flagelle lui-même par des paroles dures, comme les âmes humbles savent le faire devant Dieu.

Du reste, c'est ce qu'il fera dans toutes les années qui vont suivre ; ses réflexions écrites sont admirables et touchantes.

Facilement il se traiterait de présomptueux, qui a eu le désir d'un grand travail, de belles œuvres, et qui n'a pas assez compté sur la grâce de Dieu pour les accomplir.

En méditant « les Exercices spirituels » de Saint-Ignace, il voit l'apôtre Pierre, plein de sa personne, croyant par lui-même arriver à tout faire... Le retraitant prend cela pour lui et demande pardon à Dieu. Mais il se relève, en se rappelant la parole de Jésus au chef des Apôtres : « *Confirma fratres tuos,* — fortifie tes frères ! » Lui aussi, curé de Saint-Donatien, « il a des frères à fortifier dans le bien, des paroissiens à guider vers le ciel ; donc il lui faut plus d'union à Dieu et plus d'esprit d'oraison, plus d'exactitude à tous ses exercices et plus de pénitences corporelles... »

« Merci, mon Dieu, lisons-nous encore plus loin dans ses notes intimes ; je me suis confessé comme si j'étais devant votre tribunal... Seigneur, pardonnez-moi, mais ne me faites pas sentir trop tôt la joie de votre pardon. Laissez-moi ma confusion et la défiance de moi-même... Souffrez-moi près de vous ; je ne veux rien de plus que cette tolérance. »

Devant Dieu il examine sa manière d'agir, comme chef de maison, et il écrit avec la plus grande simplicité : « Dans mon gouvernement il faut que j'aie ces trois vertus: *gravis, suavis, fortis,* grave, aimable, ferme. » — Il faut que je corrige trois défauts bien insupportables : « *non perturbatus, non asper verbo aut vultu, non vagus aut perfunctorius in jussione.* — Que je ne me trouble pas, que je ne sois pas dur dans ma parole et ma physionomie, que j'évite les ordres non précis ou les choses commandées par manière d'acquit. »

Il se peint bien également, au commencement d'une retraite : « Je suis arrivé en retraite, dit-il, comme une locomotive qui n'a pas diminué de vapeur en approchant de la station et ne peut s'y arrêter. Je n'ai pas pris la précaution de me recueillir à l'avance... Mais j'ai confiance que cette retraite réussira, car *Marie* m'a appelé ; me voici... Je veux en faire mieux que jamais ma *Mère*, et être avec elle comme avec celle que j'ai perdue il y a vingt-cinq ans... Mon seul « chez moi » sera d'être aux pieds de ma Mère du ciel... O alliance avec ma Mère ! c'est une nouvelle grâce pour m'aider dans mes œuvres. Il me semble que tout va bien aller ! »

Comme toutes ces réflexions indiquent une âme élevée, que les occupations matérielles peuvent sans doute entraîner à certains moments, mais qui se reprend et essaie encore et malgré tout de remonter.

Détachons enfin ces quelques lignes dans les notes que nous avons sous les yeux : « *Volo fieri sanctus et cito.* — Je veux devenir un saint et promptement! — Je prends ceci au sens propre du mot. Il le faut, j'y suis obligé par état comme par inspiration de la grâce. — Être saint au dedans et au dehors : au dedans par la prière fervente, par la fidélité sans réserve à la grâce ; au dehors par une tenue recueillie, modeste, mortifiée... Je suis à Jésus, Roi, dans le tabernacle de mon église... Tout par Marie ! oh ! que je l'aime, ma Mère ! »

Après deux mois de repos complet au milieu des champs et des bois, M. Hillereau revint à Saint-Donatien avec l'esprit plein de projets nouveaux.

Le premier qui fut exécuté fut celui de voir fixée sur la toile la pensée du « vœu diocésain ».

Ce travail avait été confié à un peintre de grand talent et très chrétien, M. Alexis Douillard. M. le curé stimula pendant plusieurs mois l'ardeur de l'artiste, et fit si bien que le tableau était à sa place, au-dessus de l'autel du Sacré Cœur, à la fin du mois de septembre, et qu'il fut béni par Monseigneur Le Coq, le deuxième dimanche d'octobre, pendant que l'on renouvelait la consécration du diocèse au Cœur de Jésus dans toutes les paroisses.

Qui n'a vu et admiré cette belle peinture dans l'arcade même de l'autel ? Qui ne s'est arrêté devant la représentation d'un des faits les plus émouvants de nos annales religieuses ? Cependant, on aimera encore assurément à relire la description qu'en fit le narrateur de la cérémonie de la bénédiction.

« L'artiste a usé d'un privilège que l'on aurait mauvaise grâce à lui refuser. La scène ne se passe plus dans l'enceinte de la cathédrale, mais sur l'autre rive de la Loire, au bord du fleuve, où vient mourir sur le sable une colline de verdure des plus pittoresques. Que l'on ne se plaigne pas. Ce choix nous a valu de la main de M. Douillard une étude exquise, le panorama de Nantes. La ville se déroule tout entière sous un ciel parsemé de légers nuages blancs, où s'adoucissent les rayons du soleil ; çà et là se dessine la silhouette de nos principaux édifices religieux, et leurs flèches élancées semblent unir leur supplication muette à l'invocation du Pontife agenouillé.

Celui-ci occupe le premier plan ; l'habile peintre a vivement saisi la physionomie de Monseigneur Fournier ; ce sont bien les traits enflammés de l'illustre Pontife, ses lèvres ardentes, son visage tout transformé, quand, du fond de sa poitrine, l'émotion faisait jaillir sur ses lèvres une brûlante éloquence. Les regards du Prélat s'élèvent avec « son vœu », tandis que ses deux mains soutiennent l'édifice promis.

Derrière l'Evêque, voici la figure de M. l'abbé Bernard, aux traits encore jeunes, mais pâles et alanguis, comme aux derniers jours de son ministère paroissial ; enfin, sur l'arrière plan, d'autres membres du clergé, et en particulier M. le chanoine Hillereau, secrétaire général de l'évêché

En face de Monseigneur Fournier et sur le même plan, apparaissent les laïques. C'est la femme du peuple, aux traits énergiques et sur lesquels on lit la préoccupation et l'angoisse ; la pieuse bretonne est accompagnée de ses deux enfants d'une ravissante expression ; l'un dort sur son sein, tandis que l'autre se rapproche de sa mère comme pour échapper au danger. C'est encore l'ouvrier, appuyé sur l'instrument de son travail ; le militaire, le marin tenant de sa main vigoureuse l'étendard du Sacré Cœur. Enfin, c'est la femme du monde invitant son jeune enfant à mêler sa voix innocente à ce concert de supplications.

Tous ces visages sont attristés ; c'est qu'ils portent le deuil de la patrie. Et pourtant, sous cette tristesse l'on devine une espérance, l'espérance dans la prière suprême.

Dans la partie supérieure de l'arcade, la scène devient toute céleste : c'est Jésus, c'est le Sacré Cœur rayonnant en traits de flamme.

Les pieds divins reposent mollement sur les nuages, et les regards du bon Maître s'inclinent pour exaucer la supplication du peuple nantais. A droite et à gauche du Sauveur se tiennent Donatien et Rogatien. Le peintre a fait mieux que représenter simplement les deux Frères. Donatien, c'est l'idéal de la prière douce, confiante, extatique. Rogatien, c'est encore la prière, mais plus virile, plus accentuée ; c'est, dirons-nous, le courage militaire en prière devant Dieu. Ce sont vraiment deux types admirablement réussis. Si le peintre a prouvé, dans la partie inférieure de son tableau, que la nature avait en lui un fidèle et savant interprète, il faut ici reconnaître en lui un disciple non moins heureux de l'idéalisme chrétien.

Plus expressive encore est l'image du Sacré Cœur. L'ovale mystique du visage, le vêtement flottant doucement dans une gloire adoucie, prolongement sur notre terre des splendeurs de l'autre monde, tout s'harmonise dans un ensemble que l'art n'avait peut-être pas encore rencontré en un pareil sujet. » (1)

Ce même mois d'octobre de 1882 fut fertile en fêtes pour Nantes.

A l'occasion de l'érection solennelle de l'église Saint-

---

(1) M. le chanoine Gaborit, archiprêtre de la cathédrale de Nantes, disait en parlant de cette peinture « que c'était la plus belle toile que possédât la ville ».

Nous croirions faire une faute, si nous ne nommions par ici les personnes qui, depuis 1872, s'occupent de l'autel du Sacré Cœur, Mesdemoiselles Orieux. — Par leurs soins quotidiens, par leur travail sans relâche, par leurs offrandes généreuses, elles ont fait de l'autel actuel un vrai bijou. — Grâce à leur talent de brodeuses, elles ont également garni le vestiaire de la Sacristie de nombreux et très riches ornements.

Nicolas en basilique mineure et de la bénédiction des nouvelles cloches, un triduum retentissant fut donné du 23 au
26 octobre. Six archevêques et évêques, un prélat et l'Abbé
mitré de Solesmes, Dom Couturier, vinrent relever par leur
présence l'éclat des cérémonies.

A cette occasion, Mgr Le Coq voulut faire une grande
manifestation, en l'honneur des écoles chrétiennes de sa
ville épiscopale.

Commencée à la cathédrale, le mercredi 25, elle se
termina le soir à Saint-Donatien, dans une grandiose cérémonie. Tous les vénérables prélats voulurent être présents
et Monseigneur Bellouino, évêque d'Hiéropolis, adressa à
l'assistance un discours plein de cœur, sur ce thème connu
de tous et toujours aimé :

« *Laissez venir à moi les petits enfants.* »

Quelques semaines plus tard, le 11 janvier 1883,
M. Hillereau, toujours avide de perfectionnement, toujours
désireux de donner à la sainte Liturgie un lustre plus
grand, accueillait avec une joie très marquée, dans sa
nouvelle église, « les amis du chant grégorien ».

La réputation si justement méritée du savant bénédictin
de Solesmes, Dom Pothier, (1) qui devait faire une Conférence sur «*les mélodies grégoriennes*», le haut intérêt manifesté
par Monseigneur l'évêque pour cette solennelle réunion,
prélude des Congrès sur le plain-chant grégorien, enfin

---

(1) Actuellement Abbé du Monastère de Saint-Wandrille et l'un
des membres les plus influents de la commission romaine pour la
restauration du chant grégorien.

l'entrain apporté par Monsieur le curé de Saint-Donatien et par ses vicaires dans cette circonstance, tous ces divers motifs rassemblèrent dans l'église votive un grand nombre d'ecclésiastiques, venus de toutes les parties du diocèse et des diocèses voisins. Aux prêtres se mêlèrent une foule de laïques, avides d'entendre interpréter « *les mélodies grégoriennes* », et des artistes que toutes ces questions intéressaient vivement.

L'école chorale de la paroisse de Saint-Donatien, sous la direction du vicaire, maître de chœur, exécuta avec une grande perfection, les diverses mélodies empruntées au Graduel grégorien. L'illustre et docte conférencier émerveilla l'assistance, le Congrès eut un plein succès.

Dans la suite, M. Hillereau ne cessa de pousser la maîtrise à marcher dans cette voie qui venait d'être ouverte. Plusieurs fois, il permit que vicaires, maître de chœur, organiste, chantres, allassent tour à tour à Solesmes, pour écouter de nouveau les moines, et raviver en eux le désir de bien exécuter les mélodies du plain-chant. Il voulait même que de temps en temps les prêtres de la Collégiale et les élèves de la Psallette se réunissent le soir pour des exercices de plain-chant. En un mot, M. le curé de Saint-Donatien cherchait de toutes manières à développer de plus en plus, dans son église, la gloire de Dieu et celle des saints Martyrs.

Mais laissons se dérouler le fil de l'histoire, et assistons maintenant à ce nouveau et éclatant triomphe qui était réservé, le 23 janvier suivant, à nos jeunes Saints Nantais

et à leur sanctuaire déjà si glorieux. Ce fut en ce jour que
réellement l'œuvre spirituelle de la Collégiale qu'avait rêvée
M. Hillereau reçut son parfait couronnement.

Depuis 1868, en effet, il avait, nous l'avons vu à plusieurs reprises, d'accord avec Dom Guéranger et avec
Monseigneur Jacquemet, puis plus tard, avec Monseigneur
Fournier, voulu fonder une Collégiale. Depuis 1872. la
Collégiale existait en principe, par suite de la réunion de
plusieurs prêtres qui s'étaient voués d'eux-mêmes à
l'exercice de la prière publique. Mais de fait la Collégiale
n'avait pas reçu d'approbation officielle; l'église de Saint-
Donatien n'avait pas ce titre. Les œuvres de Dieu se font
lentement; et le temps, cet ennemi des institutions humaines,
fait fleurir, quand l'heure de la Providence est venue, ce
qui n'est point de l'homme seul.

Il était réservé à Monseigneur Le Coq d'achever ce que
ses prédécesseurs avaient commencé.

Avant de dire comment, rappelons, et ce ne sera
pas inutile, ce que M. le curé de Saint-Donatien expliqua
lui-même aux fidèles de sa paroisse le jour même de
l'inauguration de la nouvelle Collégiale. Nous empruntons
tous ces détails à la Semaine Religieuse.

Le mot collégiale ou collège, dit-il, indique une réunion
de personnes ; et dans le langage de l'Eglise, une réunion
ou collection de prêtres, vaquant en commun à l'exercice de
la prière publique et aux diverses œuvres du ministère
sacerdotal — « *Orationi et ministerio verbi instantes
erimus.* — Nous nous tiendrons à la prière et au ministère

de la parole », disaient les apôtres (Act. VI 4.) ; et pour les aider à remplir ces obligations, les moins communicables à leurs yeux, ils gardaient près de leurs personnes un certain nombre de clercs. — C'est là l'origine des chapitres des églises cathédrales.

Pour étendre les conquêtes de la religion nouvelle, l'évêque envoyait le missionnaire. La conquête achevée, il confiait au curé l'administration des âmes ; mais ni le missionnaire, ni le curé, n'étaient à même de reproduire dans leurs chapelles ou édifices paroissiaux les différentes fonctions du collège de l'évêque. Ce n'est que plus tard, après le triomphe définitif de la foi, que l'on institua dans certaines églises remarquables par leur structure, leur ancienneté ou leur vénérabilité, des collèges analogues à celui qui entourait l'évêque, avec une mission identique ; et à cette dérivation, à ce prolongement de l'œuvre aposto_ lique fut attribué le nom de collégiale.

Sans entrer dans des développements d'histoire ou de droit canonique, qu'il suffise de rappeler que dans le diocèse de Nantes, pendant les âges de foi, avaient été fondées quatre collégiales : celle de Clisson, celle de Guérande, celle de Notre-Dame près la cathédrale, enfin celle de Saint-Donatien près le Grand-Séminaire.

C'est cette grande œuvre de la nouvelle Collégiale que Monseigneur Le Coq acheva lui-même, et Sa Grandeur voulut bien, à ce sujet, le dimanche même de l'inauguration, raconter le fait suivant devant la foule qui se pressait dans l'église de Saint-Donatien.

Dans les jours de son dernier pèlerinage au tombeau des Apôtres, Monseigneur gravissait un soir les degrés du Vatican ; il emportait dans son cœur, avec beaucoup d'autres vœux, un vœu qui lui était particulièrement cher, celui d'ajouter un nouveau fleuron à la couronne des saints Martyrs nantais. Le prélat préluda à sa demande en offrant à Léon XIII une gravure représentant Saint Donatien et Saint Rogatien. Le pape prit l'image et la plaça sur sa table de travail même. — « Et maintenant, ajoutait Monseigneur, avec une émotion pleine de fierté, c'est sous le regard de nos Saints que s'enfantent ces vastes pensées qui étonnent et sauvent le monde. »

C'est alors que l'évêque de Nantes exposa son désir. Léon XIII le trouva trop légitime pour qu'il ne fut pas réalisé aussitôt.

Quelques jours après son retour, Monseigneur recevait de Rome le pouvoir d'organiser en « Eglise Collégiale », l'église de la paroisse Saint-Donatien ; c'est-à-dire que l'évêque de Nantes avait le droit de désigner parmi ses prêtres des députés à l'honneur de rendre à Dieu, près du tombeau des Martyrs, le tribut de la louange divine, de l'office canonial.

Naturellement son choix tomba sur les prêtres déjà attachés à la paroisse. —Ceux-ci ont donc la mission de garder ce tombeau que Monseigneur a déclaré lui être cher entre tous les autres ; mais ils n'en restent pas moins dans les rangs du clergé séculier. (1)

_______________

(1) Semaine Religieuse, année 1883.

Union de prières fut établie de plus entre eux et le Chapitre de la cathédrale. Aussi, après un gracieux assentiment de son Chapitre, Monseigneur donna-t-il aux prêtres de Saint-Donatien un costume qui rappelle modestement celui des chanoines de Saint-Pierre : rochet sans dentelle à manches étroites, mozette noire à bande d'hermines sur bande de soie rouge, barette à lizéré rouge. (1)

L'inauguration de la nouvelle Collégiale, souvenir vivant de celle que Charles de Blois avait érigée en 1352, dans la « Chapelle au Duc », au lieu même du martyre des saints Enfants Nantais, fut donc faite le dimanche 28 Janvier, jour où la paroisse célébrait l'anniversaire du rétablissement de la confrérie des saints Patrons. On ne pouvait choisir un meilleur jour. (2)

(1) Les prêtres de la Collégiale, qui portent ce costume, sont installés chanoines par l'évêque ou le Curé-prévôt délégué, avec le rite ordinaire exigé par l'Eglise pour cette cérémonie.

(2) La confrérie des saints Patrons, si prospère avant la Révolution, détruite pendant cette période de trouble, fut rétablie, à la demande des paroissiens de Saint-Donatien, en 1822. Le Bref des indulgences, accordées par le Pape Pie VII, est daté du 21 décembre 1821. Cette confrérie toujours très florissante, porte comme titre : « *Confrérie sous l'invocation des SS. Donatien et Rogatien,* pour la plus grande gloire de Dieu, le maintien de la paix entre les princes chrétiens, la destruction des hérésies et l'agrandissement de notre Mère, la Sainte Eglise. »

En dehors des indulgences très nombreuses, la Confrérie offre à ses adhérents les deux avantages suivants, signalés dans l'article 14 des statuts: « A la fin de chaque année, (le jeudi après la Sexagésime), la Confrérie fera célébrer un service solennel pour tous les confrères décédés dans l'année, et une messe basse à la mort de chacun de ses membres.

Messieurs les *Prévots de la confrérie,* et le prêtre custode de la sacris-

Quand, à la grand'messe, célébrée par M. le doyen du Chapitre de la cathédrale, et surtout aux Vêpres pontificales et à la procession des Reliques, les paroissiens virent leurs prêtres dans leur nouveau costume de chanoines de la Collégiale, la joie rayonnait sur tous les visages ; et Monseigneur allait droit à leurs cœurs lorsque, en leur rappelant la faveur insigne dont les comblait le Souverain Pontife, il leur disait ensuite : « Heureux paroissiens de Saint-Donatien ! »

Les grandes fêtes sont passées. En attendant que viennent celles de 1889, de 1902 et de 1906, M. le curé, autorisé par son évêque, invite les paroisses du diocèse à venir en pèlerinage à la Basilique votive et au tombeau des Martyrs.

L'élan est donné, les paroisses se succèdent chaque année ; on vient même de l'Anjou et de la Vendée. Nos annales paroissiales ont conservé les dates de ces pèlerinages et le nom des paroisses. Ce mouvement se fut certainement continué et probablement accentué, s'il n'eût été transformé, quelques années plus tard, en un pèlerinage général de tout le diocèse, appelé d'abord : « *Pèlerinage des Vignerons* » et ensuite : « *Pèlerinage au Sacré Cœur, pour les biens de la terre.* » — Nous reviendrons, en son temps, sur cette grande manifestation annuelle du « Mardi de Pâques ».

Dans sa paroisse, M. Hillereau, plus libre de lui-même, favorise les œuvres, en organise d'autres, donne une

---

tie, en temps ordinaire, sont chargés de recevoir les nouvelles inscriptions et de donner tous les renseignements utiles.

attention spéciale à l'enfance et à la jeunesse, développe dans son église le culte du Sacré Cœur.

Au mois de décembre 1883, les horticulteurs et les jardiniers chrétiens, si nombreux à Nantes, grâce à Dieu, et surtout à Saint-Donatien, fondent la Société de Saint Fiacre, à l'instar des anciennes corporations. C'est dans l'Eglise votive que, le 23 de ce mois, ils font leur première réunion. Monseigneur est là pour les féliciter et les encourager. M. le curé les invite à considérer l'église des Enfants Nantais choisie par eux, en ce jour, comme leur centre religieux, vers lequel ils aimeront à revenir fréquemment. (1)

L'ouvroir de l'Immaculée-Conception, rue Saint-Charles, et le pensionnat de Notre-Dame-des-Anges, rue Frédéric-Caillaud, dirigés l'un et l'autre par les Filles de la Sagesse, demandent à M. le curé de Saint-Donatien de leur obtenir une Congrégation d'Enfants de Marie. M. Hillereau entend leur prière, et la transmet sans retard à l'évêché. Le 21 janvier 1884, Monseigneur Le Coq approuve le projet et sollicite de Rome les lettres d'affiliation à la Congrégation-Mère, qui sont promulguées aux deux établissements, le 12 février suivant.

L'école des Frères, située à la bifurcation de la rue de Paris et de la rue Saint-Donatien, était devenue trop étroite, les cours de récréation manquaient. Cet état de choses

---

(1) La société de Saint Fiacre a toujours tenu à assister, avec sa bannière, aux grandes fêtes de Saint-Donatien. Elle se réunit également dans l'église votive aux messes célébrées à la mort de chaque sociétaire appartenant à la paroisse.

préoccupait depuis longtemps M. Hillereau. Mais grâce
à son zèle et à ses efforts, grâce aussi au généreux concours
de la Société de la Providence, une nouvelle école, plus
rapprochée du centre paroissial, fut construite rue de Paris,
dans l'été de 1884, et les Frères pouvaient y ouvrir leurs
classes, le lendemain de la bénédiction des salles et de leur
maison de résidence, le lundi 22 septembre.

Il y a plus d'un rapport entre la Basilique du « Vœu
National » et l'église du « Vœu diocésain nantais » ;
M. le curé de Saint-Donatien veut encore en resserrer le
lien. Il obtient de l'évêque de Nantes l'approbation du
projet d'établir dans l'église votive la Confrérie du Sacré
Cœur.

Le 1ᵉʳ décembre 1884, la Confrérie, établie à Saint-
Donatien, était régulièrement, par lettres authentiques,
affiliée à l'Archiconfrérie du Vœu national.

Nous entrevoyons déjà l'avenir qui se dessine de plus en
plus. M. Hillereau est l'agent de nos saints Patrons et l'ouvrier du Sacré Cœur ; aussi, sans diminuer la gloire des
premiers, il veut faire grandir, autour de lui, le culte du
second. Et avec le secours du ciel, il arrivera à faire de
l'église votive du diocèse, la Basilique du Sacré Cœur,
le « Montmartre nantais ».

# CHAPITRE VIII

## Résurrection de la Basilique Saint-Donatien et le 16ᵉ centenaire du Martyre des Saints Enfants Nantais

Le Sacré-Cœur de Montmartre venait de faire une liaison plus étroite et plus concrète avec Saint-Donatien par l'établissement de la Confrérie, affiliée à l'Archiconfrérie du Vœu national ; en retour, nos saints Martyrs sont invités à prendre la place qui leur est réservée dans la Basilique offerte par la France pénitente au Cœur de Jésus.

Depuis plusieurs mois, en effet, les Nantais manifestaient le désir de faire un pèlerinage à Montmartre. Monseigneur Le Coq accepta cette pensée, puis encouragea le projet, et enfin, le 12 avril 1885, il adressa au clergé et aux fidèles de son diocèse une lettre circulaire, dans laquelle il manifestait ses sentiments de bonheur et sa confiance dans le Sacré Cœur de Jésus. Il réservait ce pèlerinage exclusivement aux hommes et en fixait le départ au lundi, 18 mai.

Au commencement de ce mois béni, la Semaine Religieuse annonçait que, pour unir encore davantage l'église votive des Nantais à l'église du Vœu national les pèlerins emporteraient à Montmartre un groupe des SS. Donatien

4*

et Rogatien, et que ces statues y auraient leur place toute particulière. Monsieur le curé de Saint-Donatien fit alors venir à Nantes le supérieur des Chapelains, l'éloquent Père Rey, qui, dans la Basilique, par un triduum solennel avant la fête des saints Patrons, prépara les Nantais à leur pèlerinage.

Huit cents hommes, appartenant à toutes les classes de la société, partirent le lendemain de la fête patronale ; ils allaient à Montmartre, heureux et fiers, sous la protection de leurs deux jeunes saints Martyrs.

Le vénéré Mgr Richard attendait ses compatriotes et il voulut lui-même leur adresser la parole pour leur souhaiter la bienvenue. Il rappela les douloureuses épreuves de 1870-1871 et le vœu de Monseigneur Fournier. « Je me souviens de ce jour, s'écria-t-il ; j'étais au pied de la chaire de la cathédrale, m'unissant de toute mon âme au vœu de notre évêque. Dieu l'a exaucé, vous avez magnifiquement construit l'église qui couronne la tombe des Enfants Nantais ; et en témoignage de la protection dont le Cœur Sacré de Jésus a couvert le diocèse de Nantes, par l'intercession de Saint Donatien et de Saint Rogatien, vous placez aujourd'hui, dans la basilique de Montmartre, les statues de nos deux Martyrs, groupe fraternel, dû à l'habile ciseau d'un enfant de notre ville. » (1)

A mesure que les années se succèdent, le lien qui unit le Sacré Cœur et nos saints Martyrs devient plus étroit. L'église votive est et restera sans doute, dans l'appellation

_________

(1) M. Potet.

ordinaire, l'église de Saint-Donatien, mais dans l'esprit de tous, l'idée qu'elle est le temple spécial du Sacré Cœur grandit de plus en plus, et bientôt par une progression toute providentielle, elle retrouvera son vieux nom de basilique, *qui ne lui fut jamais enlevé*, et, qui·plus est, officiellement elle sera appelée « la Basilique du Sacré Cœur ».

Il y a, en effet, tout un projet nouveau, formé dans la pensée toujours active de M. Hillereau. D'après les traditions les mieux établies, surtout depuis les travaux du savant bénédictin Dom Lobineau, Saint Donatien et Saint Rogatien furent mis à mort entre l'année 287 et l'année 291 au plus tard. En prenant une date intermédiaire, 289, nous arrivions en 1889, au 16e Centenaire du martyre de nos saints Enfants Nantais.

Un centenaire, c'est toujours un fait remarquable ; mais un centenaire de saints, de martyrs, et pour M. le curé de Saint-Donatien le Centenaire de ses jeunes Saints, c'était un fait auquel il devait attacher la plus haute importance.

Le penser, c'était bien, le dire c'était mieux ; mais faire partager son idée de rendre ce Centenaire à jamais glorieux pour la paroisse, c'était le rêve parfait.

M. Hillereau en parla donc à Monseigneur Le Coq. Le pasteur pouvait-il faire plus grand plaisir à l'évêque ? Qui des deux aimait mieux les saints Enfants Nantais ? Qui des deux avait plus fait pour leur tombeau et leur sanctuaire ?

Les fêtes du Centenaire furent donc arrêtées dans l'esprit de chacun et Monseigneur se félicitait d'avance de les rendre plus splendides qu'aucune des fêtes de son pontificat.

Mais il fallait les préparer. Pour cela deux choses étaient à faire : donner à l'édifice matériel un perfectionnement relatif à l'intérieur et le compléter à l'extérieur par une façade digne de lui ; puis restituer à cette église un titre qu'elle possédait depuis plus de 700 ans, mais qu'elle n'avait plus osé porter, après l'enlèvement des corps des Martyrs, au XIIe siècle, « *le titre de Basilique* ». — La première chose regardait le pasteur de la paroisse ; de la seconde Monseigneur faisait son affaire.

M. Hillereau se remet donc au travail, et dès le 12 mai 1887, les travaux de la façade sont donnés en adjudication ; le 13 juin, le chantier était ouvert et les ouvriers à leur tâche, sous l'habile direction de l'architecte, M. Liberge.

Les travaux devaient durer deux ans.

Pendant ce temps, M. le curé n'oublie pas sa paroisse. Le quartier, dit de Coulmiers, qui s'étend de la rue des Orphelins jusqu'à la gare d'Orléans d'un côté, et aux confins de Toutes-Aides de l'autre, a pris des proportions considérables. — Des rues ont été percées, des constructions ouvrières se sont élevées en grand nombre autour de la manufacture des tabacs et des docks. Mais cette population qui s'augmente chaque jour, n'a point de centre religieux.

Grâce à la générosité d'une des excellentes familles de la paroisse, un terrain est donné, rue de Coulmiers, pour y construire un patronage de jeunes gens et une chapelle.

Le patronage s'installe, sous la direction d'un laïc dévoué

que tout Nantes connait, (1) et il est baptisé du nom de Saint-Rogatien, pour le distinguer de celui qui est près du presbytère et qui s'appelle Saint-Donatien. La chapelle va être construite par l'architecte de la façade de l'église ; elle aura le nom gracieux de Sainte-Elisabeth. (2)

Le 17 Juin 1888, M. le curé, par une délégation spéciale, en bénissait la première pierre ; et, le 4 juillet de l'année suivante, elle était terminée, bénie solennellement par Monseigneur l'Evêque et livrée au culte.

Pendant que l'infatigable M. Hillereau activait les travaux de la façade, pensait à la chaire, au dallage du sanctuaire, aux portes définitives, Monseigneur Le Coq présentait à Rome sa requête très motivée pour obtenir la restitution à l'Eglise paroissiale de Saint-Donatien du titre de « Basilique mineure ». La demande de l'évêque fut bien accueillie et le Rescrit pontifical, consacrant les privilèges d'un glorieux passé et les faisant revivre dans le présent et pour l'avenir, fut signé par le cardinal Laurenzi le 14 mars 1889, contre-signé par l'évêque de Nantes, le 30 du même mois, et promulgué solennellement le dimanche des Rameaux, 14 avril suivant.

Nous reproduisons ici ce document qui a une importance capitale et dont la teneur est très expressive.

---

(1) M. François Joulain.

(2) En souvenir d'une jeune fille de 14 ans, que les donateurs, M. et Mme Biton, perdirent à Orléans, et qui portait le nom d'Elisabeth.

*Nantes,*

Le Révérendissime Seigneur, Jules-François Le Coq, évêque actuel de Nantes, a exposé au siège apostolique que l'église qui a pour titulaires les saints Martyrs Donatien et Rogatien, principaux patrons, auprès de Dieu, de la ville et du diocèse de Nantes, a été bâtie dès les temps les plus anciens sur leur sépulcre. Elle a été élevée au degré d'église abbatiale et *dotée* par les soins de Charlemagne, non encore empereur, et dernièrement établie en Collégiale, après avoir été reconstruite magnifiquement en exécution d'un vœu du clergé et de tout le peuple nantais.

Pour que cette église garde l'honneur de son passé, et que le souvenir de cette récente restauration votive soit à jamais conservé, le Révérendissime évêque de Nantes a instamment prié notre très saint Seigneur, le Pape Léon XIII, de daigner *confirmer à cette église le titre de Basilique* qui l'a ornée depuis sa première fondation jusqu'au XIIe siècle.

Sur le rapport du soussigné, substitut de la secrétairerie de la sacrée Congrégation des Rites, Sa Sainteté a accueilli cette supplique avec la plus grande bienveillance, et daigné *confirmer* à la susdite église le titre et la dignité de *Basilique des Saints Donatien et Rogatien Martyrs*, avec tous les honneurs et privilèges qui appartiennent de droit aux Basiliques Mineures, sans que rien ne puisse s'y opposer.

*Le 14 Mars 1889.*

Charles, cardinal LAURENZI,
Préfet

Jean Ponzi,
Substitut de la Secrétairerie des Rites.

Vu et ordonné la mise à exécution ;
*Nantes, le 30 Mars 1889.*

† JULES
Évêque de Nantes

Par mandement,
Bossé,
Ch. Sec. gén.

Après la lecture du Rescrit, Mgr Le Coq monta en chaire, et, dans une émouvante allocution, salua la Basilique, à laquelle Rome venait de restituer son diadème d'honneur.

Comme on le devine sans peine, après avoir remercié Dieu et son Vicaire sur la terre de ce nouveau bienfait, l'évêque a félicité le pasteur de la paroisse, le puissant ouvrier, l'âme de toutes les grandes entreprises qui ont rendu à Saint-Donatien son antique splendeur et font refleurir dans toute sa gloire le culte des saints Martyrs, protecteurs de la cité et du diocèse de Nantes.

La Basilique, fière de sa nouvelle parure, se prépara donc aux grandes fêtes du 16e Centenaire de ses Martyrs.

On l'a répété bien des fois, ce fut là le triomphe du curé de Saint-Donatien. Mais quelle plume pourrait décrire parfaitement les grandes solennités du mois d'octobre ?

Ce fut, en effet, l'époque qui fut choisie par l'évêque de Nantes ; et comme, selon sa parole, ce Centenaire devait être « une fête vraiment diocésaine, » il l'annonça solennellement par une lettre pastorale, en date du 12 du mois d'août.

Il rappela aux prêtres et aux fidèles le courage des deux Martyrs, il esquissa l'histoire de leur culte et de leurs Reliques, il montra leur gloire allant sans cesse grandissant depuis vingt ans, et invita toute la famille diocésaine à se réjouir à l'occasion de ce 16e Centenaire.

Le 12 octobre et le samedi suivant, la Semaine Religieuse, en donnant le programme détaillé des fêtes, annonçait la présence du cardinal-archevêque de Paris et de huit évêques, qui avaient accepté l'invitation de Monseigneur, et enfin celle du R. P. Abbé de Melleray. (1)

Le samedi, 19 octobre, était réservé à la consécration de la Basilique et des autels ; — le dimanche 20, à une pompeuse manifestation extérieure, la procession partant de Saint-Donatien pour aller à la cathédrale ; — le lundi 21, à une grande fête des écoles, séminaires et pensionnats de jeunes gens.

Chaque jour il devait y avoir offices pontificaux et panégyrique des saints Martyrs.

Nous sommes au matin du 1er jour du Triduum. La Basilique est toute prête pour ses noces somptueuses. Elle est terminée ; les deux tours qui doivent couronner l'édifice et recevoir les cloches restent seules à faire. La façade manque peut-être de profondeur, mais elle est belle, quoique simple dans sa richesse. Une inscription, gravée dans la pierre en lettres d'or, resplendit à la partie supérieure ; on y lit ces mots qui résument toute l'histoire de la Basilique :

---

(1) Avec le cardinal-archevêque de Paris, Mgr Richard, et Mgr Le Coq, les fêtes du Centenaire virent à Saint-Donatien ; Mgr Gonindard, archevêque de Sébaste, coadjuteur de Rennes ; Mgr Bécel, évêque de Vannes ; Mgr Hugonin, évêque de Bayeux ; Mgr Laborde, évêque de Blois ; Mgr Trégaro, évêque de Séez ; Mgr Van Camelbeke, évêque d'Hiérocésarée, vicaire apostolique de la Cochinchine orientale ; Mgr Labouré, évêque du Mans ; le R. P. Dom Eugène, abbé de Melleray.

Manquait Mgr Dénéchau, évêque de Tulle. Appelé au dernier moment au chevet de sa vénérable mère mourante, le prélat avait dû s'arrêter à Ancenis.

### Sacratissimo Cordi Jesu
### Ex-voto Nannetensium. (1)

Au-dessous une galerie de statues, dues au ciseau de l'habile sculpteur nantais, M. Vallet, complète d'une façon très heureuse l'ornementation. (2)

Il était réservé naturellement à Monseigneur Le Coq de consacrer lui-même la Basilique et son autel majeur ; les autres prélats se partagèrent la consécration des différents autels de l'abside.

De même que à l'inauguration de la Crypte, en 1881, les Reliques de nos saints Patrons avaient été déposées à l'oratoire du Patronage, ainsi, en ce jour, celles qui étaient destinées à être placées dans les autels, attendirent dans le même oratoire qu'on y vînt les prendre processionnellement. La foule avait grandi dans les rues adjacentes et autour de la Basilique, et, avec les élèves des séminaires, qui chantaient les grandes litanies, avec le cortège majestueux des évêques, elle fit un véritable triomphe à ces *restes précieux*,

---

(1) Ex-voto des Nantais au Sacré Cœur de Jésus.

(2) Les personnages représentés par les statues de l'arcade du milieu sont : Mgr Fournier ; Mgr Le Coq ; l'Evêque Nonnechius, (462), dont les parents firent bâtir une église sur le tombeau des Martyrs ; et l'évêque Carmundus, successeur du précédent et enterré comme Nonnechius à Saint-Donatien.— A l'arcade N O : l'empereur Charlemagne ; l'évêque Foulcher, enseveli près des Saints Nantais, en 910 ; le chef barbare Chillon, qui fut converti, vers l'an 508, par les deux processions mystérieuses sortant l'une de Saint-Donatien, l'autre de Saint-Similien. — A l'arcade S. E , le roi Eudes, qui accorda des privilèges aux Moines de Saint-Donatien, en 893 ; l'évêque Landran, 903, enseveli près du tombeau des Enfants Nantais ; et le duc Jean IV, qui fit élever une église en l'honneur des Martyrs, au XIVᵉ siècle.

qui allaient prendre place à côté de ceux de Donatien et de Rogatien, dans leur Basilique consacrée.

A la messe pontificale, célébrée par Monseigneur de Vannes, on n'entendit que du plain-chant ; il en fut ainsi les jours suivants. Les mélodies grégoriennes furent admirablement interprétées par les séminaristes. Si l'oreille y perd des impressions surprenantes, en entendant ce chant, qui est comme le cantique naturel de la Basilique, le cœur y gagne assurément.

L'assistance semble éblouie par la richesse et l'harmonie des nouvelles décorations que la Basilique a revêtues pour le jour de sa consécration. Des artistes, invités par M. Hillereau, se sont réunis, il y a quelques semaines, et ensemble ils ont cherché, pour l'église votive, une décoration nouvelle, qui ne nuisît en rien aux lignes architecturales. (1) Bien des fois, depuis 1889, nous avons joui de ces tentures rouges garnies d'or, qui ornent si richement le sanctuaire ; de ces grands oriflammes aux chiffres de nos Saints, à l'emblème du Sacré Cœur ; de ces écussons aux armes des évêques, amis de Saint-Donatien, et des villes du diocèse ; de ces bannières nombreuses et variées qui ornent si bien les colonnes de l'édifice ; mais, aux jours du Centenaire, toutes ces richesses étaient étalées pour la première fois, et chacun se sentait transporté dans un monde qui n'est pas celui de la terre.

---

(1) Pouvons nous nous empêcher de nommer ici celui qui a tant fait pour les décorations de Saint-Donatien, M. l'abbé Ecomard, vicaire et chanoine de la Collégiale ? — Pendant 32 ans, il a usé sa santé sa vie, et n'a jamais su compter avec sa bourse lorsqu'il s'est agi du culte et de la gloire de ses petits Saints et du Sacré Cœur.

Dans son toast du déjeuner qui suivit cette brillante cérémonie, M. le curé eut un mot aimable et plein de tact pour chacun de ses convives ; il remercia, félicita les évêques ; et se tournant vers Monseigneur Le Coq, il put lui dire avec une grande vérité : « L'église de Saint-Donatien a été faite par les évêques de Nantes, comme la ruche est faite par les abeilles. »

A la cérémonie du soir, en présence du cardinal, Monseigneur Gonindard, dans un langage élevé, où perçait une sympathie débordante pour les saints Martyrs et pour la Collégiale, fondée sur leur tombeau, fit l'histoire des saints Enfants Nantais, en commentant d'une façon très pratique ces paroles de Saint Paul aux Hébreux (XIII, 8) : « *Christus heri et hodie, ipse et in sæcula.* — Le Christ était hier, il est aujourd'hui, il sera dans tous les siècles. »

Le dimanche, 20 octobre, était à proprement parler, *le jour du Centenaire.* Le cardinal devait officier pontificalement à la Grand'Messe, et le soir chacun se réjouissait de la manifestation extérieure.

Le matin, la Basilique ne put pas contenir l'assistance qui se pressait partout, dans tous les coins, et remplissait les vastes tribunes. Le sanctuaire était occupé par Nosseigneurs les évêques et leurs chanoines assistants. A côté d'eux, on pouvait voir : Mgr de Couëtus, prélat de la Maison de Sa Sainteté ; MM. les curés de Nantes, en étole pastorale ; le R. P. Maurille, supérieur général des Filles de la Sagesse ; les supérieurs de nos Maisons religieuses ; des chanoines de la Rochelle, de Luçon, de Vannes, de la Guadeloupe ; M. le Prévôt de la collégiale Saint-Aubin de

Guérande, sous son blanc costume canonial ; des curés et des prêtres venus de presque toutes les paroisses. (1)

A des places réservées, on apercevait encore : M. Guibourg de Luzinais, sénateur, maire de Nantes ; le général, marquis de Charette ; MM. les députés de Cazenove de Pradines, H. Le Cour, de Pontbriand ; des conseillers généraux, des conseillers d'arrondissement, des conseillers municipaux ; M. le comte de la Tullaye, insigne bienfaiteur de Saint-Donatien ; M. de Cornulier, ancien conseiller général...; en un mot l'élite du pays et de la cité nantaise.

Cette énumération n'est pas déplacée ici, car elle montre mieux comment, grâce à Mgr Le Coq et au curé de Saint-Donatien, cette fête diocésaine fut alors comprise.

M. le chanoine Pergeline, supérieur de l'Externat des Enfants Nantais, avait accepté la mission de faire, à la messe pontificale, le panégyrique des saints Martyrs.

Educateur par vocation, l'orateur si connu ne pouvait

---

(1) La Collégiale Saint-Aubin de Guérande, fondée au IXe siècle, par le roi Salomon, fut emportée par la tourmente révolutionnaire, après dix siècles de vie édifiante. Elle fut rétablie par Mgr Le Coq, le 21 juillet 1889, le jour même du fameux pèlerinage eucharistique, qui eut lieu dans la petite ville bretonne. M. Hillereau, curé-prévôt de la Collégiale de Saint-Donatien, prit part à ces imposantes cérémonies, et se réjouit de la résurrection de la jeune sœur de sa Collégiale nantaise.

Le costume des nouveaux chanoines, imité de l'ancien, se compose du camail de soie blanche, portant deux larges bandes d'hermines ; il est lizéré et doublé de soie rouge. Le rochet est brodé et à parements rouges. Le costume d'hiver est de drap blanc et brodé de dentelles genre XVIIe siècle.

M. le Prévôt se distingue par une croix pectorale tréflée, supportée par un large ruban de soie blanche moirée et lizéré de rouge, semé au centre de quinze étoiles d'or.

manquer de parler d'éducation. Il montra donc, dans un discours, où l'élévation de la pensée était encadrée dans une forme harmonieuse, comment l'Eglise a été et restera une éducatrice sans rivale ; et cette parole du Livre des Proverbes (XXI, 28) : « *Surrexerunt filii ejus, et beatissimam prœdicaverunt.* — Ses fils se sont levés et l'ont proclamée bienheureuse », lui servirent à dire comment Saint Donatien et Saint Rogatien, rendent témoignage à l'Eglise, leur mère et la nôtre.

Après l'office du matin, Monseigneur l'évêque de Nantes, en présence de tous les personnages de marque qui avaient répondu à sa pressante invitation, laissa parler son cœur pour les remercier les uns après les autres.

Le cardinal félicita Monseigneur Le Coq de ce qu'il faisait pour le culte de nos saints Patrons et dit combien il était heureux de venir en cette solennité, sur ce sol qui lui est si cher, rendre plus étroit le lien qui unissait déjà « le Montmartre du Vœu national » et « le Montmartre nantais ». Puis se tournant vers M. Hillereau : « Heureux êtes-vous, cher M. le curé, d'avoir été choisi par nos Martyrs, pour être le gardien de leur tombeau ! Ce que nous voyons de nos yeux : cette magnifique Basilique consacrée hier ; ces solennités, auxquelles s'unit la ville entière, prouvent qu'ils ont bien choisi leur gardien. » — Enfin Monsieur le Maire de Nantes voulut exprimer aussi, en quelques mots d'une précision distinguée, « combien ces fêtes donneront à tous ses concitoyens un amour plus vif pour leur petite patrie, Nantes, la cité enviée par tant de Fran-

çais » ; et M. de Cazenove, en deux ou trois phrases cheva-
leresques, dit à N. N. S. S. les évêques, — il en avait le
droit —, « que s'il fallait de nouveau des martyrs, il restait
encore aux catholiques du sang à verser pour la cause de
Dieu ! »

Pendant que, dans l'intimité, se terminent ces discours,
la foule est devenue immense depuis la place Saint-Pierre
jusqu'à Saint-Donatien. Dans la rue Saint-Clément, dans la
rue de Paris et la rue Saint-Donatien surtout, on a peine
à se frayer un passage. — Les trains du matin ont amené
des pèlerins de plus de vingt lieues à la ronde.

Mais le ciel semble se jouer de la joie et des espérances
des Nantais. Pendant que les cloches appellent aux Vêpres
pontificales, les nuages s'accumulent, la pluie commence à
tomber, fine d'abord, et bientôt elle devient torrentielle.

Sur la place de l'église, la foule qui stationne voudrait voir
le cortège, les évêques, le cardinal; à l'intérieur, M. le curé,
sollicité par cent voix, vient examiner le ciel. De tous côtés
on trépigne de désirs et de regrets. La procession s'organise dans la Basilique et tente cependant de sortir... Hélas !
il faut bien se résigner à faire seulement le tour des basses-
nefs, en chantant des cantiques et des hymnes liturgiques.

Il est impossible, alors, de dépeindre les lamentations des
pèlerins qui ne veulent pas s'en aller et qui cependant ne
peuvent entrer dans l'église.

« Ah ! Monsieur, disent les uns aux prêtres de la Collégiale, qui par hasard viennent à passer près d'eux, nous
sommes venus de si loin, sortez un peu ! — Nous vou-

drions voir les évêques, s'écrient les autres ! — Nous voudrions voir le cardinal ! — Laissez-moi, continue un brave homme, m'agenouiller au moins dans votre église pour y dire une prière et je m'en irai content ! » — C'était navrant et consolant en même temps d'entendre ces réflexions et ces plaintes si sincères.

Comme pour donner aux Reliques de nos saints Martyrs une compensation à l'absence de la grandiose manifestation extérieure qui leur avait été réservée, tous les évêques, après la procession, descendirent à la crypte, et là vénérèrent les Restes précieux des illustres Enfants Nantais, déposés sur leur tombeau.

Puis pour terminer cette journée, à la fin du salut solennel, les voûtes de la Basilique vibrèrent sous les accords puissants de l'orgue et la forte harmonie des voix du *chœur* et du *peuple*, répondant à un *coryphée*. Celui-ci faisait entendre des acclamations touchantes à l'honneur de Dieu, des Martyrs, du Souverain Pontife, de son Eminence le cardinal, de sa Grandeur Monseigneur de Nantes, des différents Prélats présents, de la France, de la ville de Nantes; puis le *chœur* continuait et le *peuple* répondait avec enthousiasme : *Fiat ! Fiat ! Amen ! Amen !* (1)

Le lundi 21, le soleil se leva radieux ; il souriait, semble

---

(1) Les acclamations et les supplications eurent le plus grand succès. — La partie du *coryphée* fut remarquablement exécutée par M. Bazoche, maître de chapelle et organiste de la Basilique; celle du *chœur* fut chantée par les élèves du Grand Séminaire ; et le *peuple* répondait à chaque fois : *Fiat ! Fiat ! Amen ! Amen !*

t-il, à la jeunesse nantaise, à qui ce troisième jour du Triduum était spécialement réservé.

Nous étions cette année au séminaire de Philosophie, et il est doux encore de nous rappeler la joie qui rayonna sur tous les visages, lorsque quelques voix, agréablement indiscrètes, vinrent vers dix heures, apporter dans nos murs, la nouvelle que la procession, manquée la veille, allait enfin avoir lieu. Tout à coup, en effet, la cloche retentit avec force ; en cinq minutes tous les séminaristes sont rangés sous le cloître, prêts à partir vers la Basilique.

Dès la sortie du séminaire, il est facile de constater que le bruit avait fait son chemin. Les maisons et les rues se décorent, la foule accourt de toutes parts, les trottoirs sont pleins de spectateurs joyeux, les cloches sonnent à toute volée dans la flèche de l'église Saint-Clément et l'on entend le bourdon de la cathédrale qui invite toute la ville de Nantes à venir célébrer ses saints Martyrs.

Pendant ce temps la cérémonie se termine dans la Basilique, remplie par toute notre population scolaire : le petit séminaire des Couëts, l'école Saint-Stanislas, l'Externat et l'Internat des Enfants-Nantais, les pensionnats de Bel-Air et de Toutes-Aides, une députation du collège Saint-Joseph d'Ancenis, un grand nombre d'enfants de toutes nos écoles chrétiennes de la ville ; c'est un total de plus de deux mille enfants et jeunes gens. Toute cette jeunesse émerveillée a écouté avec attention la parole douce et paternelle de Monseigneur Laborde, qui a commenté pour elle ce verset du livre des Proverbes (x, 7) :

« *Filii eorum videbunt et lœtabuntur, et exultabit cor eorum in Domino.* — Leurs fils les verront, et ils seront dans la joie, et leurs cœurs tressailleront d'allégresse. »

Et maintenant on admire toute cette jeunesse qui sort du temple saint, en chantant avec ardeur ; les bannières flottent au vent avec leurs emblèmes, leurs saints brodés dans la soie et leurs belles devises.

Voilà le reliquaire de nos Martyrs. — Ne dirait-on pas vraiment que les saints Patrons ont voulu se réserver pour aujourd'hui, afin que la jeunesse nantaise fît, dans cette grande manifestation du Centenaire, leur principal cortège dans les rues de la ville ? Toujours est-il que le spectacle est beau, ravissant.

Enfin voici les évêques et le cardinal qui s'avancent majestueusement donnant à tous, sur le parcours, leur bénédiction.

Mais lorsqu'ils furent arrivés place Saint-Pierre la multitude était telle que les vénérés prélats en furent profondément touchés. Aussi, poussés par une sorte d'inspiration, avant d'entrer dans la cathédrale, ils se rangèrent sur les marches du péristyle, le cardinal au milieu, et tous ensemble, ils donnèrent la bénédiction solennelle au peuple nantais enthousiasmé par cet incomparable spectacle.

Nous avons tenu à décrire, à esquisser plutôt, ces solennités du 16ᵉ Centenaire, parce que les réflexions faites, ici et là, dans ces jours, par un très grand nombre de personnes et dont, maintes et maintes fois, nous avons eu l'écho, étaient admirablement justes et que nous les faisons nôtres : « *L'organisateur* de ces splendides cérémonies, *l'âme* de toutes ces assemblées à jamais inoubliables, fut M. Hillereau, le puissant et infatigable ouvrier des saints Martyrs et du Cœur de Jésus. »

# CHAPITRE IX

## Deuils et Consolations

Les années qui suivirent les grandes solennités du Centenaire furent, à plusieurs reprises, pénibles pour la Collégiale et principalement pour M. le curé de Saint-Donatien. Sans doute il y eut encore, grâce à Dieu, des consolations très sensibles, pendant cette période, mais des deuils cruels vinrent visiter la famille presbytérale qui, d'autre part, ressentit vivement le contre-coup de la mort de plusieurs amis ou protecteurs que le ciel lui avait donnés.

Ce sont ces deuils et ces consolations que nous voudrions indiquer dans ce chapitre, en suivant, à peu près, l'ordre chronologique.

Il y avait à la cure de Saint-Donatien, depuis 1872, un bon saint homme qui s'était pris, jadis à Saint-Nicolas, d'une grande affection pour M. Hillereau, et qui avait demandé à le suivre, pour faire partie de la nouvelle Collégiale ; c'était M. Dany.

M. Pierre-Ange Dany était né à Paris en 1815. Il commença et mena même assez avant ses études ecclésiastiques ; mais la mort de son père l'obligea à les interrompre pour soutenir sa mère. Il devint alors instituteur dans les environs de Nantes, puis sacristain à Saint-Nicolas.

A Saint-Donatien, il accepta avec bonheur les fonctions de sacriste ou auxiliaire du prêtre-custode.

Bientôt M. le curé obtint pour lui de Monseigneur Fournier qu'il portât l'habit ecclésiastique, qu'il reçût même la tonsure et enfin les ordres mineurs.

Avec ses occupations à la sacristie et à l'église, M. Dany remplissait encore, à son tour, l'office de surveillant des élèves de la Psallette.

Ces derniers l'appelaient affectueusement « le Père Dany » ; et les plus anciens se rappellent toujours avec bonheur, la joie qu'il apportait dès qu'il apparaissait au milieu d'eux. Il était bon par tempérament, mais aussi par vertu, et les enfants en abusaient bien quelquefois; mais le bon sacriste ne savait pas se fâcher.

Il était admirable dans sa simplicité, le matin des grandes fêtes, lorsque, pour éveiller les quelques pensionnaires, endormis dans le petit dortoir, il frappait dans ses mains et chantait avec le plus grand sérieux, le plus solennel des *Benedicamus Domino*, en s'accompagnant sur un tout petit harmonium.

Ce cher M. Dany se plaisait dans la sacristie, à l'église ; il aimait à remplacer, autant qu'il le pouvait, ses confrères, pour les sépultures, le chapelet, les quêtes surtout. Son bonheur était de psalmodier l'office divin.

On devine aisément alors qu'un tel homme avait pris une grande place dans le cœur de M. Hillereau.

Or, le mercredi des cendres, 19 février 1890, M. Dany,

après l'office du matin, s'était retiré pour dire les petites heures du jour, dans la chapelle Saint-Augustin, où se récitent les Matines et les Laudes et se fait l'oraison. Pendant qu'il priait, il fut frappé tout à coup de paralysie. M. le curé s'empressa d'accourir, les confrères et les religieuses du presbytère l'entourèrent de tous les soins imaginables, mais ce fut inutile ; la mort vint le saisir huit jours après, le matin du jeudi 27 février, et l'emporter dans son éternité ; il avait 75 ans.

Le lendemain, ses funérailles eurent lieu dans la Basilique, au milieu d'un grand concours de prêtres et de fidèles de la paroisse et de la ville. Son corps repose dans le cimetière paroissial, non loin de la chapelle Saint-Etienne. — « C'était un saint, ce bon M. Dany », disait-on, dans tous les groupes qui sortaient du cimetière.

Cette mort fut un deuil pour tout le clergé de Saint-Donatien ; mais celui qui le ressentit le plus fut assurément M. le curé.

Il lui en était réservé un plus cruel encore peu d'années après, dans sa famille presbytérale.

M. Delorme, condamné par les docteurs depuis son grand séminaire, ordonné prêtre par pure consolation, au mois de décembre 1863, pour avoir le bonheur de mourir avec l'auréole du sacerdoce, M. Delorme avait pu cependant fournir, à Sainte-Marie de Pornic d'abord pendant un an, et à Saint-Donatien depuis le mois de janvier 1865, un ministère long et très fructueux.

M. Delorme, enfant de chœur à Saint-Nicolas, avait été élève de M. Dany, pour qui il garda toujours la plus profonde vénération. C'était un ami des plus aimables et des plus dévoués, un prêtre d'un zèle admirable, d'une bonté qui se trahissait immédiatement par son regard franc et limpide, par sa parole douce et prévenante, par son sourire fin sans aucune malice.

Dès son arrivée à Saint-Donatien, on lui confia l'œuvre de N.-D. des Enfants-Nantais ; et les jeunes gens d'alors gardèrent toujours pour lui une véritable et affectueuse estime.

Il accepta sans hésiter, on l'a vu, la vie proposée aux prêtres de la Collégiale, et Dieu sait quel amour sincère il donna à cette œuvre, à laquelle il se dévoua toute sa vie.

A partir de 1873, la vie de M. Delorme fut une longue période de souffrances, qu'il supporta avec la plus grande douceur, qu'il aima même, qu'il demandait quelquefois à Jésus d'augmenter.

En 1893, M. Delorme alla passer quelques semaines au bord de la mer, à Préfailles. Il rentra au presbytère vers la fin de septembre, prit un repas avec ses confrères, et ne reparut plus au milieu d'eux. Condamné à la chambre, endurant plus de souffrances que jamais, il faisait cependant la joie et l'édification de la religieuse qui le gardait et lui prodiguait les soins les plus maternels, et de tous ceux qui allaient le visiter. (1)

---

(1) Comment ne pas citer ici le nom de la chère sœur Sainte-Mechtilde, supérieure des religieuses qui remplissent les divers emplois du presbytère et de la Psalette ! Elle arriva à la cure de Saint-Donatien en 1873, et elle a toujours été pour tous et pour chacun une véritable mère, au dévouement le plus inaltérable.

Quand il se croyait seul, il se laissait aller à exprimer tout haut les sentiments naïfs de son âme candide ; il chantait même, de sa voix douce, les refrains suivants qu'il avait appris dans son enfance, ou qu'il avait composés durant sa maladie :

> Va-t'en, ma petite âme,
> Va-t'en, voir ton Jésus ;
> Va-t'en, il te réclame ;
> Va-t'en, ne reviens plus.
> Vive mon Jésus !
> Mes jours sont comptés ;
> Il faut quitter la terre !
> Va-t'en, mon pauvre cœur,
> Va-t'en voir ton Sauveur.
> Oh ! quel bonheur
> D'aller contempler son Seigneur ! ·

Cette réclusion à la chambre dura pour le malade jusqu'au mois d'août suivant. Le 31 août 1894, le bon Dieu l'appela à lui pour le récompenser de ses travaux, de ses soins méticuleux donnés à toutes les affaires qui lui avaient été confiées, de ses souffrances continuelles.

Sa sépulture eut lieu le dimanche matin, 2 septembre, et son corps fut conduit dormir son dernier sommeil, au cimetière de Miséricorde. — L'assistance, à ses funérailles, fut des plus nombreuses ; chaque famille de la paroisse voulut venir prier pour le cher défunt, et lui apporter ainsi le tribut de sa reconnaissance.

Cette mort laissa un grand vide pour tous, à la cure de Saint-Donatien. Que de fois depuis, M. Hillereau cita le souvenir du bon M. Delorme ! Sa patience, sa charité, mais aussi ses bons conseils, son ordre admirable, étaient

souvent rappelés par lui et donnés comme de puissants sti-
mulants à tous les membres de la Collégiale.

Parmi les événements qui eurent lieu à cette époque et
dont M. Hillereau fut l'âme ou le principal agent, nous ne
saurions passer sous silence la grande mission de 1890,
donnée par les Pères Rédemptoristes.

C'est pendant ces jours bénis que le Christ du calvaire
de la mission de 1827, planté dans le cimetière, fut restauré
et replacé sur la croix, le dimanche des Rameaux. Rien de
plus émouvant que ce spectacle, qui n'a pas été oublié des
paroissiens. Porté par des hommes aux épaules fortes et
aux poignets vigoureux, il fut hissé à la hauteur des bras
de la croix et les coups de marteau retentirent comme
jadis à Jérusalem, enfonçant les clous dans les mains et
dans les pieds du Sauveur.

Ce fut le 24 février 1891, que M. Hillereau fonda la
nouvelle « Confrérie de l'Hommage au Sacré Cœur pour
les Biens de la Terre », qui étendit bientôt ses ramifica-
tions dans toutes les parties du diocèse.

A Saint-Donatien, les membres de la « Confrérie de
l'Hommage » ont continué d'avoir, le premier dimanche de
chaque mois, dans la Basilique, leur réunion, pendant
laquelle, avant le *Tantum ergo*, M. le curé renouvelle, du
haut de la chaire, la consécration au Cœur de Jésus, des
personnes, des foyers, de tous les biens quels qu'ils
soient.

M. HILLEREAU

EN COSTUME DE CHANOINE DE LA COLONIALE

assiste, dans la Basilique Saint-Clotilde, en 1891, au baptême donné à deux enfants noirs de la Mélanésie (Océanie).

par Monseigneur Couppé.

## M. HILLEREAU

EN COSTUME DE CHANOINE DE LA COLLÉGIALE

*assiste, dans la Basilique Saint-Donatien, en 1891, au baptême*
*donné à deux enfants noirs de la Mélanésie (Océanie),*
*par Monseigneur Couppé.*

Pourquoi ne pas rappeler ici un autre fait de 1891, qui a été fixé par la photographie ? Il fut une consolation pour le pasteur et son troupeau paroissial. Nous avons rencontré dans un grand nombre de familles cette scène touchante représentant un évêque à longue barbe qui donne le baptême à deux adultes noirs, en présence de M. le curé de Saint-Donatien. Qu'on nous permette d'en dire l'histoire touchante.

Le Vicariat de la Nouvelle Poméranie, Océanie, avait été donné récemment par le S. Pontife Léon XIII, aux missionnaires du Sacré-Cœur d'Issoudun. Dans ces îles, la faune et la fleur sont admirables, mais par une amère dérision les habitants sont d'une férocité d'une sauvagerie effrayante. C'est le cannibalisme avec son cortège nécessaire de corruption et de dégradation. Mgr Couppé venait d'être nommé vicaire apostolique de ces îles sauvages et anthropophages.

Les deux noirs baptisés le 12 mai, dans la Basilique de Saint Donatien, étaient le résultat du premier marché de l'évêque missionnaire. Enlevés dans une razzia par des chasseurs d'hommes, on les engraissait pour un festin de grande fête Monseigneur Couppé disposant de quelques ressources, dirigea sa barque vers un comptoir fréquenté. Quelques chrétiens armés protégeaient l'évêque contre toute surprise. Si du rivage on avait vu se détacher de nombreuses pirogues, la barque du missionnaire, devinant des intentions cannibales, aurait fui au large. Mais deux ou trois barques seulement s'approchèrent. On voulait donc trafiquer. En échange de la monnaie en usage chez les

Papous et remise par Monseigneur, sa Grandeur ramena à la Mission deux petits garçons l'un de dix ans, l'autre de huit ans, auxquels il donna les noms de Louis et d'Auguste.

Restait à les élever. Ce qu'une mère a de bonté, de tendresse, d'abnégation, l'évêque le prodigua à ces deux petits êtres, devenus ses enfants adoptifs. De plus il ouvrit lui-même leur jeune et vive intelligence, leur esprit d'observation incroyable, vers les choses de la foi ; et pendant les loisirs forcés du long voyage qu'il venait de faire pour rentrer en France, il catéchisa ses deux petits noirs.

Mis au courant de l'histoire si belle des saints Enfants Nantais, Monseigneur Couppé avait décidé de baptiser à Nantes, sur la tombe de Saint Donatien et de Saint Rogatien, ces deux enfants devenus frères en l'affection de leur Pasteur. Il s'était mis en rapport pour cela avec M. Hillereau qui ne voulut pas manquer de donner, par cet événement remarquable et intéressant, une nouvelle joie à ses paroissiens et un lustre de plus à sa chère Basilique. Il prépara tout pour ce baptême.

Le 12 mai, jour de la fête patronale, à l'issue de la grand'messe, en présence de la foule qui remplissait l'église, entouré de prêtres nombreux, assisté de M. le curé de Saint-Donatien et des chanoines de la Collégiale, Monseigneur Couppé accomplit les cérémonies touchantes du baptême des adultes

Louis reçut les noms de Donatien-Marie, et eut pour parrain M. Louis de Nouel, et pour marraine Mlle Marie de Nouel. A Auguste on donna les noms de Rogatien-Marie-Félix, et son parrain fut M. Félix Vidie et sa marraine Mlle Marie de Monti de Rezé. (1)

Le soir les nouveaux baptisés prirent part à la procession solennelle des Reliques, qui parcourut les rues de la paroisse. Ils étaient vêtus des costumes traditionnels de Saint Donatien et de Saint Rogatien. La moitié du trajet fut accompli dans une voiturette gracieusement décorée et conduite entre les rangs du cortège ; pendant la seconde moitié, les petits noirs donnaient la main à deux autres enfants vêtus comme eux.

La foule, plus nombreuse que jamais, qui se pressait sur le parcours, n'avait qu'un regard furtif pour le défilé si remarquable pourtant ; les nombreuses bannières, les groupes de tous les âges, les chœurs de musique passaient presque inaperçus ; toute l'attention sympathique et pleine de bienveillance s'en allait aux deux enfants des îles de l'Océanie.

La fin de cette année et les trois années qui suivirent apportèrent de nouveaux anneaux à la chaîne des épreuves de M. le curé de Saint-Donatien et de sa Collégiale ; sa Psallette, ses œuvres en subirent aussi le contre-coup.

Monseigneur Le Coq eut la pensée, à cette époque, de confier la direction de la psallette de la cathédrale, qui résidait depuis 1879, dans les anciens bâtiments du Petit-

---

(1) M. et Mme Vidie furent, pendant plusieurs années, les insignes bienfaiteurs de la Collégiale et de la Basilique.

Séminaire, rue Saint-Donatien, aux prêtres de la Collégiale. La Psallette de la Collégiale devait faire un tout avec elle.

Cette entreprise, commencée avec certaines illusions, parut bientôt peu pratique, et elle eut pour résultat de désorganiser bien des choses.

Pour comble de malheur, Monseigneur ne pouvait pas lui donner toute son attention. Il était souffrant ; et pendant toute l'année 1892, Sa Grandeur attendit à la Barberie, dans la maison de campagne du Grand Séminaire, au milieu de cruelles souffrances, la mort qui le guettait depuis longtemps.

Au commencement de novembre, le pieux évêque, revenu à son palais épiscopal, voulut de lui-même recevoir les derniers sacrements. — Sept semaines plus tard, dans la nuit de Noël, après une communion fervente, reçue de la main de son parent, M. l'abbé Le Coq, qui avait dit la messe dans une chambre avoisinant celle du malade, Monseigneur rendit à Dieu sa belle âme bien préparée.

Ce fut un immense cri de douleur dans tout le diocèse. Cette mort, quoique prévue depuis des mois, n'en fut pas moins douloureuse. Pendant son long épiscopat, Monseigneur Le Coq avait visité plusieurs fois toutes les paroisses de son diocèse et il était connu de tous ses enfants. Aussi tous pleurèrent en lui un père très dévoué et très aimant.

Mais, sans vouloir établir ici de comparaison, nous pouvons cependant affirmer que peu de personnes, peu de familles ne ressentirent plus vivement ce coup terrible que M. le curé de Saint-Donatien et les membres de la Collégiale.

Il est difficile, en effet, d'exprimer toute l'étendue de l'intimité qui existait entre Monseigneur Le Coq et Saint-Donatien ; ceux qui ont vécu, à la Collégiale, pendant la durée de son pontificat, pourraient seuls le dire.

La sépulture de cet évêque, véritable « *envoyé de Dieu* » pour les Nantais, eut lieu le vendredi 30 décembre. Sur le parcours que suivit le cortège funèbre, la ville de Nantes tout entière, semblait se trouver réunie. Tous les visages étaient à la douleur ; chacun parlait de la bonté, de la charité, du dévouement, de l'esprit de conciliation du vénéré prélat.

Le corps de Monseigneur Le Coq reposait à découvert sur le corbillard. Devant le char funèbre marchaient les ordres religieux et un clergé très nombreux, puis l'Abbé de Melleray, huit évêques et l'archevêque-coadjuteur de Rennes. Son Eminence le Cardinal Richard, attendait à la cathédrale le retour de la funèbre procession pour célébrer le Saint Sacrifice.

Toutes les administrations civiles et militaires étaient représentées dans le cortège. Des personnalités distinguées de la magistrature, du barreau, de l'école de médecine, de l'enseignement supérieur, en costumes officiels, y avaient aussi leur place.

C'était un spectacle grandiose et qui montrait bien que le deuil était général.

Après la messe et les absoutes, le corps du défunt fut descendu dans le caveau des évêques, où il repose en attendant la résurrection. Mais c'est bien le cas de répéter ces paroles de l'épitre aux Hébreux, XI, 4 : « *Defunctus adhuc loquitur.* — Il est mort, mais il parle encore. »

Monseigneur Le Coq a laissé derrière lui, en effet, des œuvres nombreuses, des œuvres durables, qui sans cesse rappellent sa mémoire et son dévouement. Et parmi les plus belles, ne peut-on pas compter celles qu'il a contribué à établir à Saint-Donatien, près de la tombe de nos saints Martyrs ?

Huit jours après la mort de Monseigneur Le Coq les journaux annonçaient la nomination au siège épiscopal de Nantes de M. l'abbé Laroche, vicaire général d'Orléans ; et le 6 janvier, en effet, l'*Officiel* donnait le décret de M. le Président de la République.

Le deuil si profond des Nantais fut adouci par cette nouvelle. De tous côtés arrivaient des éloges sans fin du nouvel évêque. Jeune, littérateur distingué, orateur de renom, il se présentait à Nantes avec l'auréole d'un pontife qui devait ajouter une gloire de plus au siège déjà si illustre de saint Clair.

Monseigneur Laroche fut préconisé le 19 janvier 1893, et sacré par Monseigneur Coullié, (1) dans la cathédrale Sainte-Croix d'Orléans, le mardi de Pâques. Ce fut une cérémonie des plus grandioses : un prélat de Sa Sainteté et dix évêques entouraient le consécrateur.

La *Semaine Religieuse*, en rappelant que la ville de Nantes était représentée par des notabilités civiles et ecclésiastiques, cite des noms ; et parmi eux, nous relevons celui

_______________

(1) Actuellement cardinal et archevêque de Lyon.

de Monsieur le chanoine Hillereau, qui se fit un devoir de porter à son nouvel évêque, pour lui et la Collégiale, ses vœux les plus sincères et l'assurance de son plus entier dévouement.

Monseigneur Laroche fit son entrée solennelle dans sa ville épiscopale, le jeudi de Pâques, 13 avril, au milieu d'une foule si considérable qu'il est difficile de l'évaluer.

Pour en donner une idée, rappelons que « le Pèlerinage au Sacré-Cœur pour les biens de la terre », avait été reculé par M. le curé de Saint-Donatien, jusqu'à ce jour, pour faire coïncider les deux cérémonies.

Or, le matin, à Saint-Donatien, malgré une assistance compacte à la première réunion de sept heures, à dix heures le nombre des pèlerins, venus de tous les coins du diocèse, fut tel qu'à peine la moitié put entrer dans la Basilique. La place était couverte, et les rues qui y aboutissent regorgeaient de monde.

Devant ce spectacle, M. Hillereau trouva vite une solution. Un autel fut dressé sous l'arcade de la grande porte toute grande ouverte, et le Saint Sacrifice y fut offert pour tous les pèlerins et à toutes leurs intentions.

Enfin pour leur donner entière satisfaction, la procession, organisée dans l'église, sortit, et les saintes Reliques firent le tour de la place.

Tout ce peuple se transporta le soir, à deux heures, sur le passage du cortège épiscopal, qui se dirigeait de l'église Sainte-Croix à la cathédrale ; et, grâce au pèlerinage du matin, à Saint-Donatien, Monseigneur Laroche put voir,

dès le premier jour de son arrivée à Nantes, une grande
partie de son diocèse autour de lui.

Hélas ! cet évêque qui se présentait aux fidèles de
Nantes, qui était acclamé par tous en ce jour, qui arrivait
plein de force et de jeunesse, avec la noble et sainte ambition « de ramener la paix dans les esprits et dans les
cœurs, en éclairant les premiers par ses écrits, et en consolant les autres par sa chaude parole », cet évêque ne fit
que passer parmi nous.

A peine a-t-on feuilleté les quelques pages de nos annales
diocésaines qui relatent son entrée triomphale à la cathédrale,
que nous nous trouvons en face de celles qui annoncent sa
mort, à la date du 18 décembre 1895.

Le registre paroissial de Saint-Donatien relève cependant
que pendant les deux années de son épiscopat, Mgr
Laroche vint plusieurs fois visiter la Collégiale et surtout
assister aux fêtes de la Basilique. Il officia pontificalement à
la grande fête de la translation des Reliques au mois d'octobre 1893, il assista aux grands pèlerinages de 1894 et
1895 ; il présida la procession solennelle, et extérieure
encore de la fête patronale de 1894. (1)

---

(1) Les processions furent rétablies à Nantes en 1888, et supprimées
de nouveau en 1903. — La procession de la fête patronale fut la dernière qui eut lieu à Nantes. Les hommes étaient très nombreux, faisant
cortège sur deux lignes. On avait craint des troubles, et on redoutait
des insultes de la part des apaches ; aussi chacun spontanément avait
apporté sa canne. C'était un spectacle curieux, mais très triste.

Il nous revient à la mémoire un fait qui trouve tout naturellement sa place ici; il est à l'honneur du vénéré pontife, qui allait mourir quelques semaines après, et à la louange de M. le curé de Saint-Donatien.

Au commencement du mois de décembre 1895, eut lieu, avenue de la Béraudière, la bénédiction de la chapelle des Pères Prémontrés. Elle fut donnée par Monseigneur. Monsieur Hillereau, comme curé des Religieux, s'y trouva aussi. (1)

Après la cérémonie et le déjeuner qui suivit, les invités furent conduits sur la cour de la communauté. Monseigneur Laroche prit alors, en particulier, M. le curé de Saint-Donatien et se promena pendant quelque temps avec lui. — Il lui parla paternellement, affectueusement même de ses œuvres, de sa Collégiale, de son église que l'on voyait très bien de la cour. Tout à coup, l'évêque s'arrêta et montrant au curé bâtisseur son œuvre gigantesque, il lui dit, avec un bon sourire : « Quand donc, M. le curé, achèverez-vous la Basilique ?... Je voudrais voir des tours au-dessus de cette façade et entendre des cloches dans ces tours ! » Et la conversation continua ensuite très intime durant leur promenade.

Le soir, M. Hillereau raconta ce fait devant quelques-uns de ses vicaires et leur cita quelques paroles plus particulières encore de Monseigneur. — Quelques jours après, l'évêque

_______

(1) Cette chapelle et la maison des Pères, après avoir été gardées pendant 14 mois, par des amis fidèles, ont subi un siège honteux et terrible, pendant le temps des inventaires 1903-1904. Tout l'établissement a été vendu par le gouvernement et acheté par une de ses créatures.

de Nantes et le curé de Saint-Donatien se rencontrèrent de nouveau à la communauté du Sacré-Cœur. — Monseigneur Laroche n'eut que des paroles aimables pour M. Hillereau. Mais le lendemain, ce dernier, en en faisant le récit aux membres de la Collégiale, ajouta : « Monseigneur aime Saint-Donatien, je crois, mais désormais nous ne l'aurons pas longtemps. »

C'était hélas ! une prédiction trop vraie. Le lundi 17 décembre, Sa Grandeur, qui s'était arrêtée depuis quelques jours, se trouva mieux. Le mercredi matin, le malade s'apprêtait à se lever... on le laissa seul un moment. — Quand les serviteurs dévoués, étonnés au bout de quelque temps de ne pas être appelés, entrèrent dans la chambre de leur maître, ils le trouvèrent mort, la main droite posée sur le cœur.

Monseigneur était entré sans crise, sans agonie, dans son éternité.

Les obsèques du regretté défunt eurent lieu le lundi suivant, au milieu d'une assistance considérable et très émue.

Comme naguère, à celles de son vénéré prédécesseur, Mgr Le Coq, toutes les administrations civiles et militaires étaient largement représentées dans le cortège, chacune ayant voulu prendre part au deuil général de la grande famille diocésaine.

Le deuil nouveau du diocèse de Nantes et de son

clergé dura cinq longs mois, mais il fut suivi d'une grande consolation pour tous.

Un décret présidentiel du 30 mai 1896, nous apprit, en effet, que notre nouvel évêque nommé venait de Bourgogne, du pays même de Saint Bernard. Les premières nouvelles transmises de Dijon, où il était vicaire général de Mgr Oury, nous disaient que M. l'abbé Rouard était un prêtre d'une foi ardente, homme de labeur, charitable, compatissant.

D'abord professeur des classes supérieures pendant dix-sept ans, puis missionnaire diocésain, il avait été curé de Nuits, curé-archiprêtre de la cathédrale, et enfin, vicaire général.

Monseigneur Pierre-Emile Rouard fut préconisé par S. S. Léon XIII, dans le consistoire du 25 juin suivant, et le 20 août, en la fête de saint Bernard, il reçut, dans la cathédrale de Dijon, récemment restaurée par ses soins, la consécration épiscopale des mains mêmes de Monseigneur Oury.

M. le curé de Saint-Donatien eut l'avantage d'être l'un des heureux témoins de cette grandiose cérémonie, et il en conserva tout le reste de sa vie un souvenir très agréable.

La lettre de prise de possession de Mgr Rouard est datée de ce même jour et de la maison natale de saint Bernard, à Fontaines-lez-Dijon. Le nouvel évêque salue de loin les saints Pontifes du diocèse de Nantes et les saints Martyrs Donatien et Rogatien, protecteurs-nés de cette terre bénie, où il va venir pour se donner à son troupeau. C'est ce qu'indique parfaitement sa devise, tirée des écrits de saint Bernard : « *Non sibi, sed gregi.* — Le pasteur n'est pas pour lui, mais pour son peuple. » (1)

L'ouverture de la retraite ecclésiastique devait avoir lieu le lundi 7 septembre, et ce jour fut choisi par Monseigneur pour faire, dans sa ville, son entrée triomphale.

Grâce à cette combinaison, toute imprégnée de bonté pour son clergé, le Pasteur fut reçu, en effet, à Nantes, en véritable triomphe.

La joie était revenue au cœur des fidèles et du clergé ; il était donc bien vrai « que le diocèse de Nantes devait des actions de grâces à la Providence, pour lui avoir donné un tel évêque. » (2)

A peine arrivé à Nantes, Monseigneur Rouard montre « qu'il n'est pas à lui, mais à son troupeau » ; il se donne à tous et partout.

Nous le trouvons à Saint-Donatien, dès le 2 octobre ; il vient présider la clôture de la retraite annuelle des prêtres de la Collégiale.

L'évêque connaît l'œuvre diocésaine, il est bien renseigné ; il veut cependant que M. le curé lui en parle encore et lui donne des détails complémentaires. — Tout lui plaît dans cette organisation qui rappelle les âges de foi. Et pour encourager les membres, réunis en ce moment auprès du tombeau des Martyrs, il les assure que, s'il ne fera pas de

---

(1) Cette devise s'inspire d'un texte de Saint Bernard, au Livre III du Traité *de la Considération*, (Ch. III), où le saint docteur rappelle au pape Eugène III les devoirs du dévouement pastoral.

(2) Paroles entendues dans une réunion de prêtres de Bourgogne.

la Collégiale une portion privilégiée de son clergé séculier, il lui promet cependant sa sympathie, son affection, sa paternelle protection.

Le 18 octobre suivant, Sa Grandeur revenait dans la basilique votive, chantait pontificalement les Vêpres, présidait la procession et bénissait les deux nouvelles croix, tout récemment placées à l'endroit même du martyre de nos saints Patrons, en face de l'ex Grand-Séminaire, rue Saint-Donatien. (1)

Une tradition immémoriale atteste que c'est dans ce lieu, que les deux Enfants Nantais furent décapités. Après avoir souffert les tortures du chevalet en pleine place du Change, qui se trouvait alors aux portes du Bouffay, ils furent amenés sur un chariot, vers la lande située au nord-est de la ville, en dehors du faubourg qui précédait la cité nantaise de ce côté. Suivant la tradition encore, c'était dans ces parages que se trouvait la maison ou la villa des parents des Martyrs.

Les forces des deux Enfants étaient tellement épuisées que les bourreaux durent exécuter la sentence avant d'être parvenus au lieu fixé par la loi pour la décapitation.

A cet endroit où sont les deux croix, Donatien et Rogatien furent descendus de la charrette funèbre. Les licteurs, par un luxe de cruauté, percèrent de leur lance le cou des victimes, dans la direction des deux épaules. Enfin le glaive

---

(1) Le diocèse a été, en effet, dépouillé, en 1907, de son Grand-Séminaire, qui avait été bâti sur la terre imprégnée du sang de nos saints Martyrs nantais.

5*

mit fin à leurs cruelles et longues souffrances en leur tranchant la tête. (1)

Les corps des Saints demeurèrent sur le terrain ; et providentiellement, pendant les dernières heures du jour, cette terre put boire jusqu'à la dernière goutte de leur sang. A la nuit, des chrétiens les enlevèrent, mais ne voulurent pas séparer dans le tombeau ceux qui avaient été unis jusque dans la mort. Ils firent un même cercueil pour les deux corps et les enfouirent profondément, non loin de là, dans un lieu de sépulture, qui était peut-être le tombeau de la famille des deux jeunes gens.

« Ce lieu du martyre » avait toujours été en grande vénération parmi les Nantais, et les paroissiens de Saint-Donatien en particulier le regardèrent comme « le lieu le plus saint de la cité » après la tombe même qui avait conservé pendant des siècles les restes de leurs Martyrs.

Mirent-ils là de très bonne heure un signe, des croix, pour rappeler aux passants la sainteté de ce lieu ? Probablement. Albert le Grand, au XII$^e$ siècle, parle de deux croix, placées à l'endroit où les Saints s'agenouillèrent pour recevoir le coup de mort, et l'acte suivant que nous citons vient confirmer le passé.

(1) C'est au moins ce qu'attestent la tradition et une vieille peinture venant de la Chartreuse, rue St-Donatien.

En 1893, cette toile était encore conservée dans un des parloirs du Grand-Séminaire. — Elle représentait la Sainte Vierge debout avec l'enfant Jésus sur le bras. — De chaque côté se trouvaient S. Donatien et S. Rogatien, richement vêtus. La gorge des deux enfants était transpercée d'une lance, allant, non d'arrière en avant, mais d'une épaule à l'autre épaule. Ce tableau s'appelait : « Notre-Dame des Enfants-Nantais ».

« Le dimanche, onze août, mil huit-cent-seize, M. Pierre Jambu, étant recteur de la paroisse de Saint-Donatien, les deux croix qui sont placées vis-à-vis le séminaire de Saint-Charles, ont été solennellement bénites par M. M de Bruc et Bodinier, Vicaires Généraux capitulaires, pour rappeler la pieuse tradition qui assure que c'est en ce même lieu que nos bienheureux Patrons, S. Donatien et S. Rogatien, reçurent la palme du martyre. *Ces croix qui avaient été détruites pendant les troubles de la Révolution*, ont été relevées de nouveau par la piété des fidèles, sous le règne de Louis XVIII, notre monarque bien aimé.

Signé : P. Jambu, recteur ; Angebault, vic. (1); Leray, vic. »

Cette digression nous a paru très utile pour mieux faire ressortir l'importance que M. Hillereau attachait à la restauration de ce « petit coin sacré » du martyre des Enfants Nantais et à la solennité qu'il voulut donner à la bénédiction des deux nouvelles croix de granit, dues au ciseau du célèbre sculpteur breton, M. Hernot, de Saint-Brieuc.

Pour rappeler le souvenir de cette belle journée et de ce premier acte important de Monseigneur Rouard dans la paroisse, M. le curé fit placer sur le mur, derrière les deux Croix, un grand et magnifique médaillon en bronze, représentant les deux Enfants Nantais, œuvre de M. Vallet, et au-dessous une plaque de marbre blanc portant cette inscription :

« Suivant d'anciennes traditions, ici reçurent la palme du martyre, vers l'an 289, les bienheureux frères, Donatien et

______

(1) Devenu plus tard évêque d'Angers.

Rogatien, patrons de la ville et du diocèse de Nantes. Ces deux croix de granit remplacent les deux croix de bois érigées de temps immémorial, en leur honneur, par la piété des fidèles. Elles ont été solennellement bénites par Monseigneur Rouard, évêque de Nantes, le XVIII octobre MDCCCXCVI. » (1)

L'entrée de la procession à l'église fut pleine d'enthousiasme. Les chants, le luminaire, les décorations merveilleuses de l'édifice, tout ravissait les âmes.

Monseigneur fut lui même profondément ému et il ne put s'empêcher de monter en chaire pour le dire à « ses enfants ». — Aussi, lorsqu'il voulut sortir, la foule, qui s'était massée sur la place, lui fit une véritable ovation, et force fut à Sa Grandeur, après un quart d'heure de lutte contre les expressions différentes de l'affection de tous, de prendre la rue moins envahie de Saint-Rogatien, pour retourner à son palais épiscopal.

Après les deuils des années précédentes, une douce joie, une autre consolation était encore réservée par la Providence à M. le curé de Saint-Donatien et à sa paroisse, et une nouvelle gloire à la Basilique.

La Basilique avait vu beaucoup de fêtes, elle avait été

---

(1) En 1905, la plaque de marbre et la croix que tenait à la main Saint Donatien ont été brisées, pendant la nuit, par des malfaiteurs. M. le curé fit alors enlever le médaillon, qui est conservé au presbytère, en attendant qu'il reprenne sa place avec une nouvelle plaque.

Les deux croix de bois, qui ont précédé ces deux croix de granit breton, sont conservées, comme souvenir, dans la chapelle Saint-Etienne, située au milieu du cimetière de Saint-Donatien.

témoin, neuf ou  dix fois, d'ordinations sacerdotales générales ou  particulières ; bientôt elle allait se préparer
au  sacre solennel d'un évêque missionnaire, enfant du diocèse de Nantes. (1)

Par une lettre pastorale du 12 juin 1898, Monseigneur
l'évêque de Nantes confiait, en effet, à son clergé et aux
fidèles du diocèse, les heureux sentiments de son âme, à la
pensée que le dimanche, 26 du même mois, dans la Basilique
des S. S. Donatien et Rogatien, il conférerait lui-même la
consécration épiscopale à Monseigneur Leray, de la congré ·
gation du Sacré-Cœur d'Issoudun.

Monseigneur Joseph Leray était né à Montoir, près
Saint-Nazaire ; il avait fait ses études au petit séminaire
de Guérande, et à la fin de son grand séminaire, à Nantes,
il fut ordonné·prêtre, en 1879,  dans la nouvelle église de
Saint-Donatien.

Devenu missionnaire du Sacré·Cœur d'Issoudun, envoyé
avec le R. P. Bontemps aux îles Gilbert, en Océanie,
élu évêque de Rémésian et vicaire apostolique de ces
îles micronésiennes, Monseigneur Leray n'oublia jamais
l'église de son ordination sacerdotale. Son âme tendre
et sensible désirait, — quoi de plus légitime ? — recevoir

---

(1) Nous pouvons citer en effet : l'ordination générale de la Saint-
Pierre, en 1879; l'ordination d'un prêtre, dans la crypte, 4 mars 1881 ;
l'ordination, dans la crypte, d'un diacre brésilien du diocèse de Para,
en 1884 ; l'ordination de deux diacres et d'un sous diacre, le 8 août
1886; l'ordination de deux prêtres, le 26 septembre suivant; la tonsure
cléricale et les ordres mineurs à un sacriste de la Basilique, — devenu
prêtre depuis, — le 4 juillet 1889 ; l'ordination générale de la Saint
Pierre en 1890 ; l'ordination d'un prêtre en 1900 ; l'ordination
générale de la Saint-Pierre en 1902.

la consécration épiscopale, dans ce sanctuaire, où dix-neuf ans auparavant il s'était relevé prêtre pour l'éternité.

Cette idée fut exposée à l'autorité diocésaine et à M. le curé de Saint-Donatien.

Monseigneur Rouard se trouva trop heureux de satisfaire ce pieux désir, et M. Hillereau ne sut comment exprimer sa joie à l'évêque élu des îles Gilbert. N'était-ce pas une attention délicate du bon Dieu ? une grâce du Cœur de Jésus et de nos Saints Patrons ? — Mgr Leray était un missionnaire du Sacré-Cœur et un enfant nantais.

Le jour du sacre, la Basilique votive, revêtue de ses ornements des plus grandes fêtes, présentait un coup d'œil ravissant. Au premier rang, on voyait le père de l'évêque élu, ancien marin au visage bronzé, avec sa famille ; les transepts étaient occupés, l'un par des habitants de Montoir, l'autre par des paroissiens de Soudan, où l'abbé **Leray** fut vicaire pendant deux ans. Les prêtres, venus de tous les points du diocèse, et les élèves du Grand-Séminaire et du séminaire de Philosophie remplissaient toute l'abside.

L'évêque consécrateur avait, comme assistants, deux évêques missionnaires, oblats de Marie-Immaculée, Mgr Joulin, évêque de Jafna, (Ile Ceylan), et Mgr Legal. un nantais, enfant de Saint-Jean-de-Boiseau, coadjuteur de Mgr **Grandin**, archevêque de Saint-Albert, (Haut Canada).

Le **soir**, Mgr Leray officia pontificalement aux Vêpres, dans la Basilique, et l'un de ses confrères du Sacré-Cœur d'Issoudun, le R. P. Vaudon, arracha des larmes à ses auditeurs, en racontant avec émotion la simple et touchante histoire des îles Gilbert.

En terminant ce chapitre, louons, avec M. Hillereau, le Seigneur infiniment bon. S'il ménage à ses prêtres, à ses chargés d'affaires, en ce monde, à ses enfants qui vivent au milieu du siècle, des froideurs, des délaissements, des déceptions, des deuils, des séparations, des larmes, sa divine Providence leur réserve aussi, s'ils savent accepter ces croix de toutes sortes, des consolations, des joies qui ravissent les âmes et qui leur font chanter avec le Psalmiste : « *Confitemini Domino, quoniam bonus, quoniam in sæculum misericordia ejus !* — Louez le Seigneur, parce qu'il est bon, et que les œuvres de sa miséricorde éclatent en tous lieux ! » (Ps. cxvii, i.)

# CHAPITRE X

## Achèvement
## d'une œuvre de trente ans

En confiant, en 1902, à l'un de ses prêtres, un travail sur « les Cloches de la Basilique », M. Hillereau l'avait lui-même intitulé :

      *« Couronnement d'une œuvre de trente ans ».*

Il ne songeait pas, à cette date, que le Sacré Cœur attendait de son serviteur, avant de l'appeler au repos du ciel, une dernière œuvre qui serait réellement « *la couronne* » de toutes les autres, accomplies par lui depuis son long ministère pastoral à Saint-Donatien.

Par respect pour la mémoire du cher défunt, nous nous faisons un bonheur de faire de ce travail un chapitre de sa biographie. Nous y ajoutons cependant quelques pensées préliminaires pour donner à la suite des événements toute leur signification.

Du reste, en racontant les fêtes de 1901 et 1902, nous ne croyons pas, certes, sortir de notre sujet, car, comme nous l'avons insinué déjà, M. Hillereau est identifié avec toutes les grandes œuvres de Saint-Donatien. On ne peut pas en citer une seule, durant les trente années qui se sont écoulées depuis 1872, sans immédiatement reconnaître l'esprit qui l'a conçue, la volonté qui a tout mis en mouvement pour arriver au but, le puissant ouvrier qui l'a exécutée.

En ouvrant les notes de M. Hillereau, écrites pendant la retraite fermée de huit jours qu'il fit, en 1899, à Clamart, près Paris, nous constatons qu'il met en pratique un de ses principes fondamentaux : « Il y a une grande œuvre nouvelle à faire, à achever, donc il faut commencer par se sanctifier soi-même dans une retraite sérieuse et autant que possible dans la plus complète solitude. »

Il nous souvient que M. Hillereau revint tout radieux de cette réclusion volontaire de huit jours. — « J'ai passé une semaine dans le silence absolu, disait-il, ne parlant qu'à mon directeur de conscience. »

La solitude lui fit faire de nombreuses et solides réflexions, sur lesquelles nous reviendrons plus tard.

Il sentit, à Clamart, que sa vie était sérieusement menacée ; « la mort subite le guette », et cette retraite disposa son âme à la reddition de ses comptes au Seigneur, comme celle de 1865, à Solesmes, le prépara à sa vie vraiment sacerdotale.

M. Hillereau arriva à Saint-Donatien plein de saintes et généreuses dispositions. Et puisqu'il sentait dans son cœur déjà malade, « quelques symptômes de dissolution prochaine, puisque désormais il n'avait pas de longues années à passer sur la terre », il se remit au travail avec une grande activité, résolu à donner sans compter le reste de sa vie à sa Collégiale, à sa paroisse et au Sacré Cœur.

Aux membres de la Collégiale il distribue plus largement ses conseils paternels et très surnaturels, en les faisant précéder de son exemple.

A sa paroisse il désire donner le bienfait d'une grande mission ; et pour le Sacré Cœur, il songe à parfaire *l'ex-voto* offert par les Nantais. En 1896, il en a terminé l'intérieur en demandant à M. Georges Lavergne, les verrières de la grande nef, qui représentent les saints du diocèse de Nantes. Maintenant l'infatigable curé va terminer la façade de la Basilique, en y élevant deux tours qui la couronneront magnifiquement.

Ces tours,... que de discussions amicales elles avaient longtemps provoquées parmi les prêtres de la Collégiale ! C'était généralement, après la lecture de table, le soir surtout, que M. le curé mettait la conversation sur cette question. Il aimait à entendre les objections de l'un et de l'autre, riait de tout son cœur, et somme toute il en profitait toujours un peu pour modifier ou perfectionner l'idée qu'il avait formée dans son intelligence.

Primitivement, en effet, on le sait, le plan de l'édifice portait des flèches élancées ; mais ce qui préoccupait surtout M. Hillereau, c'est que, dans ce plan, les tours des beffrois n'étaient pas assez élevées, et par suite peu propres à recevoir de fortes cloches et à en laisser répandre le son tout aux alentours.

Après sa retraite de Clamart, M. Hillereau décida, d'accord avec l'architecte, M. Liberge, que, pour le moment, la Basilique n'aurait pas de flèches, mais des tours avec un gracieux couronnement. On les élèverait alors de telle façon que les futures cloches y fussent installées au-dessus du faîtage de l'église, permettant ainsi à leurs sons harmonieux d'aller se perdre dans les coteaux et sur les rives de la Loire et de l'Erdre.

Un fait aussi extraordinaire qu'inattendu vint activer les travaux projetés.

De tous côtés, en effet, on parlait de la fin du XIXᵉ siècle, on annonçait les merveilles de l'exposition universelle de Paris, on songeait de toutes parts à fêter la dernière année « du grand Centenaire » qui allait prendre sa place dans l'histoire du passé... M. le curé de Saint-Donatien se demandait aussi ce qu'il ferait pour glorifier Dieu, quand partout on ne cherchait qu'à rendre honneur à la matière.

Bientôt le mouvement partit de plus haut. Léon XIII, après une guérison qui parut à plus d'un miraculeuse, sous l'instigation d'une voix, qu'on a dite depuis inspirée du ciel, (1) dans un élan admirable, consacra solennellement le genre humain au Sacré Cœur de Jésus. Dès lors le plan de M. le curé fut arrêté : « Je terminerai, avec la grâce de Dieu, l'*ex-voto* des Nantais ; j'y mettrai une belle et joyeuse *sonnerie*, et à la fin de ce dix-neuvième siècle, au milieu des fêtes profanes dont le monde est inondé, en face des attaques réitérées de l'esprit des ténèbres, je dirai : Cœur de Jésus, je vous l'offre complet, aussi beau que j'ai

_______________

(1) Nous faisons ici allusion à la révélation qu'aurait eue une Religieuse de Portugal, et qu'elle aurait communiquée au Souverain Pontife.

pu le faire ; qu'il vous soit un hommage agréable de notre amour et de notre reconnaissance ! »

Aussitôt ce projet décidé, M. le curé se met en mouvement. — Il y a assurément des difficultés, beaucoup de difficultés !... Les premiers travaux de la façade ne sont pas encore entièrement payés ! Il faut songer à un nouvel emprunt ! etc., etc. — Mais c'est le cadeau au Sacré Cœur et le Sacré Cœur l'aura !

Quelques semaines s'écoulent, en effet, et l'adjudication des travaux est faite. Bientôt les pierres s'alignent les unes à côté des autres, les tours surgissent de la façade... Mais le temps s'avance, les mois se succèdent rapidement, le siècle est à ses dernières heures et les deux tours ne seront pas achevées !... Qui dira la grandeur du sacrifice du pasteur !... Mais on ne bâtit pas à 25, 30 et 40 mètres en hauteur aussi rapidement qu'à quelques mètres seulement.

Monsieur le curé en prend donc son parti et il attend patiemment, en étudiant avec l'architecte, la manière de couronner les deux tours inachevées du « nouveau Montmartre nantais ». Il faut sans doute laisser à un successeur, qui n'est pas encore né, l'idée de vouloir peut-être un jour réaliser le plan primitif, mais on doit surtout actuellement donner aux paroissiens qui ont tant fait pour leur église, aux habitants du diocèse, à tous les pèlerins qui chaque jour visitent la Basilique du Sacré Cœur, enfin à la génération qui grandit, la satisfaction d'une œuvre qui semble terminée !

Pendant que les tours montent et atteignent bientôt la hauteur de 44 mètres, avec leur couronnement, M. Hillereau convoque ses paroissiens aux exercices du grand Jubilé de 1901 ; c'est la mission désirée.

Monseigneur a appelé à Nantes des missionnaires, Oblats de Marie-Immaculée ; et la Providence s'est plu à gâter dans cette circonstance la paroisse de Saint-Donatien. Qui n'a conservé, en effet, le souvenir des instructions simples, mais solides et remplies d'anecdotes du R. P. Jonquet, l'ancien supérieur des chapelains de Montmartre, des envolées du jeune et ardent P. Le Floch, des illuminations du grave P. Rousseau, du dévouement des P. P. Caux et Gidrol ?

L'effet produit fut merveilleux, les retours nombreux ; la paroisse avait retrouvé une sève plus pure, plus vigoureuse d'esprit de foi et de piété.

Comme souvenir du Jubilé, de cette mission de quatre semaines, M. le curé songea que rien ne serait plus agréable à ses paroissiens que d'élever une croix, et cette fois non plus dans un enclos, ou dans le cimetière, mais sur le frontispice même de la façade de la Basilique, entre les deux tours maintenant terminées.

Monseigneur Rouard voulut bien accepter de bénir cette croix, au pied de laquelle on enferma dans la pierre, l'inscription suivante, gravée sur une plaque de cuivre :

ÆDIS VOTIVÆ FUNDAMENTA FODIT ANNO 1872,
FASTIGIUM CRUCE LAPIDEA A D. D. ROUARD BENEDICTA,
IN JUBILŒO 1901, GRATUS ABSOLVIT

HILLEREAU, Rector. — LIBERGE, achitectus.

La plaque porte en outre les noms des neuf conseillers de la fabrique et ceux des douze prêtres de la Collégiale. (1)

Pendant les derniers travaux des tours de la Basilique, M. le curé montait souvent par les échelles sur la plate-forme la plus élevée, pour se rendre compte du travail, qui se faisait chaque jour ; il en profitait pour féliciter l'entrepreneur vigilant, M. Batard, et activer les ouvriers.

Quand alors M. Hillereau considérait les immenses chambres réservées dans chaque tour ; lorsque, gravissant jusqu'au sommet, le pasteur voyait toute sa paroisse étendue devant lui, depuis le couvent de la Visitation jusqu'à la Loire, N.-D. de Toutes-Aides, la ligne de Nantes à Segré, d'un côté, et de l'autre jusqu'à l'Erdre et Saint-Joseph de Portricq, une pensée grandiose prenait corps dans son esprit, toujours la même sous un autre aspect : « publier, publier encore la gloire du Sacré Cœur », installer là, dans ces tours, une sonnerie digne du monument, des cloches dont les vibrations moelleuses, harmonieuses, s'en iraient aux quatre coins de l'horizon redire les bienfaits du Cœur de Jésus, et la gloire des saints Patrons, en répétant à tous les échos : « Sois fière, ô terre, des souvenirs ! Victoire et gloire à nos Martyrs ! »

Maintenant que les tours sont terminées, cette pensée

---

(1) M. Hillereau, curé, a creusé les fondations de cette église votive en 1872, il en a tout joyeux couronné le sommet, pendant le Jubilé de 1901, par une croix de pierre, bénite par Sa Grandeur Monseigneur Rouard. — Liberge, architecte.

hante sans cesse l'esprit de M. le curé ; il lui donne une forme, il en parle, mais il ne peut se décider à la mettre à exécution. — Quelles notes accepter ?... Où chercher la somme suffisante pour couvrir cette nouvelle acquisition ?..

Pour résoudre la première question, M. le curé trouve dans son entourage, dans son organiste toujours ingénieux, dans des amis dévoués, des conseillers sages et prudents.

Pour arriver à la solution de la seconde question, M. Hillereau, comme par le passé, compte toujours et beaucoup sur le Sacré Cœur et sur les bonnes volontés.

Le Sacré Cœur n'a-t-il pas promis de bénir même les entreprises de ceux qui lui seraient dévoués, et qui l'est plus que M. le curé de Saint-Donatien ?...

Quant aux bonnes volontés des paroissiens, le passé répond certes pour l'avenir ! Oh ! qu'il y en a eu d'admirables dans les années écoulées depuis 1872 ! Comment ne pas avoir confiance en face de ces généreuses et discrètes manifestations de la charité ?

Le premier donateur fut l'un des parrains que nous avons vu figurer au baptême des deux petits noirs de la Mélanésie, en 1891, et son nom mérite bien, certes, de se retrouver à cette page de notre histoire paroissiale. Ce nom glorifié par S. S. Léon XIII, béni par les administrateurs de la grotte de Lourdes, est celui de M. Félix Vidie. (1)

---

(1) M. Vidie avait été nommé Commandeur de Saint-Grégoire-le-Grand. — Chaque année il se rendait à Lourdes, y passait un mois et était l'un des gardiens les plus assidus et les plus délicatement dévoués de la grotte bénie.

M. Vidie, trésorier de la fabrique de Saint-Donatien, pendant de longues années, avait un véritable culte pour la Collégiale et pour la Basilique votive.

Longtemps avant sa mort, qui arriva le 1ᵉʳ novembre 1900, M. Vidie avait avancé à M. le curé, pour une œuvre paroissiale, une somme importante. Lorsque, plus tard, M. Hillereau songea à la lui rendre, le généreux trésorier l'arrêta : « M. le curé, dit-il, ne me remettez pas cette somme actuellement ; lorsque des jours meilleurs reviendront, vous achèterez avec elle une cloche en souvenir de moi ! »

D'autres bonnes volontés se manifestèrent, et pour ne jamais en perdre le souvenir, les noms de ces familles furent gravés sur l'airain des cloches où nous les retrouverons.

Pour montrer encore la délicatesse des paroissiens de Saint-Donatien dans cette circonstance, qu'on nous permette de citer ici le fait suivant, aussi gracieux qu'ingénieux pour celles qui en eurent l'idée et contribuèrent à la réaliser.

Monsieur le curé dirigeait, à la maison des Dames du Sacré-Cœur, rue de Paris, la congrégation des Enfants de Marie de la paroisse. Or, là, sous l'influence des Dames du pensionnat et principalement de la directrice de la congrégation, une idée a germé dans les cerveaux des jeunes filles, si dévouées à leurs anciennes maîtresses.

Ces Dames et les Enfants de Marie sont, en effet, au courant des préoccupations du pasteur... Si elles donnaient elles-mêmes une cloche à la Basilique du Sacré Cœur !... L'idée est goûtée, acceptée, et sans plus de retard exécutée. —

Les congréganistes quêteront, elles travailleront, elles chercheront et elles n'arrêteront leurs démarches qu'au jour où sous une magnifique corbeille de fleurs, en forme de cloche, elles offriront à leur Père vénéré la somme suffisante pour acheter une voix, qui se mêlant aux autres voix retentissantes, chantera aussi avec elles les gloires du Sacré Cœur et des saints Enfants Nantais.

Touché de tant de délicatesse, Monsieur le curé songea plus souvent à la sonnerie de ses rêves, sans pouvoir encore se résoudre à signer un contrat avec un fondeur. — Le coup décisif fut porté le 1er jour de l'an 1902.

Chaque année, les prêtres de la Collégiale se rendaient en ce jour, au Séminaire de Philosophie pour y trouver réunis tous les directeurs des deux Séminaires et offrir à chacun de ces Messieurs, en même temps que des vœux reconnaissants, un témoignage de franche sympathie sacerdotale, d'union fraternelle, et de fidélité sincère aux directions de leurs anciens maîtres.

Cette année donc, M. le curé, accompagné de plusieurs de ses vicaires, se rendit à la Philosophie. Monsieur le chanoine Roby, le nouveau supérieur du Grand Séminaire, était au salon avec tous ses confrères ; selon la coutume, l'accolade fraternelle fut échangée avec les vœux de nouvel an, et comme toujours, aussi, on offrit des dragées... Mais les dragées font songer habituellement aux baptêmes, et dans la circonstance, au baptême des futures cloches de la Basilique votive ! — Chacun crut bon de dire son mot en toute simplicité, et Monsieur le supérieur se montrait plus ardent que tous. — Il nous faut de belles cloches, M. le curé, des cloches fortes, dont le son bien étoffé sera une musique harmonieuse pour toutes les oreilles ! ... Et comme M. le curé ne répondait qu'évasivement. — Eh bien ! ajouta M. le supérieur, quand les aurons-nous ? Pour la fête du Sacré Cœur ? Ce serait si beau de faire la sortie et la rentrée de la procession au son des nouvelles baptisées ! Tenez, M. le curé, je vous promets quelque chose, en avant ! — Et M. le supérieur indiqua la somme qu'il offrait sur sa cassette particulière...

Ces bonnes étrennes produisirent leur effet, et le pasteur disait lui-même dans la suite : « C'est M. le supérieur du Grand Séminaire qui m'a décidé à m'occuper sans plus de retard de notre sonnerie ! »

Quelques jours après, M. Bollée, fondeur au Mans, dont les œuvres merveilleuses ont porté le nom dans toute l'Europe et par de là les mers, fut choisi par M. Hillereau pour le travail désiré et invité un peu plus tard à faire un devis pour *dix cloches*. M. le curé avait cédé aux démonstrations savantes, et parfois très amusantes, d'habiles musiciens, qui lui faisaient miroiter les agréments d'une sonnerie très variée pour baptêmes, mariages et sépultures et les avantages d'un clavier pour jouer toutes les hymnes liturgiques et les airs des cantiques populaires. (1)

M. Hillereau parlait souvent, en chaire, à ses parois-

(1) L'organiste de la Basilique, M. Bazoche, fut le principal artiste consulté dans cette affaire importante.

siens, des cloches désirées, et les amenait ainsi peu à peu à faire leurs offrandes. Des sommes importantes, en effet, furent déposées à l'église dans un tronc, des dons ne tardèrent pas à arriver au presbytère, et même un matin on trouva dans la boîte aux lettres, un rouleau de louis d'or, sans autre indication que celle-ci : « pour une petite cloche de la Basilique. »

Le fait le plus curieux dans cette histoire des cloches fut le cadeau des jardiniers de la paroisse.

Un des vicaires, rentrant un soir de visites aux malades, annonça à M. le curé que les jardiniers désiraient faire une offrande particulière pour les cloches. — « Eh bien ! j'accepte, dit M. Hillereau, ravi ; qu'ils se cotisent pour cela, ils auront leur cloche, et nous lui donnerons le nom de *Donatienne, la belle jardinière* ! »

Le dimanche suivant, au prône, M. le curé fit part de sa pensée aux paroissiens, et quand il annonça le nom de la future cloche, qui serait la *troisième* en grosseur et qui les appellerait habituellement aux offices du dimanche, ce fut une explosion de joie dans l'église. — Aussi, quand le pasteur se présenta lui-même pour recueillir les cotisations fut-il reçu avec bonheur dans toutes les familles.

Lorsque la souscription pour les cloches et les beffrois fut terminée, il fallut songer au choix des parrains et des marraines, — et, sur l'avis de Monseigneur l'évêque, M. le curé les voulut nombreux. — Qu'on nous permette ici de relater un petit fait qui, par sa gentillesse, montrera combien fut grande la joie des heureux élus. — Lorsque leurs noms furent définitivement arrêtés, M. le curé fit dans chaque famille une visite pour recevoir les acceptations. — Comme il se présentait chez une de nos excellentes jardinières, la jeune fille, qui travaillait dans le jardin, courut vers sa mère en disant : « M. le curé qui *revient* !... » M. le curé entrait. Après un gracieux salut, il annonce à la mère qu'il vient la demander pour être l'une des marraines de « Donatienne » ? — La jeune fille comprit alors le but de la visite du pasteur, et ce fut avec une joie difficile à décrire que la mère et l'enfant donnèrent à cette nouvelle quête, d'un genre particulier, un « oui » qui sortait du fond du cœur.

La fête de la bénédiction des cloches fut fixée au mercredi, 18 juin suivant. Son Eminence le cardinal Richard et Monseigneur Laborde avaient promis de rehausser de leur présence l'éclat de la cérémonie.

M. Hillereau voulut assister à la fusion du métal des cloches, dans les ateliers de M. Bollée, et au coulage lui-même dans les moules préparés. Il revint émerveillé. Mais il le fut davantage, quand quelques jours après, le fondeur lui télégraphia que le travail avait parfaitement réussi et que son œuvre était aussi parfaite que possible.

Après un nouvel examen par un jury nommé par M. Hillereau, les 10 cloches partirent du Mans et arrivèrent sur la place des Enfants-Nantais, le vendredi 13 juin.

Ici nous prenons la Semaine Religieuse, et nous citons

en grande partie le récit qui y a été fait par une plume très exercée. (1)

« Les cloches ! voici les cloches ! » Ce cri parti de la place Saint-Donatien, vers midi et demi, le 13 juin dernier, est, en un rien de temps, répercuté par tous les échos du quartier. Les curieux accourent en foule. Leur désir bien légitime de contempler « nos cloches » depuis longtemps annoncées, va enfin être satisfait. Il le sera amplement, car sept cloches arrivent ce jour-là, fièrement campées sur trois solides chariots. Et demain, ce sera fête encore, à l'arrivée des trois autres restées en gare.

La traversée triomphale de la gare de l'Etat à Saint-Donatien se fait à pas comptés : les cloches s'avancent lentes et majestueuses, comme il convient à des reines. Ne sont-elles pas reines, en effet ? reines des hautes tours et reines des airs !

Les sept premières, divisées en trois groupes, viennent à des heures très espacées, si bien que les deux dernières — dont le gros bourdon — arriveront trop tard pour être introduites, ce même jour, dans la Basilique. Mais les curieux se montrent bons princes ; ils donnent aux belles cloches tout loisir de prendre leur temps. Le public semble n'avoir autre chose à faire que d'attendre et de regarder.

Et tout le monde est sur pied : hommes, femmes, enfants, les enfants surtout ! Ils s'abattent sur la place, autour des chars, comme des bandes de moineaux ; ils veulent tout voir, toucher à tout, épeler toutes les inscriptions,

_______________

(1) Ce compte-rendu est de M. l'abbé Dubois, directeur de l'œuvre de N.-D. de Toutes-Joies.

heureux de crier aux vicaires de la paroisse, à mesure que ceux-ci apparaissent : « Monsieur, votre nom est sur la grosse cloche ! Le votre aussi, Monsieur ! Tous vos noms s'y trouvent !... » Ebahissement de ces Messieurs !... C'était une délicate surprise que M. le curé leur avait ménagée.

Au moment où chariots et cloches s'ébranlaient, tirés avec force et douceur par les habiles charpentiers de M. Ouvrard, à mesure que ces masses s'avançaient jusque dans la grande nef, sur le plan incliné de deux madriers, l'allégresse éclatait de toutes parts sur la place Saint-Donatien.

Mais les travailleurs sont exténués. L'heure du repos, repos certes bien mérité, a sonné pour eux. La grosse cloche, toujours hissée sur son char, devra attendre, sur la place publique, en face de la grande porte, le lever du soleil. Ce sera pour elle comme une glorieuse veillée d'armes, devant le palais du Roi des rois. Elle semble en avoir conscience. — Le P. Léon nous dira bientôt que les cloches ont une âme, et il le prouvera ! — N'en doutons point : notre belle cloche est ravie de sa veillée nocturne. Regardez plutôt ! Dans sa robe de bronze devenue plus brillante, ne dirait-on pas qu'elle sourit aux derniers rayons du soleil couchant ? Elle le remercie de son départ qui lui impose cette garde de douze heures... D'ailleurs, rien à craindre pour elle : ni péril, ni ennui. Une de ses petites sœurs, la plus babillarde sans doute, est à ses côtés ; et, autour du char, circulera, pendant toute la nuit, le guet vigilant.

Dire le nombre des visiteurs qui ont passé depuis le 13 juin, par l'église de Saint-Donatien, est chose impossible.

Tout le monde veut voir cette belle série de cloches suspendues à de solides chevalets, et rangées sur deux lignes, au bas de la grande nef. C'est vraiment un magnifique spectacle, surtout dans cet admirable cadre que lui prête la Basilique, parée de ses plus beaux atours. On veut même se donner la satisfaction — quelques gardiens le permettent assez facilement — de faire vibrer l'airain aux sons moelleux et puissants : les cœurs sont émus et vibrent à l'unisson.

Nous voici au matin du jour solennel, — mercredi 18 juin —, et c'est tantôt, à trois heures « le baptême des cloches » ! Pressons-nous, si vous le voulez bien, de leur faire visite. C'est le bon moment : les portes de la Basilique seront fermées de bonne heure, et elles ne s'ouvriront plus que pour la grande cérémonie.

Ces solides chevalets, enguirlandés de lauriers et de roses par le goût fin et délicat de M. l'abbé Ecomard, sont l'œuvre d'un maître, M. Georges Ouvrard. Au-dessus de chaque cloche, vous remarquez l'image de son saint Patron ou de sa sainte Patronne ; image encadrée de belles palmes vertes, apportées de la Guyane française, et... c'est tout ! Pas de dentelles, pas de draps d'or, pas d'autres vêtements et parures aux cloches que leur étincelante robe de bronze. C'est sévère, et c'est beau ! Surtout, c'est commode pour étudier les fines moulures en relief et lire les noms et les inscriptions dont les cloches sont couvertes. (1)

______

(1) Nous avions pensé donner ici dans le détail pour l'honneur des principaux donateurs, les noms des 10 cloches, avec les différentes inscriptions que M. Hillereau lui-même rédigea ; mais, vu la longueur du document, nous l'avons mis dans l'Appendice à la fin du volume.

L'éloge n'est plus à faire de l'artiste fondeur dont les
ateliers ont exécuté cette magnifique série de dix cloches.
Cependant, bien qu'il en ait produit beaucoup d'autres, —
la maison Bollée en est à son 6e mille, — c'est la série qui lui
a donné la plus complète satisfaction. Pas le moindre acci-
dent dans la fusion, dont il a lui-même brassé le métal ;
pas de déception dans la tonalité obtenue. Du premier
coup, sept cloches, et non des moindres, ont donné leur
note parfaite, sans qu'on ait eu besoin d'y faire la moindre
retouche.

Il est deux heures trois quarts : la cérémonie va commencer. Les portes de la Basilique se sont ouvertes à une
heure, et déjà la foule remplit toutes les nefs, toutes les
chapelles. Tant pis pour ceux et celles qui arriveront en
retard ; il leur sera difficile, même avec le bon billet et la
protection des chaisières, de gagner leurs places.

A l'heure précise, arrivent Nosseigneurs de Blois et de
Nantes, et, un instant après, selon qu'il avait été réglé,
Son Eminence le cardinal-archevêque de Paris. Les prélats
sont reçus dans la grande salle du presbytère par M. le
curé et par un très nombreux clergé. Bientôt, tous se rangent en ordre de procession ; le cortège, précédant les
évêques et le cardinal, se déroule sur la place Saint-
Donatien, pour ensuite faire son entrée solennelle dans la
Basilique. C'est majestueux et brillant tout à la fois : le
soleil s'est mis de la fête, ses rayons donnent un plus vif
éclat à la blancheur des innombrables surplis, au violet des
soutanes et des camails, à la pourpre cardinalice. Dans le

défilé nous remarquons : MM. les vicaires généraux, Mgr de Couëtus, de nombreux chanoines, MM. les curés de la ville, MM. les supérieurs et directeurs du Grand Séminaire et de la Philosophie, avec leurs élèves ; de nombreux curés et vicaires du diocèse, prêtres du cours de M. le curé de Saint-Donatien ou enfants de sa paroisse.

Pendant la procession, les séminaristes dirigés par l'habile maître de chapelle de la cathédrale, enlèvent le vibrant cantique de M. René Bineau :

Cité de Nantes, lève-toi !...

Au moment, où son Eminence, arrivée au sanctuaire, prend place sur un trône, ayant vis-à-vis d'Elle Nosseigneurs de Blois et de Nantes, le chœur entonne le *Cantique des souvenirs*, composé pour la circonstance par M. l'abbé Marbeuf.

Après le chant de quelques strophes, le R. P. Léon des Frères Mineurs Capucins de Paris, monte en chaire. Il nous dit tout un poème sur *l'Ame des cloches*. (1)

---

(1) Né à Nantes, en 1861, le Père Léon Raimbault avait fait ses premières études à la Psallette de la Collégiale et il garda toujours pour M. Hillereau un culte vraiment filial. En 1879, il entra au Noviciat des Capucins, et fut dans la suite l'un des orateurs les plus éminents de l'Ordre. — Il demanda et obtint la sécularisation, à l'époque de la loi de séparation. — Pendant sa carrière apostolique, le R. P. Léon avait prêché dans un grand nombre d'églises de Paris et de la province. En plusieurs circonstances, il fit entendre son éloquente parole dans les chaires de Nantes. A Saint-Donatien, il prêcha, en 1901, « l'Octave commémorative » du mois d'octobre et eut un très grand succès.

Le Père Léon est mort, le 17 août 1908, à Camaret-sur-Mer, diocèse de Quimper, dans les sentiments de la plus vive piété.

Après avoir tracé, à grandes lignes, l'histoire de notre Basilique et des « rayonnantes étapes de sa construction », l'éloquent orateur ajoute avec Châteaubriand : « L'homme a d'abord chanté, et il a parlé ensuite. » — « Ici, dit l'orateur, ce fut tout le contraire. La Basilique votive commença par *pleurer*, à genoux dans la nuit de sa crypte. Elle *pria* ensuite, se levant dans la clarté juvénile de ses nefs. Elle *chante* maintenant que se dressent vers les cieux ses deux tours jumelles en beauté !

« N'assistons-nous pas aujourd'hui au couronnement de ce poème d'architecture ? à l'explosion de vie mystérieuse qui circule à travers ces murs consacrés ; disons-le enfin : au réveil harmonieux du temple, dans l'âme même de ses cloches prêtes pour le baptême.

« Qu'est-ce que l'âme des cloches ? C'est, dans un corps de métal, une pensée symbolique, un verbe immatériel, une force, une action, une certaine vie associée à la vie des âmes, de l'Eglise et de Dieu ; âme inconsciente, il est vrai, mais qui ne doit pas trouver la nôtre insensible ; pensée qui ne se comprend pas elle-même, mais que la nôtre doit entendre ; force qui s'ignore, mais à laquelle notre volonté, maîtresse d'elle-même, doit céder. Cette mystérieuse puissance, venue de Dieu, informant une matière sonore préparée par les hommes, je l'appelle, par analogie et souveraine convenance : l'âme des cloches.

« Oui, les cloches ont une âme.

« N'ont-elles pas un *nom*, un *baptême*, une *action*, une *patrie* ?... »

Et le P. Léon développe cette quadruple preuve par de poétiques et intéressants développements.

L'heure du « baptême » des cloches est enfin venue. Les Prélats, mître en tête, crosse en main, revêtus de la chape et accompagnés de leurs assistants, ministres et porte-insignes, descendent du chœur vers le bas de la grande nef.

Près de chacune des cloches se tiennent les parrains et marraines. C'est pour leurs filleules, mais surtout pour eux un beau moment, et leur cœur doit battre un peu fort !...

Le cardinal a bénit la cloche principale, « Le Sacré Cœur de Jésus », et la quatrième, « Rogatienne ». Nosseigneurs de Nantes et de Blois se sont partagé les huit autres. Ces cérémonies sont très pieuses, très touchantes, comme toute la sainte Liturgie, quand elle est bien comprise. On commence par la bénédiction de l'eau et du sel ; après quoi, chaque cloche est aspergée d'eau bénite par le Prélat consécrateur, puis lavée à larges lotions par les clercs, tant à l'intérieur qu'à l'extérieur. Ce rite accompli, le Prélat fait une onction avec l'huile des infirmes sur la principale croix en relief, à l'extérieur de la cloche, puis, avec la même huile, sept autres onctions sur sept croix extérieures plus petites ; enfin, quatre onctions à l'intérieur, avec le saint chrême. Chacune de ces cérémonies est accompagnée de psaumes, antiennes et oraisons.

Voilà donc les cloches « baptisées » ! — Prélats, parrains

et marraines les font alors parler. On dirait un grand
« merci » que leurs lèvres puissantes envoient à ceux qui
les ont fondues, données et « baptisées ». — « Baptisées » !
Sans doute le terme est inexact : la bénédiction que les
cloches ont reçue « n'emporte avec elle, comme l'a dit le
P. Léon, aucune communication sacramentelle » ; mais
elles sont devenues instruments consacrés, aptes à remplir
désormais une fonction sainte. Et cette fonction quelle est-
elle ? Trois fois par jour, et dans les principales circonstances de la vie, rappeler Dieu aux hommes, et surtout
à ceux qui l'oublient ou voudraient l'oublier ; lancer à
travers l'espace, sur les cités et sur les campagnes, les
grands avertissements, redire au monde oublieux « les
paroles qui ne changent pas, qui ne passent pas », et que
proclamait le diacre à la fin de la cérémonie : *« Unum
est necessarium* ! il n'est qu'une chose nécessaire ! » Et cet
« Unique nécessaire », c'est de « connaître Dieu, l'aimer,
le servir et, par ce moyen, gagner la vie éternelle !

Pendant le salut très solennel, qui fut donné, comme
clôture, par Monseigneur Laborde, et fut admirablement
chanté, « à la *grégorienne* », par les séminaristes, M. le curé
permit, à la grande satisfaction de l'assistance, que la mé-
lodie de l'invocation *Cor Jesu Sacratissimum*, résonnât, après
le chant du *Salve, Regina*, sur l'airain vibrant des cloches.
Ce fut une minute très impressionnante ! Qu'y a-t-il de plus
grand et de plus beau que la simplicité unie à la puissance ? »

A peine Son Eminence a-t-elle entonné le *Te Deum*, que

la foule s'empresse de quitter la basilique. Chacun a hâte d'être rendu sur la place, pour assister au coup d'œil de la procession finale, et recevoir la bénédiction du cardinal et des évêques. Le long et blanc cortège descend lentement la rue Guillet-de-la-Brosse, au chant du cantique :

« Saints Martyrs, que du nom de Frères »...

et aux accords d'une belle marche de la musique instrumentale du Pensionnat de N.-D. de Toutes-Aides. Les fidèles contemplent avec respect, admiration et piété, cet imposant défilé de lévites, de prêtres et de pontifes, présidés par un prince de l'Eglise. On se montre avec émotion le cardinal Richard ; c'est un Nantais ! C'est celui que toute la France appelle « le saint archevêque de Paris » ! A côté de lui, se tient son ami des anciens jours, Monseigneur Laborde. C'est encore un Nantais, un ancien curé de la cité, un bâtisseur d'église, un dévoué pasteur, dont les habitants de Saint-Similien ne se lassent pas de rappeler le doux et aimable souvenir.

A la gauche du cardinal s'avance notre vénérable évêque. Tous remarquent combien Monseigneur Rouard est heureux et fier d'honorer, en la personne de l'archevêque de Paris et de l'évêque de Blois, deux nobles et illustres enfants de son cher diocèse.

Mais celui dont le front est assurément le plus rayonnant en ce moment, c'est bien le curé de Saint-Donatien. — Quel jour de gloire pour lui ! pour sa paroisse ! pour les saints Patrons, pour la Basilique du Sacré Cœur !

Dans la cour du Patronage, le clergé et beaucoup

de laïques se rangent autour des évêques, et enfin, les trois
Prélats donnent ensemble à toutes les personnes présentes
une solennelle bénédiction. Il est six heures.

Dans la salle des fêtes du Patronage, quatre tables sont
dressées pour 122 convives, y compris les parrains et les
marraines des cloches.

Les conversations s'engagent immédiatement sur les
magnificences de la fête et, naturellement, sur les mérites
de M. le curé de Saint-Donatien qui a mené à bonne fin
tant de belles œuvres. Il semble en avoir aujourd'hui posé
le couronnement. Nous disons : « il semble », car, avec
M. l'abbé Hillereau, il faut toujours s'attendre à de
nouvelles surprises... N'a-t-il pas déjà commandé une belle
horloge ? puis un clavier et tout un mécanisme avec lesquels on pourra jouer sur les cloches nos beaux cantiques
et presque toutes les hymnes de l'office divin ?

Après ces épanchements tout spontanés, comment ne pas
songer aussi à admirer les fraîches et élégantes décorations
de la salle, les riches corbeilles de fleurs, les plantes vertes,
déposées çà et là avec un goût parfait. Il est facile de voir
qu'on est dans une paroisse de bouquetières habiles
et d'horticulteurs experts. Ils méritaient vraiment qu'une de
leurs cloches s'appelât « *la belle Jardinière* ».

Il n'y a pas jusqu'au dessin du « menu » qui ne mérite
une attention spéciale. C'est une eau forte d'un très réel
mérite. L'artiste y a représenté un évêque bénissant dix
cloches qui prennent leur essor vers le ciel. Au second plan,
la basilique et nos deux saints Martyrs. Ce petit chef-d'œu-

vre fait grand honneur au talent de celui qui l'a conçu et exécuté. (1)

Mais silence ! M. le Curé se lève ; c'est l'heure des toasts.

Délicatesse du cœur, finesse de l'esprit, choix des plus heureuses expressions, tout contribue, ainsi que l'a écrit un Prélat, à faire du toast de M. le curé « le clou de cette fête incomparable ». — « La *Semaine Religieuse*, ajoute le vénéré correspondant, devrait le reproduire sans passer une ligne. » — Nous le citerons donc intégralement :

EMINENCE,

Ma joie est grande au soir de cette fête ; elle a bien des causes ; une des premières, c'est l'honneur inappréciable que vous daignez nous faire en venant présider cette cérémonie.

Un immense diocèse, d'innombrables affaires, les graves préoccupations, à l'heure actuelle, d'une âme aussi épiscopale que la vôtre, la longueur même du voyage, tout devait me dire qu'il était téméraire de chercher à dérober quelques jours aux graves intérêts qui vous sont confiés, et d'ajouter une nouvelle fatigue aux labeurs que vous soutenez si vaillamment pour la cause du Christ et de l'Église.

Et pourtant vous n'avez pas écarté mon humble requête ; loin de la trouver indiscrète, vous avez étudié, vous avez trouvé le moyen de concilier la faveur qui nous est si précieuse avec les impérieux devoirs de votre charge.

---

(1) M. Scheul de Nantes.

Et Nantes vous possède encore une fois ; et vous venez de bénir les cloches de la Basilique des saints Martyrs, et ce nouvel hommage de votre piété envers nos Saints a fait d'une cérémonie toute paroissiale une grande fête pour la cité tout entière. Comment vous en exprimer toute ma reconnaissance ? — Eminence, il y a plus de cinquante ans, je descendais avec ma mère les marches de l'évêché ; vous veniez d'assurer à son fils, le jeune écolier de Guérande, le pain de l'Église pour continuer son éducation cléricale. Les larmes aux yeux, le cœur ému de votre bienveillant accueil, ma mère me dit : Comme il est bon, Monsieur Richard !

J'emprunte sa parole devant cette assemblée. Emu comme elle, je joins le merci de l'enfant devenu vieillard à celui de sa mère disparue depuis longtemps.

Avec mes paroissiens vivement touchés de votre amour pour leurs Patrons ; avec ce nombreux clergé si fier d'appartenir à votre diocèse d'origine, si heureux de vous revoir, avec cette élite de Nantais qui acclament le plus illustre de leurs concitoyens, je prie nos S. S. Martyrs d'obtenir du Sacré Cœur des jours longs et prospères à Son Eminence le cardinal Richard, au cœur si bon et si nantais, au pèlerin qui s'agenouilla le premier en 1873, sur la tombe des Martyrs nouvellement retrouvée, et couronne en 1902, par le baptême des cloches, la reconstruction de leur église.

Vous aussi, Monseigneur de Blois, vous êtes Nantais et l'ami des Enfants Nantais. Votre présence à cette fête nous est doublement précieuse. Elle vous impose un sacrifice dont je sens tout le prix ; elle est un nouveau témoignage de votre culte pour nos aimables Saints et de votre sympathie pour leur Basilique.

Vous en avez vu bénir la première pierre, inaugurer la crypte et consacrer les murailles. Vous-même en avez consacré deux autels. Vos armoiries sont l'ornement de nos fêtes. La cloche que vous venez de baptiser, en sonnant chaque jour les neuf coups de l'Angelus, portera à Marie nos vœux pour le pieux Pontife qui s'est mis sous sa garde, et rappellera à mes paroissiens votre inlassable et toujours gracieuse bienveillance pour leur église et leur curé.

J'unis dans notre reconnaissance et nos vœux votre nom à celui du vénéré cardinal, dont vous avez longtemps partagé les travaux, et dont vous partagez toujours la tendresse patriotique pour notre vieille cité et ses gloires les plus pures.

Monseigneur de Nantes, c'est à vous que devraient aller tout d'abord mes remerciements. En préparant cette fête, j'ai été l'écho de votre pensée, et l'heureux instrument des initiatives de votre grand cœur. C'est votre invitation épiscopale qui nous vaut les hôtes illustres que nous acclamons respectueusement à cette heure.

J'emprunte au R. P. Léon une de ses pensées qu'il développait à l'église avec une éloquence, échauffée par la piété filiale et son imagination tout orientale : « Saint-Donatien a été fait par les évêques de Nantes, comme la ruche est faite par les abeilles. »

Mgr Jacquemet l'a préparée, en autorisant mon prédécesseur à entreprendre les travaux de la reconstruction de l'édifice dédié aux Protecteurs de la cité et du diocèse tout entier.

Mgr Fournier l'a fait surgir de terre, heureux de faire sienne la pensée des Nantais, qu'il avait devinée. Il l'a concrétisée et l'a présentée au clergé et au peuple avec cette foi généreuse et cette ardeur patriotique, traits inoubliables de sa sympathique figure.

Mgr Le Coq a inauguré la nouvelle église, ressuscité les titres glorieux de son passé et consacré la Basilique votive. Fidèle à une pensée qui lui tenait au cœur, il venait, ce jour-là, à Saint-Donatien, entouré d'une majestueuse couronne de prélats, dont vous étiez, Eminence et Mgr de Blois, les plus beaux fleurons.

La ruche achevée avec vos encouragements, Monseigneur, vous y déposez aujourd'hui, un essaim d'abeilles puissantes, dont les bourdonnements harmonieux et sonores seront dignes, je l'espère, des Patrons de l'édifice et de l'éclat que vous avez bien voulu donner à l'inauguration de leurs mélodies.

Permettez-moi, Eminence, Messeigneurs, de joindre à l'hommage de ma reconnaissance pour vous, un respectueux et cordial merci à tous ceux qui m'ont aidé dans le travail et l'embellissement de cette fête par leur présence.

A vous, Messieurs les chanoines qui formiez tout à l'heure un noble cortège à nos Pontifes vénérés ;

A vous, Messieurs les curés de la ville, qui avez bien voulu venir rehausser cette fête paroissiale par le groupe imposant de vos étoles pastorales et admettre les nouvelles baptisées dans le brillant concert de vos belles sonneries ;

MM. les curés de Saint-Félix et de Saint-Paul, vous partagerez ma joie après m'avoir fait partager vos lumières et m'avoir dirigé dans la composition de notre sonnerie avec votre haute compétence musicale ;

M. le curé de Saint-Clément, nos bourdons donnent la même note ; qu'elle soit le gage et le symbole de la fraternité religieuse de nos deux paroisses ;

M. l'archiprêtre, nous nous inclinerons toujours avec respect devant l'admirable faisceau de sons graves, harmonieux et variés qui jaillit à chaque fête des tours de la cathédrale ;

Je l'ai dit quelquefois : Notre façade, c'est celle de N.-D. de Paris en beaucoup moins beau ; notre sonnerie, c'est celle de Saint-Pierre de Nantes en moins fort ;

M. le curé de Saint-Nicolas, par la vallée de l'Erdre désormais, les deux Basiliques s'enverront un fraternel salut.

Aux sons graves et solennels de votre bourdon, nous répondrons par les notes plus légères, plus idylliques, qui conviennent à une paroisse mi-cité, mi-campagne ;

A vous, M. le supérieur du Grand Séminaire, que le Sacré .Cœur semble m'avoir envoyé pour m'avertir, au 1er janvier, que l'heure de fondre les cloches était venue, et qui, en bon paroissien, payez si largement aujourd'hui de votre personne, de celles de vos confrères et de vos enfants ;

A vous, mes bien aimés vicaires, dont je ne dirai qu'un mot en ce jour : *Omnia mea vestra sunt et vestra mea sunt* ; (1)

---

(1) Tout ce qui est à moi est à vous et tout ce qui est à vous est à moi.

A vous, Messieurs les curés, mes condisciples et mes voisins, prêtres enfants de la paroisse, qui doublez ma joie en venant la partager ;

A l'architecte, artiste au goût délicat et sévère, comptable impeccable, qui épargne les déceptions à la caisse des fabriques ;

Aux entrepreneurs habiles et consciencieux ;

Au sculpteur à la verve inépuisable ;

A l'organiste hardi et dévoué, qui a voulu faire parler les solides assises de nos tours, comme les tuyaux de son orgue ou les cordes vibrantes de son infatigable larynx ;

Au fondeur éminent, qui couronne aujourd'hui son sixième mille de cloches par une œuvre où il a mis, avec un succès remarquable, son oreille, sa main, sa tête et son cœur ;

A vous, généreux parrains et gracieuses marraines, amis de la première et de la dernière heure, membres du conseil de fabrique, marguillers et prévôts, à vous tous : merci !

Mgr Fournier connaissait bien vos cœurs, quand, en recevant de lui la redoutable mission de bâtir une grande église, je lui demandais avec anxiété comment il avait pu y réussir lui-même. « J'ai bâti Saint-Nicolas avec mes amis, me répondit-il, faites de même. » — Je vous ai trouvés, et l'œuvre est faite.

Que l'airain sacré redise aux âges futurs avec vos noms, votre foi agissante et désintéressée en même temps que mon éternelle gratitude. »

Des applaudissements enthousiastes et interminables saluèrent ces nobles et délicates paroles.


Monseigneur l'évêque de Nantes se lève à son tour. Le cœur de notre évêque « a besoin de dire toute sa reconnaissance à l'Eminentissime cardinal-archevêque de Paris, et à Monseigneur l'évêque de Blois : nulle occupation ne les arrête, nulle fatigue ne les effraie, quand il s'agit de témoigner leur affection à l'évêque de Nantes, et leur vif attachement au diocèse natal... »

Monseigneur continue en rappelant tous ceux qui ont contribué à la gloire des saints Martyrs et à l'achèvement de la Basilique. Il adresse à tous et à chacun les plus délicats remerciements.

MM. les vicaires de Saint-Donatien, « collaborateurs infatigables de leur curé » reçoivent des félicitations toutes spéciales. Les éloges et remerciements d'un Père aimé et vénéré sont toujours bien accueillis : douce récompense du passé, ils sont aussi un encouragement pour l'avenir.

Son Eminence, le cardinal Richard, porte le troisième et dernier toast : « Je ne vous ferai point un discours, dit-il, mais je vous dirai bien simplement que c'est toujours pour moi un grand bonheur, chaque fois qu'il m'est donné de revoir ma chère ville de Nantes. Cette fois-ci est peut-être la dernière, c'est peut-être ma visite d'adieu !... » Les auditeurs se récrient tout émus : « Non ! oh non ! » — « A mon âge, reprend le cardinal, on a bien quelque droit d'avoir de telles pensées... Mais qu'il s'agisse d'un

6*

adieu ou d'un au revoir, j'emporterai de cette splendide journée le meilleur et le plus doux souvenir... »

Quelques semaines après cette solennelle cérémonie, les dix cloches se balançaient dans les deux tours de la Basilique. « Le Sacré-Cœur », « Marie » et « Donatienne » trouvèrent leur place toutes les trois sur le même plan dans la tour du nord ; les sept autres, avec une des anciennes qu'on plaça plus tard d'une façon fixe, furent montées dans l'autre tour. Sans tarder aussi, M. Bollée s'ingénia pour installer « le clavier », dont les touches mettent en mouvement rapide des marteaux, qui frappent les différentes cloches selon la volonté de celui qui veut en disposer.

Et depuis cette époque, les cloches de la Basilique font le ravissement des paroissiens, des habitants de la ville et de tous les environs. — Beaucoup demandent à faire une ascension dans les tours pour en voir l'installation merveilleuse. — Du reste le panorama qu'on découvre de là est ravissant.

M. Hillereau aimait à gravir souvent les 224 marches des raides escaliers, pour chercher les clochers et les églises, ici et là, dans l'immense horizon. Il nous disait souvent, qu'avec sa longue-vue il en avait découvert 83 ; et il avait pris soin d'en écrire les noms sur une feuille, que nous avons retrouvée dans un de ses calepins.

Le dimanche, l'organiste de la Basilique aime à se mettre au clavier des cloches, avant la grand'messe, pour y jouer le

« *Cor Jesu Sacratissimum* », l'hymne du jour et quelques couplets de cantiques. — Aux jours de fête, avant les offices, c'est une véritable harmonie qui s'échappe des tours de la Basilique pour se répandre aux alentours.

Enfin, nous ne voulons pas clore ce chapitre, sans rappeler que cette sonnerie fut complétée, peu de temps après, grâce aux généreuses offrandes de deux prêtres de la paroisse, (1) d'une magnifique horloge, qui reproduit dans l'annonce des quarts, des demi-heures et des heures, l'air mélancolique de l'horloge du Parlement, à Londres.

Au lendemain des solennités de la bénédiction des cloches, M. le curé invitait ses confrères, et le dimanche suivant, ses paroissiens, à remercier le Sacré Cœur de son immense bonté envers la paroisse. — Mais nous ne pouvons taire nous-même ce que nous avons entendu dire de cent bouches différentes : Oh ! oui, bénissons Dieu de ses bienfaits ; mais donnons aussi à M. le curé de Saint-Donatien la louange parfaite qu'il mérite, car après Dieu, c'est à lui, à son activité, à son savoir faire, à son dévouement que nous devons toutes ces merveilles !

---

(1) M. le chanoine E. Nail, et M l'abbé J. Lefièvre.

# CHAPITRE XI

## Le Montmartre Nantais

Dans le cours de cette biographie nous avons déjà vu l'analogie qu'il y a entre « l'ex-voto de la France repentante », élevé sur la butte de Montmartre à Paris, et « l'ex-voto du diocèse de Nantes reconnaissant », édifié sur la colline imprégnée du sang des saints Martyrs Nantais. Cependant il nous semble que nous ne répondrions pas à la pensée de M. Hillereau lui-même, qui voulait avoir, à Saint-Donatien, une copie en petit du Montmartre de Paris, si nous ne montrions la similitude des deux ex-voto par le mouvement religieux qui existe dans l'un et dans l'autre.

Chacun sait, en effet, que la Basilique de Montmartre, située à l'extrémité nord de la capitale, attire chaque jour et toute l'année, un nombre incalculable de visiteurs, appartenant à toutes les classes de la société et venant de tous les points du monde ; — que Montmartre est le lieu du rendez-vous des catholiques dans leurs peines, dans leurs détresses ; — que sans cesse dans la Basilique du Vœu national se succèdent les pélerinages et les réunions de toutes sortes d'associations ; — que Montmartre est le centre des grandes dévotions ; — que c'est là enfin la demeure privilégiée du Sacré Cœur.

Or, grâce au travail de M  Hillereau, nous retrouvons tout cela dans la Basilique votive des Nantais.

Si le Sacré Cœur avait été, en 1874, élu, choisi par les paroissiens de Saint-Donatien pour être leur Patron, conjointement avec Saint Donatien et Saint Rogatien ; si on y avait gravé sur la façade la dédicace au Sacré Cœur :

*Sacratissimo Cordi Jesu,*
*Ex-voto Nannetensium* ; (1)

si la confrérie du Sacré Cœur avait été affiliée à l'archiconfrérie de Montmartre, en 1884 ; si l'année suivante nos saints Martyrs avaient scellé cette union des deux Basiliques en prenant place dans l'église du Vœu national ; cela ne produisait pas cependant à Saint-Donatien un mouvement religieux si intense qu'on pût dire sans hésiter : nous avons à Nantes un Montmartre comme à Paris.

Les évêques qui se succédèrent sur le siège de Nantes et M  Hillereau, aidés assurément, excités plutôt par une grâce spéciale du Sacré Cœur, imprimèrent peu à peu ce mouvement religieux qui, depuis quelques années surtout, n'a fait que s'accentuer.

Quoique situé à l'extrémité nord de la cité nantaise, la Basilique de Saint-Donatien attire vers elle chaque jour, un grand nombre de pieux visiteurs ou de touristes. Ce sont les premiers surtout qui nous intéressent.

Qui sont-ils ? — D'où viennent-ils ? — Ils appartiennent à toutes les conditions sociales, et les costumes et le langage nous montrent que si beaucoup viennent de Breta-

______

(1) Ex voto des Nantais au Sacré Cœur de Jésus.

gne, d'Anjou, de Vendée, d'autres arrivent de plus loin, de tous les coins de la France, nous allions dire de tous les points du monde. — D'ailleurs nous tromperions-nous de beaucoup ? — Assurément nous n'avons demandé ni le pays d'origine, ni le nom de tous les visiteurs de la Basilique, et parmi ceux qui se sont fait connaître, notre registre paroissial n'a pas conservé tous les noms ; cependant nous en avons un grand nombre et pas des moindres. Et certes leur passage méritait bien d'être signalé dans nos archives — Citons les principaux de ces noms ; cette nomenclature n'aura rien d'aride pour les lecteurs.

Nous ne reviendrons pas sur les noms des nombreux archevêques et évêques qui, depuis 1878, assistèrent aux fêtes de Saint-Donatien ; ce sont les meilleurs amis de l'église votive des Nantais.

Mais avec eux, ou à leur suite, nous voyons : Mgr Ridel, vicaire apostolique de la Corée et confesseur de la foi, — son Eminence le cardinal Caverot, Primat des Gaules, archevêque de Lyon, — Mgr l'évêque d'Agen, — Mgr Perraud, évêque d'Autun, — Mgr de Macédo, évêque de Para, au Brésil, — Mgr Moore, évêque de Saint-Augustin, dans la Floride (Etats-Unis), — Mgr Bonjean, vicaire apostolique de Colombo, île Ceylan, — Mgr Dénéchaud, évêque de Tulle, — Mgr Biffy, évêque de Carthagène (Nouvelle Grenade), — M. Braud, secrétaire de Mgr l'archevêque de Bucharest (Roumanie), — Mgr l'évêque de Quito (Equateur), — Mgr Mélizan, évêque de Jaffna, île Ceylan, — Mgr Meignan, archevêque de Tours, — le R. P. Martin, Pro-Vicaire de la Mission de Taïti (Océanie),

— Mgr Castelli, évêque de Tinos, dans l'Archipel grec (qui présida la fête du Sacré Cœur en 1889, et porta le S. Sacrement à la procession). — Mgr Foulon, archevêque de Lyon, — Mgr Hautin, archevêque de Chambéry, — Mgr Lamarche, évêque de Quimper, — Mgr Fallières, évêque de Saint-Brieuc, — Mgr Pifferi, évêque de Porphyre, sacriste de Sa Sainteté Léon XIII, — Mgr Grimes, évêque de Christchurch (Nouvelle-Zélande), — Mgr Fabre, archevêque de Montréal, — Mgr Augouard, évêque du Haut-Congo. — Mgr Vidal, évêque de Fidji (Océanie), — Mgr Luck, évêque de la Nouvelle-Zélande ; — Mgr Thauby, un nantais, vicaire général du diocèse de Para (Brésil), — Mgr l'archevêque d'Andrinople (Turquie), — Mgr Foucault, évêque de Saint-Dié, — Mgr de Bonfils, évêque du Mans, — Mgr Augouard et Mgr Carrie, tous deux vicaires apostoliques du Congo, — Mgr Gilbert, ex-évêque de Laval.

Dans les moments de peine, dans les jours pénibles, dans les détresses, les catholiques nantais se sont souvent d'eux-mêmes, ou invités par leurs évêques bien des fois, groupés autour des saints Enfants Nantais pour obtenir du Sacré Cœur, par leur puissante intercession, paix et consolations. Il semble que Notre-Seigneur se réserve de plus en plus ce lieu, qui lui est particulièrement consacré, pour y distribuer ses grâces et ses bénédictions.

Du reste, à toutes ces réunions, M. Hillereau est là, et, par sa présence et souvent par sa parole sympathique, il indique que l'église, dont il est le gardien, est l'église de tous, que le Sacré Cœur y attend tous ses enfants.

N'est-ce pas cette pensée, en effet, qui, portée sur les ailes des Anges, est allée dans toutes les paroisses du diocèse et des diocèses voisins ? — Nous le croyons, car la Basilique du Sacré Cœur a été, depuis près de trente ans, visitée par d'incessants pèlerinages. Ce sont des particuliers, des groupes de jeunes gens, des patronages, des congrégations de jeunes filles, des pensionnats, des paroisses entières qui arrivent avec leurs bannières. Nous avons relevé le nom de trente-quatre de ces pèlerinages en dix ans, de 1881 à 1891.

A cette époque, 1891, un grand nombre de pèlerins vignerons pensèrent que pour satisfaire à la justice de Dieu et écarter les fléaux de leurs vignobles, ce n'était pas assez de produire des actes de dévotion isolés envers le Sacré Cœur ; d'autres demandèrent que ce qui se faisait d'une manière si touchante pour la vigne se fît aussi pour les autres produits de la terre et tous les biens, quels qu'ils soient, non moins nécessaires et non moins menacés. M. Hillereau, d'accord avec Mgr Le Coq inaugura alors la série des grands pèlerinages diocésains du mardi de Pâques, dits « Pèlerinages au Sacré Cœur pour les biens de la terre ». — Naturellement les pèlerinages particuliers, sans cesser complètement, sont devenus plus rares depuis cette époque, mais par contre quels beaux mouvements se sont produits dans ces pèlerinages généraux annuels !

En lançant l'idée de ces assemblées diocésaines, M. le curé

de Saint-Donatien sentait comme une force surnaturelle qui le poussait, mais il ne comprenait pas alors quel succès merveilleux il obtiendrait et la gloire immense qu'il procurerait au Sacré Cœur.

Le point de départ de ces pèlerinages fut l'établissement dans la Basilique de « la Confrérie de l'Hommage au Cœur de Jésus pour les biens de la terre ». Monseigneur Le Coq l'avait annoncée au clergé et aux fidèles du diocèse par une lettre pastorale, en date du 23 février 1891. Après en avoir exposé le but et les avantages, l'évêque terminait ainsi : « Cette association excellente aura son siège à l'ombre de cette Basilique, où le Cœur de Jésus a son autel votif, sur la tombe même de nos glorieux et bien-aimés Martyrs, à ce point de l'espace privilégié entre tous, que notre liturgie célèbre en termes magnifiques, quand elle dit : « *Iste factus est sacer Nannetensium locus, salus præsentium, præsidium futurorum. — Voici le lieu sacré des Nantais, salut du présent, gage assuré des meilleures espérances pour l'avenir.* »

Cette confrérie fut canoniquement érigée dans la Basilique par une ordonnance du 1er mars suivant. Elle était ouverte « à ceux qui possèdent la terre et à ceux qui l'exploitent, aux ouvriers qui remuent le sol, aux savants et aux industriels qui travaillent à le rendre plus fécond et à tous ceux qui en recueillent les produits. » — Donc les propriétaires, commerçants et travailleurs des villes y trouvaient aussi bien leur place que les laboureurs, les jardiniers, les vignerons, les éleveurs, les sauniers.

Le comité, formé pour soutenir et développer la *Confré-*

*rie de l'Hommage*, comprenait seize curés choisis dans les plus importantes paroisses rurales. (1)

Des feuilles d'inscriptions furent envoyées par milliers à toutes les paroisses du diocèse et les dizaines d'associés formèrent, en un rien de temps, un nombre considérable.

Aussi, quand la *Semaine Religieuse* annonça, pour le lundi et le mardi de Pâques, les premiers « pèlerinages généraux pour les biens de la terre », les pèlerins affluèrent en foule dans la Basilique votive. Monseigneur voulut assister aux différentes réunions, et féliciter et encourager les pèlerins. Le mardi, on compta près de 3.000 personnes à chaque réunion de 9 heures et de 11 heures.

Cependant ce premier essai de deux jours de Pèlerinages, ne parut pas pratique, et dès l'année suivante, il fut décidé qu'à l'avenir le mardi de Pâques seul serait consacré au « Pèlerinage général », et qu'on y mettrait trois réunions, le matin, dans la Basilique.

Chaque année, en effet, depuis cette époque la *Semaine Religieuse* annonce deux ou trois semaines avant Pâques, le Pèlerinage diocésain. Messieurs les curés en sont avertis officiellement par M. le curé de Saint-Donatien et chacun est invité à faire connaître la bonne nouvelle à ses paroissiens

Qu'on nous permette de décrire dans ses grandes lignes l'une de ces imposantes manifestations, et l'on aura une

---

(1) Vieillevigne, Carquefou, Legé, Le Loroux-Bottereau Machecoul, Saint-Philbert-de-Grand-Lieu, Vallet, Vertou, Ligné, Couffé, Varades, Nort, Sainte-Pazanne, Saint-Père-en-Retz, Blain, Saint-Etienne-de-Mont-Luc.

juste idée de toutes les autres, car elles sont sensiblement les mêmes chaque année.

Quand arrive le mardi de Pâques, les foules venues à Nantes par toutes les lignes de chemin de fer, ou en voiture, montent vers la Basilique du Sacré Cœur.

A 7 h. 1|2, c'est la ville et la paroisse de Saint-Donatien qui commencent. Habituellement, Monseigneur vient dire la Sainte Messe et donner la communion aux nombreux pèlerins qui s'approchent de la sainte table.

A 9 h., c'est le tour des pèlerins qui arrivent à Nantes par les lignes d'Anjou, de Châteaubriant, de Clisson (train spécial), de Legé, de Savenay, de Vieillevigne.

A 10 h. 1|2, c'est la réunion du troisième groupe qui comprend tous ceux qui arrivent par les lignes d'Ancenis, de Blain, de Machecoul, de Paimbœuf, de Pornic, de Clisson (train régulier).

Si la première réunion est la moins nombreuse, elle n'est pas la moins édifiante. — A 9 heures généralement, la Basilique ne peut contenir tous les pèlerins ; nous en avons compté souvent au moins trois mille. — A 10 h. 1|2, l'église est encore très pleine. — C'est donc environ six à sept mille pèlerins qui, chaque année, viennent ici remercier et prier le Sacré Cœur de Jésus pour les biens de la terre.

Ordinairement, l'évêque de Nantes préside les trois pèlerinages. — Après la Messe a lieu l'allocution faite par le prédicateur de Carême ou par Monseigneur, puis la procession des Reliques des S. S. Martyrs se déroule dans les basses nefs et l'abside, au chant du cantique de l'*Hommage*, et la réunion se termine par le salut solennel.

Pour montrer le véritable cachet de ce Pèlerinage, ceux qui portent le brancard des Reliques pendant la procession: notables, laïques ou curés du diocèse, s'arrêtent à l'autel du Sacré Cœur; ils font pénétrer le brancard dans le sanctuaire et le placent sur le marchepied, près de l'autel, de telle sorte que les Reliques des saints Martyrs soient aussi près que possible du Cœur de Jésus présent dans la sainte Eucharistie. — N'est-ce pas redire à tous que les fidèles du diocèse de Nantes veulent encore en ce jour aller au Sacré Cœur par ceux qui sont leurs intercesseurs séculaires, leurs protecteurs-nés, par S. Donatien et S. Rogatien.

Le soir, jusqu'à ces dernières années, à deux heures, tous les pèlerins de la matinée se réunissaient sur la place des Enfants-Nantais et dans les rues voisines, et se mettaient en ordre de procession. — Les nombreuses bannières de la Basilique flottaient au milieu des rangs, et la foule pieuse s'avançait vers le sanctuaire béni de N. D. de Toutes-Aides au chant du cantique *de l'Hommage* et en récitant le chapelet.

Le spectacle était à la fois curieux à voir et très édifiant sur toute cette distance de plus de deux kilomètres qui séparent les deux églises. — Enfin, Marie elle-même après son divin Fils, bénissait ses enfants qui lui venaient demander aide et assistance avant de retourner dans leurs foyers.

A côté de ces pèlerinages particuliers et généraux, nous ne saurions oublier, pour poursuivre notre idée, que, à l'instigation de M. Hillereau, la Basilique est devenue le lieu de nombreuses réunions des Œuvres qui fleurissent à Nantes.

Qui n'a été témoin, en effet, le jour de nos fêtes, ou dans des circonstances plus particulières, des réunions : des membres du Tiers-Ordre, des confrères de saint Vincent-de Paul, de la confrérie de la communion hebdomadaire, de la corporation de saint Fiacre, de la jeunesse Noëliste, plusieurs fois l'année. — Qui n'a vu avec plaisir les petits enfants de la ville, les mains chargées de fleurs, et des couronnes sur la tête, se réunir, le jeudi dans l'octave de la Saint-Donatien, avec leurs mamans, ou leurs maîtres et maîtresses, pour la fête si populaire, si gracieuse et si aimée de tous, que M. Hillereau baptisa du beau nom de « Fête des fleurs » ? — Qui n'a assisté aux réunions si pieuses des adhérentes de la Ligue Patriotique des Françaises ?

Cette dernière association a même choisi la Basilique votive comme le lieu de ses principales fêtes et de ses réunions mensuelles. — Les dames de la Ligue ont fondé, en effet, pour chaque troisième vendredi du mois, un salut solennel, précédé de cantiques et d'une allocution adaptée au but de leur œuvre. Toutes les adhérentes et les membres des autres associations pieuses sont convoqués pour ce jour à la Basilique par la Semaine Religieuse et les journaux catholiques. Et nous verrons bientôt comment ces réunions mensuelles, en procurant aux âmes les grâces et les bénédictions du divin Maître ont coopéré en retour, dans une très large mesure, à affermir le règne de son Sacré Cœur dans la paroisse de Saint-Donatien, dans la ville et dans tout le diocèse.

Parmi les grandes dévotions en honneur dans la Basili-

que votive, il faut rappeler en premier lieu celle qui l'a
affiliée jadis à Montmartre : la confrérie du Sacré Cœur,
instituée pour la prière, l'hommage, et l'expiation. — M. Hillereau y tenait comme à une dévotion essentielle. —
L'œuvre a pour but particulier : 1° d'obtenir la liberté du
Souverain Pontife et le salut de la France ; 2° d'attirer la
protection du Sacré Cœur sur l'église, la patrie, les personnes, les familles et les biens spirituels et temporels des
associés. — Les conditions d'admission furent, selon le
désir de M. le curé de Saint-Donatien, réduites à deux,
pour que l'œuvre fût accessible à tous : l'inscription et la
récitation de la très courte prière de l'*Hommage*. (1)

En demandant aux âmes pieuses, qui font partie de la
confrérie du Sacré Cœur, l'adoration de chaque vendredi,
M. Hillereau avait aussi cherché à établir dans la Basilique
votive un courant continu de communions. Mais il ne fut
jamais plus heureux que lorsqu'il put obtenir des communions très nombreuses, le premier vendredi du mois.
Comme il l'aimait ce premier vendredi ! — Pour répondre
au désir de Notre-Seigneur, il exhortait, il pressait sans
cesse les âmes vers la sainte table, et il put constater
avant sa mort que sa parole avait été entendue. Non
seulement ses paroissiens et paroissiennes en très grand
nombre vont en rangs pressés vers l'autel du Sacré Cœur

---

(1) Les registres sont à la sacristie de Saint-Donatien. — S'adresser
au prêtre-custode. — Les associés choisissent eux-mêmes la classe
(Adoration, Hommage pour les biens de la terre, Prière et Pénitence,
Apostolat), à laquelle ils veulent appartenir.

pour y recevoir le Dieu-Eucharistie, mais, comme à la Basilique du Vœu national, des paroisses même de la ville, beaucoup de personnes, et leur nombre va, sans cesse en augmentant, viennent au « Montmartre nantais », afin de communier dans cette Basilique, où Jésus a établi plus particulièrement la demeure de son Sacré Cœur, — « *Et erit Cor meum ibi*, — Et mon cœur sera ici. »

M. Hillereau voulut encore, en ce jour, une messe réparatrice à 9 heures, et un salut solennel à *trois heures*, précédé d'une allocution et suivi de l'adoration qui dure jusqu'à 8 heures du soir. A ce moment pour clôturer les exercices, on récite le chapelet ; et avant la bénédiction du S. Sacrement, on chante les litanies du Sacré Cœur. — Le pasteur avait résolu de faire encore davantage pour la gloire du divin Cœur, et il formait le projet de réunir chaque mois les hommes de sa paroisse et de leur faire faire l'heure sainte comme cela se pratique dans quelques paroisses du diocèse. La mort ne lui a pas permis d'achever son œuvre ; mais son désir pourra probablement, Dieu aidant, se réaliser un jour.

Nous ne nous arrêterons pas sur les processions des Reliques, toujours grandioses, qui se font plusieurs fois dans le cours de l'année. — M. Hillereau les aimait beaucoup, ces processions, et il était vraiment magnifique lorsqu'il les annonçait du haut de la chaire. Son appel aux hommes chrétiens et aux jeunes gens qui devaient escorter les Reliques avec des torches allumées à la main, était si pressant et si vibrant qu'il était toujours écouté et exaucé.

Les Nantais ont été souvent témoins de ces manifestations. Et à voir, en ces jours, dans la Basilique votive, l'affluence des pèlerins de la ville, on devine sans peine que c'est là une des dévotions les plus chères, établies près du tombeau des saints Martyrs.

Mais où M. le curé de Saint-Donatien sembla avoir été plus particulièrement poussé par la divine Providence, ce fut dans l'établissement de l' « Octave Commémorative » de la consécration du diocèse de Nantes au Sacré Cœur.

Déjà, chaque année, avait lieu, au mois de juin, l'octave solennelle du Saint Sacrement, comme préparation à la fête même du Cœur de Jésus. Mais ce moment est précisément celui des grands travaux pour la population jardinière de Saint-Donatien ; et malgré toute la bonne volonté, les familles avaient peine à venir assister en grand nombre aux exercices du matin et du soir.

Tout en conservant à ces jours bénis leur caractère particuliers, M. Hillereau crut qu'au mois d'octobre, à l'époque où les jours sont plus courts et les occupations dans les jardins moins pressantes, il serait bon de convoquer les paroissiens de Saint-Donatien à se remémorer, aux pieds des saints autels, les souvenirs des années 1870-1871, et tous les autres souvenirs qui leur sont chers. A la fin du XIX<sup>e</sup> siècle, ce serait, lui sembla-t-il, un acte de solennelle reconnaissance offert au Sacré Cœur. Les cérémonies et prédications de « l'Octave » devaient s'ouvrir le deuxième dimanche d'octobre, jour où le diocèse renouvelle la consécration au Cœur de Jésus, et se terminer le dimanche suivant, en la solennité de l'anniversaire de la « Translation des Reliques de nos saints Patrons ».

Il nous souvient que M. Hillereau était un peu inquiet sur le résultat que donnerait cette « Octave » ; c'était une chose nouvelle, une dévotion ajoutée à tant d'autres dévotions déjà établies dans la Basilique votive.

Mais M. le curé fut bientôt réconforté par Monseigneur Rouard lui-même, qui s'empressa d'encourager et de bénir le projet du pasteur zélé, dans une lettre toute paternelle, où il lui disait, faisant allusion d'abord à la consécration du genre humain au Sacré Cœur : « Cette Octave sera, je n'en doute pas, un puissant moyen de répondre au vœu de notre Saint Père le Pape. — Donnez pour but aux supplications solennelles que vous inaugurez : l'expiation des crimes et des scandales qui outragent et contristent le Cœur adorable de Jésus-Christ, le salut de la France et la liberté de l'Eglise et de son Chef dans le monde entier. — J'accorde une indulgence de 40 jours pour chaque exercice et toute visite faite à l'église Saint-Donatien pendant l'Octave, à la condition de réciter trois *Pater* et *Ave*, aux intentions que j'ai indiquées plus haut. »

Grâce à cette parole toute imprégnée de bonté, grâce aux explications que M. Hillereau donna de sa pensée et de son désir, au prône de la messe paroissiale, pendant plusieurs dimanches consécutifs, grâce aux pressantes invitations qu'il adressa à ses paroissiens, aux pensionnats, aux écoles et aux œuvres de la ville, grâce aux ardentes prédications qui furent faites deux fois le jour pendant toute la semaine, grâce surtout au secours du Sacré Cœur lui-même et à l'intercession de nos saints Martyrs, « l'Octave commémorative » obtint un succès inespéré, merveilleux au point de vue des communions, de l'assistance aux différentes réunions et des adorations. Plusieurs fois sur la semaine, et surtout les deux dimanches, la vaste Basilique ne put recevoir tous ceux qui voulaient voir et entendre.

Quel spectacle ravissant, en effet, que celui du jour de l'ouverture ! Le Saint Sacrement, exposé pendant douze heures consécutives, en union avec Montmartre, reçut les prières et les adorations de toute la paroisse et de nombreux pèlerins de la ville. Le soir, aux Vêpres, la foule chanta avec un entrain indescriptible les louanges du Cœur de Jésus, et plus de deux cents hommes chrétiens de Nantes, des torches allumées à la main, firent cortège au Saint Sacrement, pendant que la procession se déroulait majestueusement dans les basses-nefs et l'abside de la Basilique. Assurément le Sacré Cœur écouta, en cette soirée, comme le 9 octobre 1870, la consécration qui fut faite du haut de la chaire d'une voix forte, émue et pénétrante, par M. le curé de Saint-Donatien.

Ce spectacle se reproduisit le dimanche suivant, jour consacré plus spécialement à la gloire des insignes Reliques de nos saints Martyrs. Le soir, à la procession, les voûtes de l'édifice vibrèrent sous la voix de la multitude, qui répétait avec un ensemble parfait, ce refrain si connu :

> Que nos prières
> Touchent vos cœurs ;
> Martyrs, nos frères,
> Soyez nos protecteurs !

et surtout celui-ci, le plus populaire et le plus aimé de tous, celui sans lequel une fête à Saint-Donatien perdrait quelque charme :

Sois fière,<br>
O terre,<br>
Des souvenirs ;<br>
Victoire<br>
Et gloire<br>
A nos Martyrs !

Toute la semaine fut prise par des pèlerinages isolés ou généraux ; mais la journée la plus éblouissante fut celle du jeudi. — Treize cents petits garçons et jeunes gens de nos écoles et maisons d'éducation, douze cents jeunes filles des pensionnats, rapporte la *Semaine Religieuse*, vinrent tour à tour remplir les nefs de la Basilique et offrir leur tribut d'hommages et de prières reconnaissantes au Sacré Cœur de Jésus. Du premier coup cette « Octave commémorative » avait droit de cité par son immense succès, et M. Hillereau, émerveillé d'avoir coopéré lui-même à procurer une gloire si grande et si pure au Sacré Cœur, l'établit, sans plus tarder, en coutume, avec un programme pour l'avenir analogue à celui de la première année.

Depuis cette époque, « l'Octave commémorative » a eu, chaque année, le même succès. Les communions du matin ont augmenté cependant ; le vendredi a été consacré à une seconde journée d'adoration en union avec Montmartre ; les écoles et les pensionnats ont choisi leur jour et leur heure dans la semaine ; la Ligue Patriotique a fixé sa réunion de réparation au vendredi, pour y réunir toutes ses adhérentes ; tout enfin a été réglé, ordonné par M. Hillereau comme pour une institution qui doit durer indéfiniment et garder sa piété et son enthousiasme des premiers jours.

Comme il l'aimait cette « Octave commémorative » ! Il en parlait longtemps à l'avance, il pensait au choix du prédicateur avec autant de soin que pour le carême, il cherchait sans cesse à donner quelque lustre nouveau à ces jours privilégiés. La douce et bonne Providence lui ménagea cette dernière consolation.

Un soir de clôture de « l'Octave », en effet, c'était en 1905, Monseigneur Rouard, qui avait chanté pontificalement les Vêpres et présidé la procession, était resté, accompagné de MM. les vicaires généraux et les secrétaires de l'évêché, à prendre le repas du soir avec les prêtres de la Collégiale. La cérémonie grandiose qui venait de se terminer faisait l'objet de toutes les conversations, et chacun, en même temps que Sa Grandeur, félicitait l'heureux curé qui avait eu la pensée de si belles manifestations et qui, par sa parole et son action, avait si merveilleusement réussi. — M. le curé dit tout à coup Monseigneur, vous devez être bien heureux, et je ne vois pas ce que vous pourriez faire de plus pour le Sacré Cœur. — On ne peut jamais savoir, répliqua l'un des vicaires généraux, ce qui va arriver avec M. le curé, de Saint-Donatien. — Vraiment, M. le curé ? reprit l'évêque, en souriant. Est-ce que vous avez encore quelque chose de nouveau en tête ? — Monseigneur, répondit M. Hillereau en prenant un ton peu élevé, — celui de la communication d'une chose secrète, (il nous semble encore l'entendre), — je n'ai plus qu'un projet que je caresse et que, avec l'autorisation de Votre Grandeur, je désire réaliser avant de mourir : *je voudrais couronner, dans la Basilique votive, la statue du Sacré Cœur !*

La chose était lancée, Monseigneur approuvait ; M. le curé allait entreprendre cette nouvelle et dernière grande œuvre qui serait réellement du coup « *Le couronnement de toutes ses œuvres* » !

Après quelques jours de réflexion, son plan est tout tracé, admirable dans sa simplicité.

M. Hillereau concevait, en effet, et ensuite il avait le talent de lancer les autres, en se dépensant lui-même sans compter.

Chaque troisième vendredi du mois, les dames de la Ligue Patriotique se réunissent dans la Basilique pour le salut de fondation. Elles vont être les instruments choisis pour l'exécution de son pieux projet.

Il confie alors à un de ses vicaires une série d'allocutions sur la royauté et le couronnement du Sacré Cœur ; il stimule lui-même les ligueuses par un mot vigoureux à la fin de chaque réunion. Et quand il voit que cette idée est acceptée, que les dames de la Ligue Patriotique et les quelques adhérentes de la Ligue des Femmes Françaises, qui assistent aux allocutions, ont compris sa pensée, il leur déclare un jour tout au net son projet : « Il faut offrir une couronne au Sacré Cœur ; et pour les Nantais, (car il veut produire une poussée diocésaine), cet acte sera : 1° *une protestation publique* contre tous les actes, quels qu'ils soient, lois, décrets, etc. tendant à faire disparaitre Jésus-Christ de la société, de l'école, de la famille ; 2° *une affirmation* des droits imprescriptibles de Notre-Seigneur Jésus-Christ manifestant son Cœur à tous les hommes. Il est Roi, et quoi qu'on dise ou fasse, il demeure notre chef et notre *Roi indétrônable* ; 3° *une supplication* ardente, confiante et persévérante dans les temps malheureux que nous traversons, réalisant, par un acte qui semble désiré du Sauveur, cette parole de Léon XIII : « Dans le Sacré Cœur, il faut placer toutes nos espérances ; de lui il faut solliciter et attendre le salut des hommes. » (*Encycl. Annum sacrum 1899*)

La première conclusion pratique se tirait tout naturellement ; et il n'est pas étonnant alors que les chrétiennes de Nantes, éprises de cette haute et si évidente pensée de la royauté de Notre-Seigneur, aient eu le désir d'imiter les chrétiens et les chrétiennes de Turin, d'Anvers et de Mexico, et aient pressé elles-mêmes M. le curé de Saint-Donatien de préparer le couronnement du Sacré Cœur.

La seconde conclusion était que ces dames elles-mêmes fissent tous leurs efforts pour procurer une couronne digne de Notre-Seigneur et digne aussi du diocèse. Les adhérentes de la *Ligue Patriotique* se mirent donc à l'œuvre avec un entrain admirable et furent sans retard imitées par les *Femmes Francaises*. — Du haut de la chaire. M. Hillereau communiqua à ses paroissiens les délicates et admirables initiatives de ces dames. — Aux réunions du mois, il félicita les Ligueuses, et il fit si bien que dans l'espace de quelques semaines, de tous les points de la ville et du diocèse, arrivèrent au secrétariat de chacune des Ligues et au presbytère, une quantité de petites boites renfermant des bijoux en or, des pierres précieuses, des objets en argent... L'élan fut admirable.

Il sera certainement édifiant de dire comment arrivèrent quelques-uns de ces dons.

Une pauvre femme se présente un jour au presbytère avec une petite boîte ; elle veut voir M. le curé. « Je vous apporte, dit-elle, ce qui m'est le plus cher et ce que j'ai de plus riche ; c'est ma bague de mariage. Je vais bientôt mourir et je veux constituer le Sacré Cœur, mon héritier. »

Une dame nous remet un jour une boîte avec différents objets en or : « Je donne cela au Sacré Cœur, dit-elle ; ce sont des cadeaux reçus dans ma jeunesse... Fondus dans la couronne, ils diront à Notre-Seigneur et mon regret et mes désirs de réparation. »

Une famille apporte un gros et magnifique diamant ; c'est un grand sacrifice, une immense privation, mais le Sacré Cœur sera heureux de cette offrande et le diamant est donné.

Une autre dame vient un soir au parloir et demande l'un des vicaires. C'était tout à fait au début des offrandes de bijoux. — Quand donc, dit-elle, aurez-vous dans votre église une statue du Sacré Cœur très visible, bien ornée, qui montrera à tous que c'est vraiment ici sa demeure privilégiée, le « Montmartre des Nantais » ? — Madame, dit en souriant le prêtre de la Collégiale, cette statue sera installée à demeure fixe, quand nous lui aurons offert une couronne. — Et que vous faut-il pour cela ? — Une grosse somme, Madame. — Eh bien, dit-elle, en retirant le gant de sa main gauche, vous voyez cette bague, c'est un souvenir, elle a coûté 1.700 francs ; je vous l'offre pour le Sacré Cœur... Quand vous serez prêt à travailler, faites-moi signe et vous l'aurez. — Six semaines plus tard, la bague, qui possède une très grosse « turquoise », ornée

de trente-deux brillants était remise entre les mains de
M. le curé.

Il ne nous vient pas actuellement d'autres faits saillants
à la mémoire ; mais nous savons qu'il y en  eût d'autres
de ce genre et dont M. Hillereau fut le seul confident.

Quoi qu'il en soit, les offrandes en bijoux, en or et en
argent, arrivaient nombreuses. M. Hillereau confia alors le
travail de la couronne à M. Armand-Calliat, éminent artiste
de Lyon, qui avait déjà fait celles d'Anvers et de N.-D. de
Fourvières. Et après avoir pris l'avis de Monseigneur, il
fixa la fête du couronnement au premier jour de « l'Octave
commémorative », le dimanche 14 octobre.

Sa Grandeur qui, dès la première heure avait dit : « Je
suis acquis à cette pieuse pensée », se fit l'interprète des
désirs de tous, en adressant à Rome une supplique pour
obtenir de S. S. Pie X *un Bref*, autorisant le couronnement
solennel de la statue du Sacré Cœur pour la Basilique de
Saint-Donatien.

Le 11 septembre partit de Rome le Bref désiré. (1)

---

(1) Nous donnons ce Bref dans l'Appendice.
Par une lettre autographe, en date du 9 juillet 1908, adressée à
Mgr Gauthey, évêque de Nevers, Pie X annonce que, d'après une
déclaration de la S. Congrégation des Rites, les couronnes  ne seront
plus imposées sur  les images et statues du Sacré Cœur, mais il sera
permis  de déposer  ces couronnes royales aux pieds des statues. A
Nevers cet acte se fit pour la statue monumentale du mont Châtelet, à
Varzy, au nom du Souverain Pontife, le 20 septembre 1908. — Par
cette lettre, et d'après les documents les plus récents, publiés  par des
hommes très compétents en cette matière, la lettre de Rome et la décision de la S. Congrégation des Rites n'ont pas d'effet rétroactif. Le
geste fait à Saint-Donatien, pour le couronnement du 14 octobre 1906,
garde donc toute sa valeur, et le cachet de  la grandiose manifestation,

Monseigneur Rouard fut le premier évêque de France qui obtint cette autorisation très spéciale du Souverain Pontife et le premier aussi, croyons-nous, à faire une lettre pastorale sur cette question si importante des couronnes offertes au Sacré Cœur. Cette lettre, datée du 30 septembre, sera un monument dans les annales diocésaines ; elle fut lue et admirée en France et par delà les frontières.

A l'honneur de M. Hillereau détachons-en quelques lignes : « Grâce à une initiative toujours ardente et généreuse, disait l'évêque, de nombreux fidèles, touchés de nos malheurs, ont eu la pensée de provoquer une manifestation nouvelle d'amour et de dévouement pour Notre-Seigneur. Ce pieux dessein est né et a mûri à l'ombre du tombeau de nos saints Martyrs, dans la Basilique élevée en leur honneur par la reconnaissance du diocèse tout entier. Ce sanctuaire vénérable, voué, dès son origine, au Sacré Cœur, *est devenu le centre d'incessantes supplications offertes à ce Cœur divin pour le bien commun et privé...* Nous offrirons cet hommage à Notre-Seigneur comme une expiation publique des outrages dirigés à cette heure contre sa Personne et son Autorité divines, et comme la reconnaissance de sa Royauté souveraine et universelle dans le monde. »

En entendant la lecture de la lettre pastorale, le dimanche 7 octobre, les âmes des Nantais tressaillirent, car elle

---

qui eut lieu à cette époque, n'en a nullement été diminué. Dans la Basilique votive des Nantais comme partout, les statues du Sacré Cœur, couronnées avant cette date du 9 juillet 1908, gardent la couronne. Sur ce point actuellement il n'y a aucune discussion.

leur rappelait, en termes touchants, qu'en 1871, à la suite du vœu de Monseigneur Fournier, le diocèse fut sauvé !

Nantes allait revoir les belles fêtes d'autrefois. L'artiste de Lyon envoyait son travail et la Basilique reprenait, pour la circonstance, ses plus beaux ornements. On y ajoutait, au triforium, sous la direction de l'architecte de l'église, un trône royal pour la statue couronnée.

Les Nantais étaient accourus de tous les coins de la ville et des extrémités du diocèse pour assister aux cérémonies du couronnement.

Le matin de cette fête, à jamais mémorable, la Basilique fut témoin d'un spectacle admirable et touchant. Pie X, dans son Bref, accordait pour ce jour une indulgence plénière. Aussi, la veille, les confessions ne cessèrent pas et, le dimanche matin, pendant des heures, la communion fut distribuée aux fidèles de la paroisse et de la ville, qui se pressaient à la sainte table. Pouvait-on mieux préparer la cérémonie du soir ?

A neuf heures, les cloches se réveillent d'un long sommeil et se mettent de nouveau à chanter de leurs voix graves et harmonieuses ; elles annoncent un premier pèlerinage, celui des élèves de l'Externat des Enfants-Nantais et de leurs familles.

M. le chanoine Lemoine, supérieur actuel de l'Externat, célèbre la sainte Messe, et Monseigneur Gouraud, ancien supérieur de l'Etablissement, monte en chaire. Faisant allusion à quelques faits de l'histoire, il indique à ceux qui sont toujours ses enfants la grandeur de l'acte qui va s'accomplir dans quelques heures, près du tombeau glorieux de S. Donatien et de S. Rogatien. Le Sacré Cœur sera couronné parce qu'il est Roi ; et tous, petits et grands, riches et pauvres, nous devons l'acclamer.

Les trois bourdons sonnent maintenant à toute volée ; les fidèles de la paroisse et de la ville se pressent alors dans la Basilique pour la Messe solennelle, à laquelle Monseigneur de Vannes assiste pontificalement. (1)

Au moment du prône, un cœur en or, tout orné d'améthystes, de topazes et d'aigues-marines, est présenté à l'évêque qui le bénit solennellement, et M. le curé explique comment il a eu la pensée de faire préparer ce Cœur. Les pierres offertes pour la couronne ont été si nombreuses, qu'elles n'ont pu toutes y prendre place ; mais, serties sur le Cœur, ou fixées à l'entour, elles forment un ornement magnifique. Et ce Cœur, suspendu sur la poitrine du Sauveur, indiquera mieux, par les feux qu'il lancera, les flammes d'amour qui embrasaient le Cœur divin manifesté à la bienheureuse Marguerite-Marie.

Après le prône, M. le chanoine Ricordel, missionnaire

---

(1) Monseigneur est originaire de Vieillevigne. — M. Hillereau ne pouvant oublier qu'il avait lui-même reçu l'eau sainte du baptême dans cette paroisse, quelques mois avant la fondation de la paroisse de la Planche (v. p. 1), par une pensée très délicate, ne voulut en cette solennité que des enfants de Vieillevigne autour de Monseigneur. — M. le Directeur de la *Semaine Religieuse* chanta la Messe et l'évêque fut assisté de deux chanoines compatriotes.

diocésain, prédicateur de « l'Octave commémorative », commence par poser devant son auditoire cette affirmation : « Notre-Seigneur Jésus-Christ, celui qui a manifesté son Cœur à Paray-le-Monial, celui que nous appelons le Sacré Cœur, est Roi véritable, aussi bien par droit d'origine que par droit de conquête et par droit de suffrage. » — Et l'orateur déroule sa thèse avec clarté, en l'appuyant de preuves irréfragables.

Les Vêpres pontificales doivent avoir lieu à 4 heures, et le Couronnement vers 5 heures. Cependant, dès 2 heures et demie, le parvis de l'église et une partie de la place sont couverts d'une foule impatiente, qui attend l'ouverture des portes. Quand, à 3 heures, on permet d'entrer, c'est un flot qui envahit l'immense Basilique. Certes, ce n'est pas sans peine que chacun peut se frayer un passage. Quelques-uns entrent malgré eux et se trouvent posés à un endroit où ils ne voudraient pas être, et d'où ils ne peuvent bouger.

Les offices commencés, le calme se fait promptement. Pas une place n'est restée libre ; les nefs, les transepts, l'abside, les tribunes regorgent de monde.

Un millier de personnes au moins, n'ont pu trouver à s'asseoir et se résignent à demeurer debout, pourvu qu'elles restent dans la Basilique. Près de 3.500 fidèles sont réunis dans le lieu saint, et, recueillis maintenant, ils regardent et prient, en attendant le moment de manifester leur foi en acclamant leur Roi et leur Sauveur.

Soudain, tout le monde se lève : c'est Monseigneur l'é-
vêque de Nantes, aujourd'hui délégué spécial du Souverain Pontife, qui fait son entrée solennelle, avec Monseigneur l'évêque de Vannes. Le cortège s'avance, splendide,
vers l'autel. Le chœur offre alors un spectacle des plus
imposants. Les séminaristes en surplis remplissent l'espace
compris autour des grandes orgues, et une partie du sanctuaire. MM. les curés de la ville, plus de cinquante prêtres,
missionnaires, aumôniers, professeurs, avaient tenu à se
trouver autour de leur évêque pour être, avec les dignitaires
du clergé nantais, témoins authentiques de l'acte solennel
qui allait s'accomplir.

Dans le transept Saint-Agapit, un groupe d'hommes à
l'air martial se fait remarquer ; ce sont cinquante zouaves
pontificaux avec leur chef, le général de Charette. Près
d'eux et venus spontanément comme eux, M. de Baudry-
d'Asson, député de la Vendée, MM. les membres du
Comité des Pèlerinages, plusieurs conseillers municipaux de
Nantes et amis de la Basilique.

Pendant qu'à la tribune, sont chantés les couplets du
serment de fidélité au Sacré Cœur, le prédicateur monte
en chaire, et bientôt il commente magistralement, ce texte :
« *Ecce Rex tuus venit tibi mansuetus :* Voici ton Roi qui
vient à toi plein de douceur. »

Monseigneur se lève à son tour et fait comprendre à
l'assistance l'acte du couronnement du Sacré Cœur ; il
rappelle les mots écrits au frontispice du sanctuaire national de Montmartre : « *Sacratissimo Cordi Jesu, Gallia
pœnitens et devota.* Au Sacré Cœur de Jésus, la France pé-

nitente et dévouée. » Il montre aussi dans l'ex-voto, que le diocèse offre en ce jour à Notre-Seigneur un signe de repentir, une supplication confiante, un témoignage d'inaltérable dévouement dans les épreuves que la France sectaire prépare à la France catholique.

Pendant qu'on apporte les couronnes (car il y a aussi une seconde couronne de bronze plus simple, ornée de pierres remises trop tard au presbytère), la foule, prise d'un véritable enthousiasme, chante le refrain suivant, dont on n'a voulu changer qu'en partie les paroles tant aimées des Nantais :

Sois fière,
O terre,
Du Sacré Cœur,
Victoire
Et gloire
Au Roi Sauveur !

La statue qui représente Notre-Seigneur les bras étendus, comme à Montmartre, avait été placée pour la cérémonie, au milieu du chœur sur une estrade richement ornée.

Monseigneur procède alors à la bénédiction, en se servant de la formule composée à Rome, en 1903, pour les couronnements liturgiquement solennels des statues du Sacré Cœur. Mais le moment le plus impressionnant est celui où notre évêque vénéré gravit les sept degrés qui donnent accès à la statue et pose sur sa tête la couronne enrichie de pierreries, en disant : « De même que vous êtes couronné par nos mains sur la terre, ainsi puissions-nous mériter d'être couronnés de gloire par vous dans les cieux ! »

A ce moment éclate sous les voûtes de la Basilique toute

fière et tout heureuse, le cantique *Te Deum laudamus*, que la foule chante avec le plus admirable entrain.

Avant la bénédiction du Saint-Sacrement, M. le curé monte en chaire et lit la consécration du diocèse au Sacré Cœur, prescrite par les évêques de Nantes.

Après le salut, la foule s'écoule peu à peu, non sans avoir essayé de considérer, d'aussi près que possible, la couronne de son Roi.

« Une fête comme celle-ci ne peut se décrire parfaitement, disait le dimanche soir un apôtre du Sacré Cœur, venu de cent lieues pour y prendre part ; j'en emporte un impérissable souvenir ; je ne crois pas qu'on puisse donner à Notre-Seigneur un triomphe plus éclatant. »

Comme profil général et comme dessin d'ensemble, la couronne de Saint-Donatien tient le milieu entre celle de Fourvières et celle de Berchem-lès-Anvers.

Comme décoration florale, l'artiste a placé, sur le bandeau et la base, des rinceaux de roses ; des lis s'élèvent entre les médaillons. Nous retrouvons des lis et des roses dans les dentelles des branches qui se réunissent pour porter la croix, elle-même placée sur un socle de roses.

Les sujets gravés sur le bandeau sont : la naissance à Bethléem, la Pâque, le coup de lance, la gloire céleste, l'apparition à la bienheureuse Marguerite-Marie et le vœu nantais de 1871. — Sur la base sont placées en émaux les armoiries de S. Sainteté Pie X, de N. N. S. S. Rouard,

Lecoq, Fournier, et enfin celles de la Collégiale et de la ville de Nantes. — A l'intérieur du bandeau sont gravés ces mots : « Offrande des Nantais au Sacré Cœur de Jésus, 14 octobre 1906. »

761 pierres ou perles ont pu trouver une place dans la couronne. C'est une œuvre d'art merveilleuse ; mieux que cela, M. Armand-Calliat, l'artiste lyonnais, a fait sortir de son intelligence élevée, et de son cœur pieux, un véritable chef-d'œuvre.

Pendant toute « l'Octave commémorative », des pèlerinages très nombreux se succédèrent chaque jour dans la Basilique ; et qui pourrait dire le nombre incalculable des pèlerins qui vinrent, isolément ou par petits groupes, pendant ces jours, prier devant la statue du Sacré Cœur ?

La couronne précieuse et le cœur ornaient dès le matin la magnifique statue, et chacun pouvait les voir d'assez près pour les admirer à loisir.

La statue ne fut placée au triforium, sous son manteau royal, qu'après « l'Octave commémorative ».

M Hillereau fit faire alors deux bannières, dites bannières de la royauté, pour encadrer le trône majestueux de Notre-Seigneur. A leur milieu une belle peinture représente l'écusson du Sacré-Cœur Roi, tel qu'il a été imaginé à la Visitation de Caen, et tel qu'on l'a adopté partout. Enfin pour donner à ces bannières plus de couleur locale, on a ajouté à la fleur de lis des hermines bretonnes et le chiffre des saints Patrons, Donatien et Rogatien.

Et depuis cette époque, le Sacré Cœur, élevé sur son trône, avec tous les insignes de la royauté et de la puissance, attire plus que jamais les foules dans la Basilique votive, devenue plus véritablement depuis cette époque, son palais diocésain : « *Et erit Cor meum ibi,* — Et mon Cœur sera ici » ! son Montmartre Nantais : « *Sacratissimo Cordi Jesu, Ex-voto Nannetensium,* — Ex-voto des Nantais au Sacré Cœur de Jésus ».

# CHAPITRE XII

## Prêtre et Pasteur

Dans cette biographie, nous avons vu jusqu'ici en M. Hillereau, principalement le prêtre docile, qui, d'abord, cherche sa voie et la suit fidèlement lorsqu'elle lui a été montrée ; le curé bâtisseur, prompt à concevoir des plans précis, actif et diligent à les exécuter ; le fondateur d'une Collégiale, que les évêques de Nantes ont bénie, que les souverains Pontifes ont approuvée ; l'organisateur des fêtes les plus grandioses et les plus douces au souvenir que Nantes ait vues depuis près d'un demi-siècle ; le promoteur des œuvres paroissiales les plus pratiques et les plus fructueuses.

Nous allons maintenant, dans ce chapitre, considérer M. Hillereau, plus particulièrement dans sa vie intime et dans l'exercice de sa charge pastorale. Nous essaierons de pénétrer davantage dans son âme, afin de nous rendre un compte plus exact de ses grandes qualités ; nous l'examinerons chez lui dans ses rapports avec ceux qui l'entourent ou l'approchent ; nous le suivrons dans sa paroisse et dans ses relations avec les différentes catégories de ses paroissiens.

De temps en temps, ici et là nous avons déjà cité quelques-unes des pensées dont l'âme de M. Hillereau était animée, et ses notes de retraites nous ont fait entrevoir dans « le puissant ouvrier » qu'il fut, un homme qui savait se reprendre et se replier sur lui-même. Mais ce n'est pas là tout M. Hillereau intime.

Du reste, ceux qui ont vécu au presbytère de Saint-Donatien, depuis 1899, ont constaté, en M. le curé, un changement si notable qu'on peut affirmer que les notes précédentes ne disent que très imparfaitement ce qu'il fut dans ces dernières années.

Au mois de juin, 1899, avant d'entreprendre les derniers grands travaux qui devaient être, selon son expression déjà citée, « le couronnement » des ses œuvres, il résolut, nous l'avons vu, de se rendre à Clamart, près de Paris, afin d'y faire une retraite fermée de huit jours, sous la direction des Pères Jésuites.

Dès le début de ses notes, il indique en trois lignes l'impression qui le domine, et ensuite il précise ce qu'il a à faire : « J'ai 62 ans, écrit-il, et je sens du côté du cœur quelques symptômes de la dissolution finale ; je veux régler ma conscience comme si je devais paraître demain au tribunal de Dieu. » — Que lui reste-t-il à faire alors ? « Les Exercices spirituels » lui ouvrent un horizon et il indique sa pensée en huit mots latins, que nous traduirons : « *Deformatum reformare ; reformatum conformare ; conformatum confirmare ; confirmatum transformare.* — Réformer ce qui est déformé ; bien disposer ce qui est réformé ; consolider ce qui est bien disposé ; transformer ce qui est consolidé. »

C'est son programme tracé pour la fin de sa vie ; il emploiera tout ce qui lui reste de forces à le mettre en pratique. Il veut se sanctifier pour se préparer à cette mort qu'il voit venir et par laquelle il ne veut pas être surpris ; mais il désire également se transformer pour sa Collégiale et pour sa paroisse ; ces deux dernières pensées pénètrent son âme autant que la première.

Il a appris avant de partir pour Clamart que quelques prêtres ont l'intention d'entrer à Saint-Donatien comme membres de la Collégiale et il dit : « Je veux me livrer au Sacré Cœur pour faire tout le bien possible aux nouveaux arrivants et aux anciens. » — Il pense à cette Collégiale qu'il a fondée, d'accord avec Dom Guéranger, avec Monseigneur Jacquemet et Monseigneur Fournier, pour laquelle il a tout sacrifié, et il voudrait la voir parfaite. — « J'ai reçu de Dieu, écrit-il, une grâce pour aimer le culte intérieur, extérieur, liturgique... Je dois prier en esprit d'oraison et consacrer mes jours non seulement à le faire, mais à l'apprendre aux autres ! — C'est la vie et la raison d'être de la Collégiale de Saint-Donatien ! »

Pour se préparer à accomplir ce travail que Dieu lui demande, M. Hillereau pose ce principe : « Libéralité envers mon Créateur ! lui *tout* donner ! tirer le meilleur parti « *suî et suorum* — de nous-même et de ce qui est à nous. » — Il aura recours encore et plus fréquemment à la mortification, et « sur ce point, dit-il, aucune lâcheté ; cependant pas d'exagération ! »

Il pense au gouvernement de sa famille presbytérale et de sa paroisse et il écrit en toute simplicité : « Ne plus prendre pour principe d'appréciation : le goût ou la répugnance, la sympathie ou l'antipathie, le repos ou le travail, l'amusement ou l'ennui, la commodité ou la gêne. — Quel champ immense d'application ! » — « Le zèle, écrit-il encore, est-ce travailler à sauver des âmes par commisération pour le sort des pécheurs ? ou tirer les âmes du péché, parce que c'est l'œuvre qui glorifie le plus Dieu ? ou se servir de la commisération et de la sympathie comme d'un secours dans le travail du ministère? — Ceci me parait le meilleur ! »

Pour le présent et pour l'avenir, il se jette totalement entre les mains de la Providence, il veut arriver à la complète indifférence que les saints ont recommandée et pratiquée, et il dit : « Cette indifférence n'est point une *apathie* lâche et égoïste, une *insouciance* pour les choses ou les personnes, auxquelles la justice et la charité ou toute autre vertu demande ou permet qu'on s'intéresse, une *indifférence sensible* et de goût qui ne dépend pas toujours de nous. Avoir cette indifférence, c'est être prêt, selon le bon plaisir de Dieu : à vivre ou à mourir, à être malade ou bien portant, riche ou pauvre, loué ou méprisé, heureux dans le succès ou l'insuccès. »

Quand il a fait sa confession de retraite, il écrit cette seule phrase, mais combien énergique : « Je veux prouver au Sacré Cœur que je ne lui ai pas menti dans mon acte de contrition. »

7*

Pendant ces jours de solitude, il est allé encore comme un enfant à la Sainte Vierge et il lui a confié ses nouvelles œuvres, mais principalement le travail de sa santification. Nous lisons, en effet : « Marie, Mère de Dieu, Mère des hommes !... Je me suis réjoui filialement de sa dignité. Je me suis réjoui de ce qu'elle est ma mère. Quelle consolation ! Mon cœur s'est fondu ! J'ai tant pleuré !.. Oui, oui, je comprends la *dixième addition* des « Exercices spirituels » et la *sixième Règle* ! Ma Mère a vaincu : je prendrai la discipline deux fois la semaine. »

M. Hillereau désire vivement aussi que les membres de la Collégiale travaillent avec ardeur à leur sanctification, car autrement, « comment faire l'œuvre de Dieu? » — « Nous ne sommes pas à Saint-Donatien, ajoute-t-il, des *Réguliers*, mais il me semble que les prêtres de la Collégiale doivent tendre à la perfection plus fortement que les autres prêtres séculiers. » — « J'ai charge d'officier dans l'armée du Christ. Je gagnerai les âmes par les mêmes moyens que Jésus-Christ. Il est la « voie », donc imitation parfaite du Chef ; il n'y a pas à sortir de là ! »

Pour l'imiter, il est résolu à trois choses qu'il spécifie clairement : « 1° Avec l'aide de la grâce, ne jamais commettre un péché mortel ; 2° ne point avoir d'attache désordonnée aux biens extérieurs, honneurs, emplois, santé, travaux, vie ; par conséquent éviter tout péché véniel délibéré ; 3° toutes choses égales d'ailleurs, pour faire le bien, préférer les injures, les opprobres, les souffrances, pour être plus conforme à Jésus souffrant. Ceci s'applique aux épreuves envoyées de Dieu. Choisir serait en pratique téméraire. » — Pour imiter encore Jésus-Christ, il déclare qu'il fera comme lui, et deux fois il écrit ces trois mots : « *Orare, laborare, pati.* — Prier, travailler, souffrir. »

Dans cette retraite, il laisse aller son âme à la reconnaissance. Son souvenir se reporte en arrière sur toute sa vie, et il remercie d'abord le Seigneur des bienfaits généraux qu'il a reçus : la création, la Rédemption ; et ensuite des bienfaits particuliers qu'il signale en deux lignes : « Ma naissance, mon baptême et ma mère ; — M. Nail (1), le séminaire, et depuis les dangers écartés ; — Solesmes, la vie évangélique, Manrèze (2).

Enfin, M. Hillereau termine les notes de cette retraite par des résolutions. Elles sont peu nombreuses assurément ; mais comme elles sont claires, précises, pratiques pour chaque jour !

La première vise *l'Office divin et la Messe* ; la deuxième *l'examen particulier* ; la troisième *les exercices du soir* : visite au Saint Sacrement et lecture spirituelle ; la quatrième *le lever*, qui aura lieu à 4 h. 1/4, « pour mieux dire l'Office » ; la cinquième *les privations* ; et la sixième *l'ordre*, qu'il spécifie ainsi : « ne rien laisser à traîner ; une place pour chaque chose et chaque chose à sa place ; tenir ma correspondance et ma comptabilité à jour. »

_______

(1) On se rappelle que ce fut M. Nail, premier curé de la Planche, qui l'envoya au petit séminaire des Couëts, puis à celui de Guérande.

(2) Il nomme ainsi la solitude de Clamart, où il est actuellement.

L'année suivante, M. le curé de Saint-Donatien fait sa retraite au Grand Séminaire ; il constate que celle de Clamart a porté des fruits réels et il les attribue « à la pratique de l'examen particulier ». — En 1900, il appelle son attention « principalement sur la méditation et l'union plus parfaite à Notre-Seigneur, en tout, partout, toujours, — « *per ipsum, cum ipso, in ipso* ». (1)

M. Hillereau n'est pas le seul à se rendre compte de ce changement qui s'est produit en toute sa personne ; ses vicaires qui le voient dans l'intimité, tous ceux qui l'approchent de plus près, le constatent également. Sa vie depuis cette retraite de Clamart, fut une lutte continuelle et très apparente contre lui-même, contre sa nature ardente et son caractère impétueux. Avec les siens, il se montre aussi paternel qu'on peut l'être, aussi soucieux de la santé, des travaux, des soucis, des difficultés de ses prêtres, qu'une mère l'est pour ses enfants. Sa piété a pris extérieurement un essor remarquable, et pour tous ceux qui en sont témoins, elle est le sujet d'une grande édification.

Par sa régularité il ressemble vraiment à un « moine bénédictin ». — Le soir il se réserve toujours un long moment devant le Saint Sacrement ; et quand on veut le trouver, à partir de 5 h. 1/2 ou 6 heures, il n'y a qu'à se rendre à l'autel du Sacré Cœur. Il est là, dans le banc qui fait face au tabernacle, habituellement à genoux, les mains jointes ou cachées dans ses manches, et il regarde Jésus,

---

(1) Pour lui (J.-C.), avec lui, en lui.

qui sans doute lui aussi le regarde affectueusement. Qu'il eût été bon de pénétrer dans son âme à ces moments-là ! Mais on devine aisément à qui il pensait, pour qui il priait ; ses paroissiens, les prêtres de la Collégiale, le culte du Sacré Cœur et des saints Patrons, formaient ses préoccupations habituelles, ils devaient être nécessairement l'objet de ses prières. (1)

Nous pouvons du reste nous rendre encore mieux compte du travail de la grâce dans l'âme de M. Hillereau en ouvrant les cahiers de 1902 et 1903. — Trois pensées le dominent alors : toujours celle de la mort, puis celle de la reconnaissance et celle de la confiance la plus illimitée dans le Sacré Cœur. Il est triste et consolant en même temps de lire ces lignes tracées d'une écriture appliquée, avec des pointillés qui indiquent que sa pensée va plus loin que les mots : « Ma mort est prochaine... On ne vit pas vieux dans ma famille... J'ai dépassé l'âge atteint par le plus grand nombre de mes parents. — La congestion cérébrale ou la paralysie... je les aurais facilement dans certains cas... Et puis l'artério-sclérose, dont je suis atteint, est un avant-coureur qui ne trompe pas. » — Et immédiatement à la suite de ces tristes pensées, il ajoute : « A la grâce de Dieu ! »

Cette pensée de la mort lui remet naturellement le passé en mémoire ; il revoit sa vie depuis sa petite enfance à la

---

(1) C'est cette pose des dernières années, telle qu'elle est décrite ici, que le sculpteur a essayé de rendre dans son *projet* de maquette.
Voir la photographie reproduite *dans ce volume*.

Guéraudière. Le nombre de grâces reçues effraie son âme. La retraite de Solesmes, en septembre 1865, lui revient dans son souvenir et le réjouit : « J'y ai appris, dit-il, à aimer la louange de Dieu par l'office divin. Ce fut le charme de ma vie, une préservation dans bien des cas, le point de départ de tout ce que j'ai fait ! Saint-Donatien est né de cette retraite. » — Il se rappelle aussi Clamart qui lui a donné l'habitude de l'examen particulier et de la lecture spirituelle, et il dit : « Je n'en remercierai jamais assez le bon Dieu !... Plaise au ciel que cette retraite que je fais s'apppelle « la retraite d'imitation de J.-C. » ; je veux y mettre toute ma bonne volonté, car j'appartiens tout entier et pour jamais au Sacré Cœur. — Tout *pour* lui ; — tout *comme* lui ; — tout *avec* lui ! »

En face des œuvres nombreuses qu'il a accomplies, M. Hillereau constate que tout cela était voulu de Dieu ; mais il se demande si Dieu les voulait comme il les a faites... Il s'humilie alors devant sa Majesté et écrit : « Comment Dieu a-t-il pu me supporter si longtemps à son service ? Je comprends les saints disposés à se mettre aux genoux de toutes les créatures... Qui m'offense et m'insulte ne doit ni m'étonner, ni m'irriter. Il est dans le vrai, sinon pour le cas présent, du moins pour l'ensemble. » — Quoi qu'il arrive, son âme s'élève et elle se cache dans le Cœur de Jésus en lui faisant dire : « Confiance, toujours confiance ! »

Aux fêtes de Pâques de 1903, M. Hillereau sentit une première secousse terrible du mal qui devait l'emporter.

Ses forces s'affaiblissaient, la marche lui devenait pénible, ses traits portaient l'empreinte de la douleur du cœur. Calme et résigné, ne faisant entendre aucune plainte, il édifiait tous ses confrères. Cependant le docteur mandé près de lui, ordonna au cher malade un régime, puis bientôt un repos prolongé, loin de son presbytère.

M. Hillereau partit donc au commencement du mois de mai pour Pornic, et s'installa à l'hospice, où il fut soigné avec un dévouement admirable par les Religieuses de Sainte-Marie de Torfou, qui desservent la maison.

Malgré la présence continuelle d'un de ses vicaires, malade également, malgré les visites des autres prêtres de la Collégiale, de la Psallette même tout entière, malgré la sympathie toute filiale que lui montrèrent un bon nombre de paroissiens, de paroissiennes et d'amis, en allant passer quelques instants avec lui, ces huit semaines de séjour à l'hospice parurent bien longues à M. Hillereau. Comme il soupirait après sa Collégiale, après sa paroisse, après ses œuvres, après les belles solennités de l'Ascension, de la fête patronale, de la Fête-Dieu, de la fête du Sacré Cœur !

Il eut tant désiré préparer lui-même ses petits enfants à leur première communion... Mais la Faculté fut inflexible ; il fallut se résigner à prolonger au bord de la mer un séjour déjà bien long, quelque pénible qu'il fût.

Quand arrivèrent les jours de la retraite de première communion, M. Hillereau sentit son âme s'attendrir et ne pouvant donner de vive voix aux enfants ses conseils paternels, il leur envoya la lettre suivante, si belle, si douce, qui révèle si bien les tendresses de son cœur pour tous ceux qui lui sont confiés. (1)

*Pornic, le 10 juin 1903.*

Mes chers enfants,

Vous allez faire demain votre première communion.

Ce soir vous aurez déjà la grâce de l'absolution ; vos cœurs seront purifiés et tout entiers à la douce attente du Seigneur Jésus.

Revenus chez vous, vous prierez de nouveau vos pères (je n'ai pas besoin de dire vos mères), et vos grands-parents de vous accompagner à la grande fête ; vous leur demanderez encore une fois pardon de vos légèretés et désobéissances ; les mieux inspirés d'entre vous demanderont au chef de la famille sa bénédiction.

Mes chers enfants, plusieurs d'entre vous me l'ont aussi demandée, cette bénédiction. Du fond de ma solitude, je vous l'envoie avec tout ce que mon cœur a de plus paternel.

Je vous bénis tous avec une affection que doublent le sacrifice que je fais en n'assistant pas à votre communion et

---

(1) M. l'abbé Tendron, premier vicaire, qui faisait, en l'absence de M. le curé, les gloses de la retraite, rappela aux enfants que, comme autrefois les Apôtres et leurs successeurs envoyaient aux fidèles qu'ils avaient évangélisés, des lettres qu'on lisait publiquement dans les assemblées chrétiennes, ainsi il va lire lui-même aux enfants des communions la lettre que leur envoie leur pasteur vénéré. Mais parce que ces lignes sont pleines de pensées que les communiants ne doivent jamais oublier, il ajoute qu'il a résolu, d'accord avec ses confrères, que cette lettre *pastorale* soit imprimée, et qu'il en sera remis un exemplaire à chaque enfant au dernier exercice de la Retraite. — Et c'est ce qui eut lieu, en effet.

le regret que j'éprouve de n'avoir pas pu achever de vous y préparer, et de ne pouvoir, demain, être témoin de votre bonheur.

Je vous bénis tous, mes chers enfants du Sacré Cœur et des Frères, de l'Adoration et de l'Ouvroir, de Notre-Dame-des-Anges, de Sainte-Elisabeth, du Boulevard Sébastopol et de la rue Maryland.

Je vous bénis, ô mes enfants de la Psallette, qui serez demain au sanctuaire comme des apparitions célestes ;

Et vous, mes petites filles, dont les mères chrétiennes n'ont voulu confier à aucune main étrangère le soin d'orner vos intelligences et vos cœurs pour la visite du céleste Ami de vos âmes ; (M. le curé designe ici quelques enfants de famille)

Je vous bénis, vous, *mes chers premiers communiants ;* que le bonheur de demain vous attache pour jamais à Celui qui peut seul donner une joie pareille !

Vous, enfants de la *seconde communion,* dont la seule vue me rappellerait la fête de l'année passée et les progrès que la première communion vous a fait faire en science et en piété ;

Vous, *mes chers persévérants,* ma joie, ma couronne, mon espoir dans l'avenir.

Que cette bénédiction, que mon cœur de père emprunte au Cœur Sacré du vrai Pasteur de nos âmes, s'étende sur vos chers parents, sur vos maîtres, maîtresses et catéchistes, et sur ces prêtres, si bons, si pieux, si dévoués, que mon absence charge lourdement, et que votre piété dédommagera de leurs efforts.

Que cette bénédiction descende sur vous et vous inspire

de généreuses et inébranlables résolutions. Je vous en indique deux qui conviennent aux mauvais jours que nous traversons et résument tous vos autres bons propos :

1. — Rattachez-vous tous à quelqu'un de nos groupes de persévérance ; congrégations et patronages, messes du mois et catéchismes de persévérance.

2. — Evitez avec soin les mauvaises compagnies, les mauvais livres, les mauvais journaux. Que dis-je ? faites-leur une guerre acharnée, fermez-leur votre porte, votre bourse et celle de vos parents.

Pourquoi insister ? Tout cela vous a été dit bien des fois.

Je vous le répète, et vous l'adresse comme la prière d'un père à ses enfants.

Vous l'écouterez, vous la présenterez à Jésus sous forme de loyales résolutions.

Et ce soir, demain, vendredi, toujours, nous demanderons au Sacré Cœur de vous y rendre à jamais fidèles pour la consolation de vos prêtres, de vos parents et pour votre bonheur en ce monde et en l'autre.

J.-B. HILLEREAU,<br>Curé de Saint-Donatien

Quelques semaines plus tard, M. Hillereau revenait à son presbytère, en apparence guéri, réellement beaucoup mieux.

La marche tant soit peu rapide lui était encore interdite ; d'ailleurs il n'aurait pu la fournir. Il lui était recommandé de suivre un régime sévère, de se ménager, de prendre de minutieuses précautions. — « Comment, écrit-il, combiner les adoucissements que semble réclamer ma santé avec cette vie sainte, qui a toujours été austère dans les saints ? »

Comme un père qui comprend que les siens ont besoin de lui, M. Hillereau se soumit aux exigences du docteur et aux pressantes sollicitations de ses vicaires et des religieuses du presbytère. — On ne le vit plus aller aux levées et aux conduites des sépultures ; mais par contre il était d'une exactitude admirable aux assistances à l'église. — Il cessa presque complètement la visite des malades, mais il suivait de chez lui tout ce qui se passait dans chaque quartier de la paroisse et il savait ne laisser aucune de ses ouailles privée des secours religieux qu'il leur faisait porter par ses vicaires.

La vie de M. Hillereau devenant plus sédentaire, il se livra plus complètement alors à l'étude des auteurs de théologie et de mysticité, il donna plus de temps à ses exercices de piété et à la direction des âmes.

En même temps qu'il étudie, qu'il prie, qu'il dirige, il exerce sur lui-même une surveillance qui va grandissant. Il revient souvent dans ses notes sur cette parole : « Le prêtre est un autre Jésus-Christ », et il l'approfondit, avouant ingénument qu'il ne l'avait pas suffisamment comprise jusqu'ici ; — et sur cette autre : « *Je suis un soldat du Christ*, arrière donc la peur ! — Je ne veux pas avoir une intention, dire un mot, faire une action, un geste que Notre-Seigneur fût obligé de désavouer ! » — « Pour mieux imiter Jésus-Christ, je vais faire de tous ces points des sujets précis de mon examen particulier. »

Quoi de plus touchant que de lire ces paroles écrites par celui en qui beaucoup n'ont peut-être vu que l'homme autoritaire : « Je ne veux pas omettre d'avertir mes confrères ni par timidité, ni par peur... — Courage à leur donner des avis. »

Mais qui ne se sent pas plus ému encore en le voyant écrire : « J'ai eu dans ces jours peu de consolations sensibles... Ai-je parfois été infidèle à la grâce ? Peut-être. — Est-ce manque de pénitence ? peut-être encore. — Je ne me suis pas servi de discipline, parce que le mouvement du bras renouvelle mon angine. »

Sans vouloir abuser de la patience du lecteur, nous l'invitons encore à pénétrer plus avant dans l'âme de ce prêtre dont nous étudions la vie. — « Jadis, dit une note d'octobre 1904, je vous ai promis, ô mon Dieu, la pauvreté volontaire... Depuis il m'a passé bien de l'argent par les mains ; il venait manifestement de vous... J'ai dépensé sans compter pour les œuvres... Je crois que ma situation personnelle n'est point l'aisance ; c'est plutôt la gêne ; ce sera peut-être bientôt la pauvreté effective... S'il en est ainsi, tant mieux, Seigneur ; vous me ramenez à mon point de départ. Vous ne m'avez pas manqué ; vous ne me manquerez pas à l'avenir. Donc, abandon et confiance ! »

Enfin nous terminons par ces lignes prises dans le même

carnet de 1904 : « Mon infirmité, un effort peut la rendre mortelle... C'est donc bientôt certainement que je vais entrer dans mon éternité, demain peut-être... Par consé - quent : prières vocales bien faites, prière mentale mieux préparée, *déterminer le fruit* à en tirer... Travail assidu : préparer mes allocutions, mes prédications ; tenir mes affaires en ordre et à jour : visites, réponses, affaires. »

Après la lecture de ces différentes notes, il est facile de comprendre que M. Hillereau avait l'âme naturellement pieuse. Cependant, comme nous l'avons insinué déjà, il ne se perdait pas dans de petites pratiques ; il aimait avant tout les grandes dévotions.

Parmi elles, la première, nous l'avons vu souvent, ce fut la dévotion aux prières et aux offices liturgiques. Le bréviaire, psalmodié ou chanté, était sa passion. La messe solennelle, surtout celle qu'il a établie dans la Basilique, pour être célébrée tous les jours, à huit heures, avait la principale place dans ses affections pieuses.

Pour s'entretenir dans cette dévotion, qui est la première dévotion de l'Eglise, et la plus vraie en réalité, M. Hillereau aimait à aller à la fontaine toujours abondante que lui fournissait « l'Année liturgique » de Dom Guéranger. Il en parlait à ses prêtres, en faisait souvent lire des passages pendant les repas ; et il cherchait toutes les occasions de faire goûter ce livre, si plein de la vie de la sainte Eglise, par les âmes qui suivaient sa direction spirituelle.

Après l'office et la messe solennelle, M. Hillereau faisait passer les grandes œuvres sacerdotales. C'était d'abord l' « Union apostolique des Prêtres séculiers ». — Cette œuvre établie par Mgr Lebeurier, encouragée par S. S. Pie IX, instituée canoniquement par Bref de Léon XIII, le 31 mai 1880, a été enrichie de faveurs, à plusieurs reprises, et dernièrement surtout (Déc. 1903), par le Souverain Pontife Pie X. — Les prêtres du diocèse, qui font partie de cette œuvre, savent avec quel soin M. le curé de Saint-Donatien s'en occupa, et avec quelle ardeur il chercha les moyens de la développer, pendant les longues années qu'il en fut le supérieur diocésain.

Dans les dernières années de sa vie, il reprit également, et avec une grande assiduité, les heures d'adoration de « l'Œuvre des Prêtres adorateurs », dans laquelle il s'était fait inscrire en 1892.

Avec les secours spirituels que lui apportaient ces œuvres, auxquelles il donnait son temps et sa peine, il allait simplement à l'Eucharistie, et il aimait ardemment le culte eucharistique.

Sa parole était admirablement entraînante lorsqu'il exhortait ses paroissiens à s'approcher de la sainte table. Lui qui aimait tant les œuvres, ne les voyait belles et prospères, que si la communion y était fréquemment en honneur. Ne fut-il pas peut-être le premier curé, à Nantes, à faire communier les petits enfants entre la première communion et la seconde ? — La congrégation des Enfants de Marie, il l'a maintenue, vivante et toujours prospère, par la communion très fréquente.

Et comme par vocation il était chargé du culte du Sacré Cœur, il fit de « cette grande dévotion des temps nouveaux » l'objet de ses études particulières et de ses plus pressantes exhortations près des fidèles. — Que de fois nous avons entendu cette exclamation : « Comme M. le curé de Saint-Donatien aime le Sacré-Cœur ! » — Aussi qui ne connaît l'élan qu'il a imprimé dans sa paroisse, par rapport à cette dévotion ? Tout lui était une occasion d'en parler et de pousser vers le Cœur de Jésus : fêtes, réunions, messes, associations, pèlerinages. — Maintes fois nous avons vu, dans cet ouvrage, que M. Hillereau fut suscité de Dieu pour affermir, développer, répandre dans la paroisse, dans la ville et dans le diocèse, l'amour et le culte du Sacré Cœur... C'était chez lui une vocation. Aussi, selon l'invitation du Souverain Pontife Léon XIII, il avait mis « en Lui toutes ses espérances et sa plus entière confiance ». — Fréquemment il fit entendre dans la chaire de la Basilique, surtout dans les dix dernières années de sa vie, ces paroles : « Mes Frères, nous n'avons plus d'espoir que dans le Sacré Cœur et en Notre-Dame de Lourdes. Courage et confiance ! »

Comment ne pas dire maintenant, en effet, l'amour de M. Hillereau pour la sainte Vierge Marie ? — amour d'enfant, amour confiant, amour de tous les instants, amour dévoué.

Pour réparer sa santé il fit à plusieurs reprises le voyage de Cauterets ; il en était tout heureux parce qu'il pouvait alors s'arrêter à Lourdes. — Il y a quelques années il passa deux semaines près de la grotte de Massabielle.

Etant à Nantes, il aimait à se rendre à Notre-Dame de Toutes-Aides. Chaque année, au mois d'octobre, il y conduisait en pèlerinage ses paroissiens ; et que de fois, tout seul, il dirigea ses pas vers l'antique sanctuaire de Marie ! Ses notes nous révèlent alors les sentiments de son âme. — Avait-il à régler une affaire importante, difficile, inquiétante, embrouillée ? Il allait sans retard la confier à Notre-Dame de Toutes-Aides.

Un autre sanctuaire que M. le curé de Saint-Donatien aimait à visiter aussi, nous le savons, est celui de Notre-Dame de Bon-Garant, en Sautron. Il s'y rendit bien souvent en pèlerinage, habituellement avec des amis, ou quelquefois avec les professeurs et les élèves de la Collégiale. C'était un bonheur pour lui d'expliquer aux plus jeunes enfants, et à tous du reste, l'histoire de la chapelle ; et il ne manquait jamais de leur dire qu'il avait reçu, dans sa vie, plusieurs grâces signalées, par l'entremise de Notre-Dame de Bon-Garant.

Quoique nous l'ayons dit déjà, nous ne pouvons pas manquer de rappeler ici la grande dévotion que M. Hillereau avait pour Sainte Anne. Depuis 1867, il ne manqua jamais de faire, chaque année, son pèlerinage au sanctuaire de la patronne des Bretons. A certaines de ses visites il ne fit qu'une courte apparition ; mais le plus souvent il s'y rendait le soir, de façon à y célébrer le lendemain le saint sacrifice de la messe, pour lui et pour sa Collégiale, et à faire ensuite de longues réflexions aux pieds de la statue miraculeuse.

A dessein, nous n'avons pas encore parlé, dans ce chapitre, des saints Martyrs Donatien et Rogatien ; nous avons eu bien des fois occasion, dans cette Biographie, de montrer à quel point M. Hillereau les aimait et leur était dévoué. Ces deux saints avaient tellement fait de lui « l'ouvrier de leur culte », que, en toute circonstance, heureuse ou malheureuse, ils se présentaient d'abord à sa pensée et avaient sur lui un empire absolu. Partout où il allait, il parlait de ses jeunes Saints, de leur martyre, de la gloire qu'ils avaient reçue dans sa paroisse, de leurs insignes Reliques, qu'il appelait « le plus beau trésor de la Basilique après la Sainte Eucharistie ». Il essayait de faire naître le désir de les invoquer en tous lieux, même au delà du diocèse, même dans les missions lointaines, dont les missionnaires lui faisaient l'honneur et le plaisir de descendre à son presbytère. Il disait quelquefois le bonheur qu'il avait goûté, il y a quelque vingt ans, en remettant à un ami de Nantes, qui avait une situation en Algérie, des médailles et des brochures des saints Martyrs, et en apprenant que, par quelques prêtres et par les membres de la Conférence de Saint-Vincent-de-Paul, Donatien et Rogatien étaient connus à Alger et dans le diocèse, et invoqués comme protecteurs de la jeunesse algérienne. (1)

---

(1) L'aimable et bon M. Cadiou, inspecteur des Postes et Télégraphes, — décoré de la Croix de la Légion d'honneur, à 17 ans 1/2, pour avoir sauvé, au péril de sa vie, un poste français, en 1870, — est l'ami dont il est question ici. Dans une lettre du 29 décembre 1887, il écrivait que Ménerville, localité située à 54 kil. d'Alger, venait d'inaugurer le dimanche précédent, dans sa gracieuse église, récemment construite, la dévotion aux saints Martyrs, Donatien et Rogatien. Un autel et un groupe représentant les deux Saints furent bénits, et le curé de la paroisse, M. l'abbé Massonnat, prononça le panégyrique des

Enfin parmi les saints que M. Hillereau aimait encore, et dont il propagea le culte, nous ne pouvons oublier ceux qu'on appelle « les patrons secondaires de la paroisse » : saint Laurent, saint Georges, saint Agapit, à qui il dédia l'autel du transept-est de la Basilique, et surtout saint Etienne, titulaire de l'antique chapelle du Cimetière paroissial. — Cet oratoire, dont quelques parties datent de l'an 510, fut restauré, en l'honneur du saint diacre, en 1904, grâce aux largesses de M. l'abbé Ecomard, chanoine de la Collégiale et vicaire de la Basilique. (1)

Le portrait que nous venons de faire de M. Hillereau, intime, auquel le lecteur aura facilement, de lui-même,

---

Martyrs Nantais. A l'avenir, dit la lettre, le premier dimanche du mois, à l'issue de la messe paroissiale, on récitera, à cet autel, les litanies des deux Saints, et le premier jour de chaque mois, on y célébrera la sainte messe.

M. l'abbé Massonat, actuellement curé de Birmandreis, est resté, depuis cette époque, en bonnes relations avec Saint-Donatien de Nantes, et il ne manque jamais, chaque année, d'envoyer pour M. le curé et sa Collégiale quelques dattes et mandarines de son jardin.

Malheureusement le curé actuel de Ménerville n'est pas un français ; et nous croyons savoir que la dévotion aux saints Enfants Nantais y est moins florissante que jadis.

(1) Le bienheureux Père de Montfort, pendant une mission qu'il donna à Saint-Donatien, en 1710, bénit la cloche destinée à cette chapelle et en fut le parrain. La marraine fut Madame Anne Rogian du Crévy, épouse de Monsieur François Salomon de la Tullaye. L'acte de ce baptême, signé de Louis-Marie Grignon de Montfort, est conservé dans les archives municipales. Le saint missionnaire installa dans cette chapelle, la touchante dévotion à Notre-Dame des Cœurs, dont a fait l'historique M. le chanoine Ricordel, dans son beau livre « *Les Madones Nantaises* ». — Pour rappeler cette dévotion du Père de Montfort, M. Ecomard fit placer, dans la chapelle, un tableau représentant le Bienheureux offrant son cœur à la Sainte Vierge.

ajouté les traits cités çà et là dans les précédents chapitres, répond-il à la réalité ?

Nous sommes obligé de reconnaître qu'il est nécessairement incomplet, puisque nous n'avons pu nous étendre plus longuement sur ses notes. Cependant il a mis en relief, croyons-nous, les principaux traits de la physionomie morale du prêtre, tel que nous l'avons connu. D'ailleurs ce qui reste à dire de lui, comme pasteur, nous aidera encore à le faire mieux apprécier.

Il faut d'abord voir le pasteur chez lui, dans son presbytère.

Avec ses vicaires, qu'il les emploie au professorat, dans la Psallette de la Collégiale, ou au ministère paroissial, il se montre diplomate. Il cherche d'abord à connaître leur caractère, leur souplesse, leur régularité, leur ténacité, leur initiative, leur facilité de travail intellectuel, leurs aptitudes pour les lettres, les sciences, la prédication, les œuvres ; ensuite, il les lance dans la partie où ils ont le plus de chance de réussir, quitte à modifier son plan si l'expérience montre qu'il serait mieux d'agir autrement. Il suit de près tous les travaux, toutes les entreprises, non pas pour arrêter l'élan, non pas pour entraver la liberté d'allure, mais pour empêcher des boutades, des caprices, de faire des œuvres trop personnelles. Il se fait rendre compte de ce qui a été exécuté dans les classes, dans les œuvres ; et alors il soutient, il donne des conseils, il encourage, il stimule l'ardeur, le zèle des professeurs et des vicaires.

Que demande-t-il pour cela de chacun d'eux ? de la confiance, de la bonne volonté, de la régularité, de la piété, de la persévérance.

Quelquefois on a dit de M. Hillereau qu'il était très autoritaire, qu'il brisait et ne cédait pas. Mettons les choses au point. — Il dit lui-même dans ses notes, et il se le reproche, qu'il lui faut plus de douceur dans le commandement, qu'il a besoin de prévoir avec plus de soin les ordres à donner, afin de n'avoir pas à revenir sur ce qui a été dit et de ne pas se contredire... Mais il se reproche aussi de ne pas être assez hardi pour commander, et c'est à cette timidité qu'il attribue son ton parfois trop autoritaire.

Au fond, il savait mieux que personne prévoir, il voyait loin, il voyait habituellement très juste et organisait avec une rapidité extraordinaire. Si ensuite quelqu'un de son entourage lui proposait une autre manière de faire, ou lui faisait remarquer qu'il y avait dans le plan indiqué des inconvénients, M. Hillereau examinait, pesait toutes les réflexions, puis abandonnait alors sa manière de voir et revenait sur les ordres donnés.

Dans l'intimité avec ses prêtres, plus il sentait d'abandon et de confiance, plus il était bon et confiant lui-même. Quand arrivait le temps des vacances, il aimait toujours à en avoir deux ou trois avec lui ; et tous ceux qui ont joui alors de sa compagnie savent quelle bonté il y avait dans son cœur, et comment il cherchait à leur faire plaisir par ses paroles, par ses récits intéressants, souvent joyeux, toujours instructifs, par les petites douceurs qu'il s'ingéniait à leur procurer.

Avec ses hôtes, M. Hillereau était étonnant. Qui pourrait

dire le nombre considérable de prêtres et de laïcs qui ont passé à sa table pendant ses trente-cinq ans de pastorat ? Quiconque se présentait, invité par lui ou par l'un des prêtres de la Collégiale, était le bienvenu. Il savait alors intéresser les uns et les autres, leur parler de leurs œuvres ou de leurs affaires professionnelles, comme s'il avait vécu avec eux depuis des années. Ses études personnelles lui avaient donné des connaissances nettes, étendues presque dans toutes les branches, et ainsi il savait questionner juste à point et entretenir une conversation qui charmait les visiteurs et l'instruisait davantage lui-même. Les règles de l'architecture, de la sculpture, de la peinture lui étaient familières. Parmi les sciences, il s'était adonné surtout à l'astronomie et il voulut avoir dans le jardin du presbytère, un petit observatoire avec une bonne lunette. Aussi il jouissait en parlant des étoiles, des planètes, de leur cours, etc., et son bonheur était de montrer, quelquefois le soir, les beautés du firmament à ses hôtes et à ses amis.

Il aimait beaucoup l'histoire, mais ses préférences allaient à la géographie. Ses vicaires se demandaient parfois où il trouvait le temps de connaitre tant de choses et comment des noms de fleuves, de rivières, de villes, des pays éloignés de l'Asie, de l'Afrique ou de l'Amérique, demeuraient gravés dans sa mémoire. Quand un missionnaire passait à Saint-Donatien et voulait bien accepter de coucher au presbytère ou d'y prendre quelque repas, c'était à se demander vraiment si M. Hillereau n'avait

pas . vu lui-même les pays évangélisés par le visiteur.
Pour signaler un fait, nous dirons que, quelques jours
avant sa mort . aux fêtes du mois d'octobre, il reçut à
sa table Mgr Mérel, évêque de Canton. M. le curé de
Saint-Donatien parlait avec lui, comme un homme habitué
à son pays de mission, si bien qu'un des convives
demanda à l'un des vicaires si M. Hillereau n'avait pas
visité la Chine ! ! !

Si intéressant qu'il fût avec ses hôtes, à sa table, M. Hillereau était plus admirable encore dans les visites qu'il
recevait au parloir. Il lui arrivait sans doute, quand il
était absorbé par le travail ou que surtout il devinait une
visite inutile et de pure perte de temps, de renvoyer
son monde après quelques phrases très brèves, où le senti-
ment ne brillait pas ; mais cela ne lui arrivait qu'avec des
personnes dont il était sûr des pensées bienveillantes. S'il
voyait au contraire une chose importante à débrouiller,
une peine à soulager, un conseil paternel ou amical à
donner, il écoutait avec attention, puis jetait immédiatement, en quelques mots, la lumière sur la question proposée. Que de fois nous avons entendu des personnes,
appartenant à toutes les classes de la société, faire entendre
ces exclamations : « Ah ! M. Hillereau, quel homme prudent ! Quel homme entendu en affaires ! Quel bon
conseiller ! Quel ami dévoué ! Quel père ! »

Dans les visites officielles, reçues à son presbytère, ou
faites à ses paroissiens ou à ses amis, c'était l'homme cour-

tois, aimable, réservé, sachant trouver le mot qui faisait plaisir à chacun. Il se rappelait admirablement les physionomies, les noms des personnes et l'histoire de leurs familles. Alors chacun était flatté d'entendre des choses personnelles, touché de pouvoir donner des nouvelles des présents ou des absents, dont le souvenir était évoqué spécialement, de parler de faits passés heureux ou tristes, auxquels M. Hillereau faisait discrètement allusion.

Nous rencontrions naguère dans la ville un homme instruit, très intelligent, s'occupant d'une grande administration.— « Il était extraordinaire, M. Hillereau, nous dit-il ; sans flatterie, il vous parlait de ce qui vous était personnel, agréable, et ne s'attardait jamais à dire des banalités. »

Depuis 1872 jusqu'à sa mort, M. Hillereau fit partie de la Commission des bâtiments civils de Nantes. Il rencontrait aux réunions mensuelles des architectes, des entrepreneurs, des employés de la préfecture ; et il nous est revenu que sa parole était très écoutée de ces Messieurs et que ses appréciations prévalaient très souvent.

Parmi ceux qui vivaient près de M. le curé de Saint-Donatien, et à qui il témoignait, d'une manière très marquée son estime et ses soins paternels, nous ne pouvons oublier les personnes dévouées, employées au service de l'église et de la sacristie, les serviteurs de la maison. — De tous, hommes et femmes, il obtenait beaucoup, car il avait trouvé le chemin de leur cœur. Si

quelquefois il avait donné à l'un ou à l'autre un commandement un peu brusque ou fait quelque reproche
pénible, il savait ensuite se rencontrer seul à seul avec
la personne lésée, et, par une parole de bonté, mettre le
calme dans son esprit et dans son cœur ; au besoin,
il ne craignait pas de reconnaître qu'il s'était trompé,
mais qu'il n'y pensait plus.

Aux Religieuses de la Communauté de Torfou, qui
remplissent les différents emplois du presbytère et de la
Psallette de la Collégiale, il témoignait la plus profonde
sympathie et la plus vive reconnaissance. Toujours respectueux envers toutes, il veillait sur elles avec la sollicitude
d'un supérieur de communauté. — Que de fois il a
remonté leur courage, en leur montrant le côté surnaturel
de leur tâche journalière !

Mais il semble que les élèves de la Psallette avaient
cependant, après ses vicaires, la meilleure place dans son
cœur. — Comme il se plaisait avec ces chers enfants!
Comme il savait les exciter au travail et à la piété ! Pour
leur faire plaisir, surtout avant les fatigues de ses dernières années, il aimait à s'occuper de leurs études, à assister
à leurs examens, à prendre quelquefois part à leurs jeux.
Tous se rappellent et racontent avec plaisir les promenades, organisées pour eux au Bois-Verdot, les courses de
toutes sortes avec récompenses immédiates de bonbons,
de chocolat, etc. Tous aiment surtout à faire revivre le
souvenir des longues promenades annuelles, dans de

grands breaks ou en chemin de fer. Quelles joyeuses parties à Bon-Garant, à Saint-Florent-le-Vieil, à Sainte-Marguerite, à Pornic, etc.

Et lorsque ces élèves, devenus jeunes hommes, pères de familles, faisaient à M. Hillereau le plaisir de venir au presbytère, il était aussi joyeux de les revoir que s'ils avaient été ses propres enfants. Il les recevait à sa table, s'intéressait à leur avenir, à leurs affaires, à leurs familles, leur donnait quelques encouragements et les rendait, par ces visites, plus forts, plus chrétiens, plus heureux !

En 1907, après les expulsions des séminaires des Couëts et de Guérande, Monseigneur Rouard vint un jour exposer sa peine à M. Hillereau. La cure de Saint-Donatien, par suite des événements malheureux des derniers mois, et des déménagements qu'ils avaient occasionnés, avait plusieurs salles libres.

L'évêque tout anxieux visite les locaux ; il laisse percer le désir si légitime de son cœur paternel. M. le curé l'a deviné ; et malgré la gêne, malgré le surcroît de travail, malgré le mouvement nouveau que la venue des cinquante séminaristes va causer à la maison, il leur ouvre toutes grandes les portes de la Collégiale.

Personne du reste n'eut à se repentir. Les séminaristes furent des modèles de bon esprit, de docilité et de piété, pendant leur année de séjour à Saint-Donatien. Les professeurs, agissant avec la plus grande simplicité, furent toujours d'aimables et agréables compagnons pour les prêtres de la Collégiale. Les paroissiens eux-mêmes en bénéficièrent, car ils aimaient à voir les séminaristes aux offices et à entendre leurs voix souples et fraîches qui modulaient si bien les mélodies grégoriennes.

Monseigneur était ravi de voir ses chers enfants à la Collégiale ; et dans chacune de ses visites, il les invitait à remercier en même temps la divine Providence et M. le curé de Saint-Donatien, qui, dans la détresse où le diocèse se trouvait, avait ouvert aux pauvres petits expulsés et à leurs maîtres et sa porte et son cœur.

Mais il est temps aussi de montrer M. Hillereau vis-à-vis de sa paroisse, dans ses rapports avec ses paroissiens.

Nous l'avons dit, il était essentiellement curé. — Pour atteindre tous les points de la paroisse, il comprit vite qu'il ne pouvait faire œuvre plus avantageuse et plus surnaturelle que de la diviser par quartiers, et de confier la direction de chacun d'eux à un ou plusieurs de ses vicaires. Par ce moyen, M. Hillereau connut mieux les familles, se rendit un compte plus exact des besoins de ses paroissiens, et put plus facilement travailler au développement moral des âmes, de plus en plus nombreuses, qui lui étaient confiées.

Ce n'est certes pas sortir de notre sujet de dire quelles proportions extraordinaires la paroisse de Saint-Donatien a prises au point de vue de la population et de son embellissement matériel, depuis 1872.

A cette époque « le bourg de Saint-Donatien », comme

l'appelaient naguère encore les anciens, était situé entièrement à la campagne. L'église était entourée de ruelles mal
tracées et de chemins boueux. La route de Paris d'alors
n'avait pas ou peu d'hôtels ; c'étaient de chaque côté des
pépinières et des jardins. — La population de la paroisse
était de cinq à six mille âmes environ.

Avec la construction de la Basilique votive, et la fré-
quence des fêtes de Saint-Donatien, le mouvement se produit du centre vers ce quartier paisible ; on fait de nouvelles percées, on construit des hôtels et des maisons plus
belles, plus élevées, plus confortables. — Après la construction de la façade et les fêtes du Centenaire de 1889,
grâce à l'initiative de M. Hillereau, et grâce aux conseillers
municipaux dévoués du 2e canton, une place de 50 mètres
de large sur 60 de longueur est faite devant l'église,
des rues larges et spacieuses remplacent les ruelles et les
chemins ; les alentours de la Basilique se transforment et
impriment un mouvement de construction qui n'a pas cessé
depuis. — A la mort de M. Hillereau, le chiffre de la
population avait atteint plus de 13.000 âmes.

M. le curé en était fier, mais il répétait souvent que la
charge était devenue plus lourde et l'administration plus
difficile. — Si la première chose était évidente, la seconde
ne le semblait pas autant, lorsqu'on voyait et entendait
M. Hillereau dans la chaire de son église. Il y apparaissait
comme un si habile tacticien que, des centaines de fois,
nous avons entendu des réflexions comme celle-ci : « Le
champ paroissial n'est vraiment pas assez vaste pour M. le

curé de Saint-Donatien, il lui faudrait un diocèse ! » Il était admirable, en effet, en chaire, surtout dans ses prônes. Il n'aimait pas du reste les grands sermons. Le ton oratoire, soutenu pendant tout un discours, le fatiguait ; et, dans ses dernières années, lorsqu'il avait à prêcher un sujet de circonstance, au bout de quelques minutes, il reprenait le ton de la conversation, il tombait dans le genre prône.

A toutes les fois qu'il n'y avait pas d'instruction à la grand'messe, M. Hillereau montait en chaire et lisait posément les prières du prône. Il s'asseyait alors et indiquait les fêtes de la semaine, en faisant, avec brièveté et une grande délicatesse, l'histoire des saints les plus connus ; il montrait le côté le plus intéressant de leur vie et tirait une conclusion pratique. — Ensuite venaient les avis, variés, vivants, paternels. Il tournait et retournait sa pensée sans se répéter, jusqu'à ce qu'il eût remarqué dans l'attitude et les yeux de ses auditeurs qu'il était compris. Il savait féliciter, encourager, remercier, et surtout, a-t-on dit souvent, demander. C'était chez lui un don de Dieu. Mais en l'exerçant, avec la plus grande simplicité et facilité apparentes, il avoua bien des fois à ses vicaires que cela lui était pénible. « Quand je ne serai plus là, disait-il, vous verrez ce qu'il en coûte de tendre la main et de demander de l'argent ! »

Il avait raison !!! Mais il voyait Dieu, la gloire du Sacré Cœur, et des Saints Patrons ; il avait conscience qu'il faisait leur œuvre et qu'il travaillait pour ses paroissiens présents et futurs, et non pour lui. Alors il ne voulait pas faillir à son devoir. — D'ailleurs sa parole avait le talent de ne rebuter personne, au contraire ; lorsqu'on savait qu'il ferait le prône, beaucoup de fidèles (et des prêtres aussi), venaient exprès pour l'entendre ; et il n'était pas rare de saisir dans les groupes, après les offices, des réflexions comme celle-ci : « On resterait des heures, sans se fatiguer, à écouter M. le curé ! »

Il aimait sa paroisse et ses paroissiens, et son bonheur était d'avoir autour de lui sa grande famille à qui il communiquait ses pensées, ses désirs, ses regrets, ses déceptions, ses projets, ses espérances. — Le R. P. Abbé de Solesmes disait que « le meilleur moment de la journée était celui où il se retrouvait chaque soir avec tous ses moines, réunis dans la salle du chapitre pour la conférence spirituelle. » — « C'est là, ajoutait-il que l'Abbé pénètre dans l'esprit, dans le cœur de ses religieux ; c'est là que se fait la communication de la vraie vie entre le supérieur et les inférieurs ; c'est de cela que dépend la bonne marche de la communauté ; c'est de ces conférences que naissent le bon esprit et le bon ordre ; c'est par elles que se développe dans la famille monacale la vie surnaturelle. »

M. Hillereau avait fait de cette idée son programme, et il agissait de la sorte envers ses paroissiens. Il aimait, par le prône, à communiquer ainsi avec eux. Et s'il le faisait si bien, c'est qu'il avait assurément un talent admirable pour ce genre de prédication ; cependant il avouait qu'il ne montait pas en chaire sans une préparation sérieuse de ce qu'il avait à dire : avis, conseils, invitations, etc.

Cette communication de son intelligence et de son cœur, il l'avait encore davantage au confessionnal. Ce ministère de la confession et de la direction lui était cher, mais il n'y apporta jamais aucune manière d'agir qui aurait dénoté chez lui un petit esprit. Il laissait venir à lui les âmes, et il essayait ensuite de les connaître . Par un mot délicat il scrutait les secrets désirs des cœurs, et lorsqu'il avait deviné une peine, une douleur, quelles qu'elles fûssent, son âme débordait de bonté pour les changer en consolations. — Que d'âmes il a ainsi fait sortir d'états pénibles, parfois difficilement avouables ! — Ses conseils étaient plutôt brefs ; mais pas un mot qui ne fût pratique pour la personne qui était devant lui. — Il détestait les choses banales ; et se rappelant que le confesseur est le médecin des âmes, il donnait à chacune avec un tact admirable, le remède qui lui était le plus profitable.

« Non jamais, disaient naguère différentes personnes, on ne pourra rendre par écrit ce que M. Hillereau avait de délicatesse et de bonté dans sa direction spirituelle ! » — Il ne voulait pas, en effet, au confessionnal, être seulement confesseur, il était essentiellement directeur ; et rien ne lui était agréable comme de rencontrer des âmes, et elles furent nombreuses, résolues à marcher dans le chemin de la perfection. — Alors il ne fallait pas songer à piétiner sur place ; par des questions claires, brèves, il savait se faire rendre compte de l'état intérieur, et il joignait sans retard le stimulant pratique à l'examen qu'il venait de faire par lui-même. Il attirait, forçait insensiblement les âmes à la fidélité au devoir, grâce à son appui persévérant et toujours paternel.

Cette bonté et ce tact, M. Hillereau les possédait aussi auprès des malades qu'il visitait. Il avait un véritable talent pour remonter leur courage et les aider à accepter plus généreusement leurs souffrances, en les sanctifiant davantage.

Et quand ces malades étaient de ceux que l'absence du nécessaire, que la misère même avait éprouvés, le bon pasteur n'essayait pas de résister à cet attrait qui le portait à soulager la souffrance physique avec la souffrance morale. Il lui échappa peu souvent de parler, devant ses confrères, des dons qu'il faisait, de ses multiples aumônes. Cependant nous nous souvenons que, pendant les inondations de 1897, qui rendirent tant de familles malheureuses, dans les paroisses du bord de la Loire, un soir, la sœur portière vint en toute simplicité au réfectoire transmettre à M. Hillereau la plainte et la demande d'une personne qui se présentait au presbytère : « Mais, ma bonne sœur, dit alors M. le curé, je ne puis plus suffire avec tous les loyers que je vais avoir à payer en totalité ou en partie ! » — Le mot était lâché ; chacun se tut et comprit.

Dans les jours de sa mort, que de fois nous avons entendu des réflexions comme celle-ci : « Nous perdons en M. Hillereau un bon curé ; mais pour nous c'était un père compatissant, un bienfaiteur qui ne se lassait pas ! »

Dans sa paroisse, à côté des grandes œuvres qu'il chérissait et dont nous avons parlé, M. le curé de Saint-Donatien aimait particulièrement la conférence de Saint-Vincent-de-Paul et la conférence des Dames de charité.

Mais personne ne sera étonné si nous disons que son cœur allait tout naturellement aux œuvres de jeunesse : écoles, patronages, congrégations, ouvroirs.

Son dévouement aux écoles était connu de tous. — « Que nous servira notre belle Basilique, disait-il souvent du haut de la chaire, si nous avons une génération d'enfants qui ne connaissent pas Dieu et leur religion ?... En quelques années, elle sera abandonnée ! » — Il se fit « frère quêteur » pour ses écoles de garçons et de filles ; il stimula souvent le zèle de ses vicaires à imiter son exemple, et il ne permettait pas de plaintes à ce sujet, car c'était là une œuvre nécessaire, faisant partie des devoirs d'état du prêtre de paroisse. Mais en retour, il demandait beaucoup de ses écoliers et écolières. Dans le cours de l'année, il visitait les classes ; se faisait rendre compte des rentrées et des sorties, des progrès des enfants ; demandait de lui signaler les plus travailleurs et ceux et celles qui remportaient le plus de succès. — Souvent pour encourager les petits garçons de l'école chrétienne, il leur promettait une belle grande promenade, et des prix merveilleux s'ils arrivaient à être les premiers dans les concours mensuels des écoles de Nantes. Grâce à Dieu, ces désirs du pasteur furent bien des fois réalisés, et il aimait à signaler ces victoires de ses chers écoliers, au jour solennel de la distribution des prix, en présence des parents et des bienfaiteurs des écoles.

Avec la loi de séparation, M. Hillereau se préoccupa fort de donner à ces groupes d'enfants un nouveau protectorat que ne pouvait plus leur assurer la Société de la Providence. Il forme alors, avec l'aide de quelques notables dévoués de la paroisse, la société de « la Fraternelle », dont les statuts précis, bien formulés, indiquent la main d'un maître. Il compta sur cette société ; et certes on peut dire que ceux qui la dirigent, comprenant l'importance de la tâche qu'ils ont assumée et la gravité de la situation, ont toujours été d'un dévouement sans égal et plein de délicatesse pour M. le curé et ses collaborateurs de la Collégiale.

Nous ne voudrions pas passer sous silence non plus la reconnaissance qui se trouvait dans l'âme de M. Hillereau pour les pensionnats de sa paroisse. Il aima bien jadis celui de l'Adoration, rue de Paris, et il regarda comme des fleurs de sa couronne paroissiale ceux du Sacré-Cœur, rue de Paris, et de Notre-Dame-des-Anges, rue Frédéric-Caillaud. Sans doute il recevait avec plaisir les invitations à assister aux fêtes de ces pensionnats et il se faisait un doux devoir de ne pas y manquer ; mais ce qui le touchait surtout, c'était la bonté, la charité des dames directrices pour les petites filles de la paroisse. A côté des jeunes filles du monde dont elles font l'éducation, n'ont-elles pas eu, les unes et les autres, en effet, l'idée pleine de zèle, d'offrir à M. le curé, un local pour plusieurs classes dont elles se chargent absolument ? — L'Adoration a donné, pendant de nombreuses années, avec l'instruction, une bonne éducation chrétienne à un grand nombre d'enfants. — Le Sacré-Cœur et Notre-Dame-des-Anges comptent actuellement, chacun pour sa part particulière, plus de cent trente enfants, auxquelles viennent s'ajouter les cent fillettes de l'école libre, dite de « Saint-Donatien », rue Saint-Donatien. (1)

M. Hillereau aimait à organiser des fêtes pour réunir autour de lui les enfants de la paroisse ; il voulait les avoir en particulier pendant « l'Octave commémorative » du mois d'octobre, pendant la retraite pascale des hommes ; il les invitait le jeudi de l'octave de la fête de saint Donatien à apporter des fleurs et des couronnes, pour la gracieuse « Fête des Fleurs ». Mais où il se surpassait avec ces petits enfants, c'était pendant les messes et les réunions générales de catéchisme. Il se plaisait à les questionner, à leur montrer la grandeur du saint Sacrifice, à leur parler des offices du dimanche pour les leur faire aimer, à les faire prier. — Quand arrivait la retraite de première communion, sans compter aucunement avec la peine ou la fatigue, il assistait à tous les exercices et faisait toutes les gloses avec une finesse, un à-propos et un entrain, qui faisaient dire aux personnes qui y assistaient : « Les gloses de M. le curé font plus de la moitié de la retraite !...» — Aussi, nous comprenons mieux encore actuellement la grandeur du sacrifice que M. Hillereau fit au mois de juin 1903, lorsqu'il était malade, à Pornic, et l'importance de la lettre si

_______

(1) Au moment où nous mettons ces pages sous presse, les lois sataniques viennent de chasser de leur propriété de l'Eperonnière, les Dames du Sacré-Cœur, fermant ainsi sans pudeur le dernier de leurs pensionnats en France, et mettant hors de leur école 140 petites filles du peuple, auxquelles ces excellentes religieuses prodiguaient les soins les plus maternels.

touchante qu'il écrivit à cette époque à ses chers enfants des communions (voir p. 248).

Lorsque ces enfants avaient quitté leurs écoles respectives, M. le curé ne les perdait pas de vue. Pour les jeunes gens sortis des écoles publiques, il avait fondé le patronage de Saint-Rogatien, près de la chapelle Sainte-Elisabeth, et pour ceux de l'école libre, il entretenait le patronage de Saint-Donatien, rue du Coudray. Il aimait ces deux œuvres post-scolaires, les visitait de temps en temps, assistait aux fêtes données par les jeunes gens, et ne manquait jamais de présider la clôture de leur retraite annuelle.

Pour les petites filles qui fréquentaient les écoles communales, M. Hillereau avait établi, rue de Coulmiers, un petit patronage du jeudi, dirigé par des Religieuses de Saint-François. Pendant les vacances, ce patronage se transforma rapidement en une garderie maternelle pendant trois jours de la semaine.

Mais l'œuvre de jeunes filles à laquelle le pasteur donnait tous ses soins, était la Congrégation des Enfants de Marie. — Chaque dimanche, à 2 heures, il se rendait à l'école du Sacré-Cœur et y trouvait un groupe toujours compact de jeunes filles, ayant reçu l'éducation première dans cette maison ou dans d'autres écoles analogues. Les Dames si dévouées du Sacré-Cœur, au milieu de leurs enfants, recevaient l'heureux curé et l'introduisaient dans la grande salle où avait lieu la conférence. — M. Hillereau regarda toujours comme très importantes ces réunions dominicales. Il ne se rendait jamais à la Congrégation sans avoir prévu, préparé, médité, écrit même le sujet qu'il allait exposer. Nous avons sous les yeux les canevas qu'il écrivit de 1895 à 1899, sur « la vie de Notre-Seigneur, selon les quatre Evangiles », et nous les conservons comme un vrai trésor.

On comprend facilement alors combien étaient aimées des congréganistes elles-mêmes ces réunions au Sacré-Cœur, et tout le bien qu'elles purent en tirer.

Ces réunions de chaque dimanche n'ont pas cessé, (1) pas plus que celles du deuxième dimanche du mois à l'église, auxquelles M. Hillereau tenait essentiellement. En ce jour, il voulait avoir ses congréganistes réunies près de l'autel de Marie ; et après la messe et la communion générale, il adressait à « ses chères enfants » une de ces allocutions bien senties, paternelles, dont il avait le secret.

Tant de dévouement de la part du pasteur était certes bien payé de retour par « ses enfants ».

Pour M. le curé et pour ses œuvres, aucune d'elles ne comptait avec sa peine. C'est par les congréganistes, bien souvent, en les faisant prier d'abord, puis en les poussant à agir, que M. Hillereau commença ses œuvres.

---

(1) Depuis le départ pour l'exil des Dames du Sacré-Cœur, les Enfants de Marie se réunissent, le dimanche, à l'école de la rue Saint-Donatien.

Qui ne se souvient des anciens « bazars » et de l'ardeur des congréganistes à placer des billets de tombola ?

Qui ne se rappelle leur délicatesse (elles étaient à si bonne école près des Dames du Sacré-Cœur), quand arrivèrent en 1897, les noces d'argent de M. le Curé, puis la fête des cloches, et lorsque, chaque année, revenaient le dimanche du Bon Pasteur et la fête de saint Jean-Baptiste ? Que de choses ravissantes se sont passées dans ces différentes circonstances et que nous pourrions raconter, si nous n'avions peur de blesser la modestie des intéressées !

A côté de sa chère Congrégation, M. le curé de Saint-Donatien ne manquait pas de placer son « Ouvroir de l'Immaculée-Conception », rue Saint-Charles.

Il allait souvent voir les enfants, les encourager, exciter leur piété et leur amour des chants liturgiques. Son cœur était toujours grand ouvert pour cette maison et il serait difficile de dire toutes les bontés, toutes les douceurs, toutes les gâteries qu'il prodigua à ces enfants plus déshérités que les autres.

Les communautés de Religieuses de sa paroisse recevaient également, de temps en temps, la visite de leur pasteur. Il bénissait Dieu de lui avoir amené près de la Basilique les sœurs garde-malades de Saint-Philbert-de-Grand-Lieu, il les encourageait souvent dans leur œuvre pénible, surtout celles qui sont plus spécialement chargées des pauvres de la paroisse. — Il allait fréquemment se recommander aux prières et aux pénitences des Carmélites, rue du Coudray,

8·

et il appelait familièrement le Carmel « le paratonnerre
de ses œuvres, de la Collégiale et de la paroisse ».

Nous n'aurions pas terminé, croyons-nous, de révéler
M. Hillereau, tel qu'il fut, si nous ne disions encore que
le bon Dieu, lui donna non seulement un esprit de pré-
voyance admirable, mais encore une fermeté, une ténacité étonnantes en face des difficultés.

L'histoire de sa vie nous a révélé cela bien souvent ;
mais avec les années, avec la vieillesse même, l'intelligence
et la volonté de M. Hillereau ne perdirent rien de leur
force.

Il le montra certes bien dans les années pénibles de « la
séparation et des inventaires ».

Pendant ces moments angoissants, on le voyait souvent
se promener lentement dans les allées du jardin ; il pensait,
réfléchissait, pénétrait l'avenir, faisait de la diplomatie...
Que de choses il annonça à l'avance, que de plans il
démasqua ! – Quand il crut le moment venu de quitter son
presbytère, il combina tout, et malgré un affreux et inénar-
rable crève-cœur, il ordonna le déménagement. Ses paroissiens, ses jardiniers surtout, se montrèrent en cette circonstance d'un dévouement admirable. Pour les soutenir dans
l'œuvre pénible, à laquelle ils donnaient la main, et pour
encourager ses confrères, M. Hillereau disait quelquefois
en souriant : « Ce déménagement aura au moins cela
de bon de nous faire faire, de fond en comble, l'inventaire de tout ce qu'il y a dans la maison. » — Pendant
dix-huit mois il resta, comme ses vicaires, dans une cham-

bre, où il n'y avait que son lit, une table et quelques
chaises. Il acceptait bravement ce sacrifice et le faisait,
par son exemple, plus facilement accepter aux autres.

Sans nous étendre sur les fausses alertes des « inven‑
taires » de 1906, nous voulons cependant montrer la force,
l'énergie de M. Hillereau, en face des hommes chargés de
l'indigne besogne qui leur était confiée, en citant la protes‑
tation qu'il fit, le 22 mars, à la porte de l'église. Malheu‑
reusement il fut surpris par l'agent des domaines qui, sans
être connu, se présenta tout à coup par derrière, au
moment où M. le curé causait au milieu d'un groupe
d'hommes. Il ne put se faire entendre d'un grand nombre,
en montant, comme il l'avait pensé, sur les degrés les
plus élevés du péristyle :

Monsieur,

Vous avez le mandat de faire ici un inventaire.

J'ai celui d'y faire une opposition formelle et de ne
céder qu'à la force.

Ce mandat, je le tiens de l'Eglise Catholique dont je suis
le ministre, et de ce peuple dont je suis le pasteur.

Mes chefs hiérarchiques m'ont confié la garde de ce
sanctuaire, j'attends qu'ils m'en relèvent... J'attends que
celui qui a les clefs de saint-Pierre me permette, par son
enseignement et ses ordres, de vous livrer celles de la Basi‑
lique des Enfants Nantais.

Mon peuple a reçu ce sol de ses ancêtres, qui l'ont
racheté et payé ; il en jouit comme propriétaire depuis
1802. Ce temple est l'œuvre de sa foi ; pour le bâtir et

l'orner, voilà trente-quatre ans qu'il m'apporte, avec une infatigable abnégation, le fruit de son travail et le plus clair de son épargne.

Il est chez lui aux titres que les lois proclament les plus intangibles : l'achat, la possession séculaire, le produit du travail personnel.

Il frémit et s'indigne à la pensée de se voir ravir le fruit de tant d'efforts... Qu'il se rassure, je serai un dépositaire fidèle.

Avec mes paroissiens, avec les membres du Conseil de Fabrique, dans une union respectueuse et indéfectible à notre évêque, et avant tout à Pie X, qui a parlé et terminé la cause, je proteste contre toute mesure qui atteint nos droits de propriété et de libre jouissance ; je proteste contre un inventaire hâtif et imposé par la violence, qui nous fait entrevoir pour l'avenir : spoliation, vexations fiscales, embûches et entraves pour la liberté religieuse.

J'ai le devoir de n'y assister que comme un témoin strictement passif.

Ma présence ici n'entraîne ni adhésion à une loi, que le Souverain Pontife condamne et réprouve dans son but et dans ses principales dispositions, ni acceptation des détails de l'inventaire, ni abandon de nos justes revendications.

Ai-je besoin d'ajouter que les protestations et réserves nécessaires ne visent pas votre personne, dont l'honorabilité est hors de cause ? Elles ne s'adressent qu'aux auteurs du douloureux conflit entre le respect chrétien des lois du pays et l'inviolable fidélité aux lois de l'Eglise ; aux perturbateurs de la paix des consciences, qui nous obligent à pousser le cri apostolique des mauvais jours : *Mieux vaut obéir à Dieu qu'aux hommes !*

Je vous prie de vouloir bien annexer cette protestation au procès-verbal de votre visite. »

L'inventaire de l'église ne se fit pas ce jour-là ; il fut retardé, comme tous ceux de Nantes, jusqu'au 27 novembre. Mais ce fut alors un jour d'enfer. Il faudrait relire dans la *Semaine Religieuse* les descriptions des scènes de brigandage qui se passèrent dans notre vieille cité nantaise ; et encore cette lecture ne peut plus, à l'heure présente, peindre exactement la situation et exprimer les angoisses des catholiques.

A Saint-Donatien, les inventaires eurent lieu à une heure de l'après-midi. On voulait agir ici en plein jour, car on croyait avoir affaire à « une forteresse armée ».

En ce jour néfaste, près de deux mille soldats se trouvèrent massés autour de la Basilique. Sur la place, dans les rues qui conduisent à l'église, on ne voyait que fantassins, chasseurs, cuirassiers, gendarmes, et agents de ville. Il y eut même une voiture avec des charges de dynamite !... Trois fois on demanda M. le curé au guichet de la porte du presbytère ; M. le curé ne se présenta pas. Alors, sur un signe d'un commissaire, cinq ou six sapeurs armés de gros marteaux, de haches et de piques, s'avancèrent vers la porte latérale gauche de la façade, et la frappèrent à coups redoublés pendant plusieurs minutes qui parurent bien longues. — L'un des panneaux céda enfin. — Alors par la brèche, les sapeurs brisèrent les serrures, et le commissaire entra dans le Lieu saint, le chapeau sur la tête. — Deux cent-cinquante hommes environ étaient réunis dans l'église. (1)

Alors se passe une véritable scène de brigandage. Les commissaires donnent des ordres incohérents et méchants, les sapeurs brisent toutes les serrures des portes à l'intérieur ; la porte de la tribune vole en pièces ; les gendarmes crient, hurlent, blasphèment, et menacent de frapper si on ne sort pas immédiatement de l'église. Quel tumulte, grand Dieu ! M. le curé, plus fatigué ce jour-là, est blème ; il se contient cependant, car tout mouvement brusque, il le sent, lui serait très funeste. Il aurait voulu lire les quelques lignes de protestation qu'il avait écrites ; on ne lui en donna pas le temps. (2)

Lorsque tous les hommes, poussés avec violence, furent

---

(1) Ce même jour il y avait, à Saint Donatien, une assemblée générale des Caisses rurales, laquelle avait réuni un bon nombre d'hommes. Cette réunion avait été fixée à cette date, longtemps avant qu'il fût question d'inventaire.

(2) PROTESTATION DE M. LE CURÉ :

« Monsieur,

Nous nous sommes déjà vus au seuil de cette église. Une première fois je vous ai arrêté. Aujourd'hui une brutale effraction vous en ouvre la porte.

Le but de votre mission est évident, c'est la spoliation pour demain.

Mon devoir est la résistance passive, absolue, sous peine de désobéissance et d'excommunication.

Quant aux droits que j'ai à défendre, ils sont les mêmes, sacrés, inviolables.

Au nom de l'Eglise, au nom de mon peuple et au mien, je proteste contre le mépris sacrilège qui en est fait.

J'en appelle à Dieu de la violence des hommes contre son Eglise ! »

sortis de l'église, M. le curé resta seul avec les commissaires, les gendarmes et les sapeurs.

Deux de ses vicaires avaient pu pénétrer dans la sacristie.

Ces hommes, fiers de leurs exploits, ordonnent de briser la serrure de la porte qui y donne accès, et y pénètrent pour faire l'inventaire... Ciel ! quelle comédie ! Leurs opérations durèrent, montre en main, de sept à huit minutes.

L'agent des domaines, très ému, ennuyé, tourne les pages d'un factum qui lui indique, paraît-il, tout ce que contiennent les sacristies, où il n'est jamais entré. Il a beau essuyer ses lunettes, il n'y voit pas et ne peut écrire trois lignes. Tous, du reste, ont hâte de repartir ; ils se sentent mal à l'aise. Ils ouvrent quatre ou cinq placards et ils déclarent que l'inventaire est fini ! — « Eh bien, vrai ! disaient par derrière quelques gendarmes et des sapeurs, *pour ça*, ce n'était pas la peine de venir si nombreux et de tout briser ! »

M. le curé voulut avec ses vicaires suivre la bande jusque sur le péristyle de l'église ; puis il rentra dans la Basilique, les larmes aux yeux, et le cœur brisé par la douleur.

Quelques minutes après, la foule avait envahi le temple saint, afin de demander pardon à Dieu pour ces malfaiteurs. —

M. Hillereau ne voulut pas faire réparer les portes brisées ; il désirait qu'elles eussent un langage pour tous ceux qui viendraient visiter la Basilique. — Nous nous rappelons que, pendant la retraite de communion de l'année suivante 1907, nous entendîmes, à un moment, M. le curé qui posait cette question aux enfants : « Comment appelle-t-on

cette porte brisée, mes enfants ? » — Et tous de s'écrier :
« La porte du sacrilège ! » — La porte avait pour eux une
voix qu'ils avaient entendue, comprise, et qu'ils n'ont pas
oubliée.

Toutes les scènes du déménagement de la cure et des
inventaires avaient produit sur M. Hillereau un effet dé-
sastreux. Le mieux qui s'était manifesté naguère dans sa
santé était loin d'être aussi satisfaisant. Sans doute il donna
encore une somme de travail considérable, il remplit tous
les points de son règlement, tous les exercices de son ministère. Mais chacun de ceux qui l'entouraient sentait que
le mal n'était qu'enrayé. Hélas ! la mort prévue par lui,
allait, en effet, venir sans tarder l'enlever à l'affection de
ses vicaires, de ses enfants, de ses paroissiens, de ses amis.

# CHAPITRE XIII

## Mort et funérailles de M. Hillereau. Son tombeau.

M. Hillereau, frappé de cette pensée qu'il mourrait subitement, n'aimait plus, depuis plusieurs années, à entreprendre le moindre voyage, et surtout il ne voulait pas s'absenter de son presbytère, pendant un temps notable, sans avoir au moins quelqu'un de ses prêtres avec lui.

Après les fêtes de la première communion et les solennités des Fêtes-Dieu de 1907, il résolut de prendre quelques jours de repos ; et, grâce à une offrande d'une âme généreuse, il put partir pour Versailles avec deux de ses vicaires, dans la dernière quinzaine du mois de juin. Le docteur lui avait conseillé ce lieu de vacances, pour qu'il pût y trouver un repos plus facile, en même temps qu'une distraction, dans les grands bois du parc royal.

Ce séjour lui fit du bien et il revint plus dispos à Saint-Donatien.

Il se remit donc au travail avec activité et songea à organiser de nouvelles œuvres, notamment les *messes de catéchisme* et les *messes d'hommes*.

Du 25 au 31 août, il voulut faire sa retraite annuelle.
Par précaution et pour éviter la fatigue, il ne quitta pas le
presbytère de Saint-Donatien. Pendant une semaine entière,
il vécut dans la solitude complète. Chacun avait reçu l'ordre de ne pas lui parler, de ne pas le distraire. — Il prenait ses repas seul et disait la messe à la chapelle du
Patronage.

Quelles réflexions profondes il fit durant cette retraite !
Les notes qu'il écrivit pendant ces jours bénis nous sont
restées. Citons-en quelques passages : ils seront comme
son testament spirituel.

« J'ai cherché, écrit-il le premier soir, à préciser les
motifs qui m'ont porté à faire *en ce moment* ma retraite
annuelle, et par suite les fruits que je dois en retirer.

C'est d'abord de me tenir prêt à mourir. Le moment
est incertain ; mais il peut arriver inopinément, et, à mon
âge il ne peut être éloigné...

C'est ensuite de me préparer par de bonnes réflexions et
des résolutions précises et généreuses, à bien vivre en attendant le jugement de Dieu.

C'est enfin d'étudier la tactique nouvelle que nous im-
posent les temps actuels, pour sauvegarder la foi et la piété
dans le peuple chrétien, surtout dans l'enfance, la jeunesse
et les hommes.

Je veux faire cette retraite non seulement avec une
grande humilité, mais encore avec une confiance que ne
pourront ébranler : ni les désolations ou sécheresses, ni les
difficultés.

Je me confie à mon Père qui est aux cieux, au Sacré

Cœur de mon Sauveur, à la très Sainte Vierge, ma mère, et au Bienheureux Curé d'Ars, dont je ferai la fête demain.»

Dès le premier jour, M. Hillereau est tout entier au grand travail de sa sanctification : ce n'est plus comme jadis la locomotive qui arrive en gare, sans avoir eu son frein serré... Il a tout prévu dit-il, et il ajoute : « Je vais tâcher de faire ce matin trois méditations d'une heure, 5 heures, 9 heures, et 11 heures, sur » le principe ou fondement des Exercices spirituels »...

L'homme de travail intellectuel se manifeste clairement dans les lignes suivantes : « La fin de l'homme est de louer, de révérer, de servir Dieu. Ce que j'ai lu ces derniers temps sur Dieu, dans le *Traité de l'Amour de Dieu* de saint François de Sales, et dans le commentaire de *la Somme de saint Thomas*, (*traité de Deo*), m'a beaucoup servi pour ce premier exercice. L'heure a passé promptement et agréablement. — Dieu en tout et partout comme cause finale, efficiente, exemplaire. L'homme donnant seul par sa louange, une fin et un sens à la création visible : choses, événements. . C'est ravissant !

Pourquoi ma vie a-t-elle si peu répondu à une pareille destinée ? »

Il fait sur la fin et l'usage des créatures une méditation approfondie où nous relevons ces pensées : « Ne tenir compte ni des répugnances, ni du goût, ni de l'attrait. Si j'ai le choix, le mieux pour un disciple de Jésus-Christ est d'en user comme il l'a fait, ou comme il le ferait à ma place... Il y a des créatures que je dois aider et diriger vers leur fin dernière... Au lieu de m'en servir, je dois les servir, ce sont mes paroissiens et mes confrères... »

Le retraitant a fait chaque jour les méditations indiquées,
et il en est heureux. Il a revu tous les mystères de Notre-
Seigneur et il s'est appesanti sur celui de l'Incarnation.
« L'Incarnation, dit-il, c'est l'amour de Dieu, de chaque
Personne divine pour les hommes, pour chacun en particulier, pour moi. Le système adopté par Dieu pour notre
rachat, c'est l'humilité et l'anéantissement volontaire de ses
instruments : le Verbe incarné, Marie, l'ange... le prêtre aussi.

La Nativité, le voyage, le refus de l'hôtelier, la crèche,
les langes, quels pauvres moyens pour un si grand œuvre !
— Le confortable, le luxe, l'abondance, la vie commode,
comme tout cela est condamnable dans les coopérateurs du
Christ ! »

Lorsque le dernier jour de la retraite il s'est confessé, il
est dans la joie. « J'ai exposé l'histoire de ma vie, dit-il,
telle qu'elle m'est apparue durant ces jours... j'en ai fait le
funèbre récit comme devant mon Juge après ma mort...
Quel soulagement ! Et maintenant j'abandonne tout à la
Miséricorde de Dieu. »

Il termine ses notes par ces mots : « Miséricorde, ce
mot me donne autant de confiance qu'un essai de règlement avec la Justice. Avec Dieu, un pécheur ne peut pas
chercher un autre point d'appui ! »

Fortifié par cette retraite, M. Hillereau se livre avec une
nouvelle ardeur à l'étude des nouvelles œuvres qu'il médi-
tait pour sa paroisse. Il en parle avec ses vicaires, il les
initie à tous les détails de ses projets, et il prend aussi leur
avis sur les points qui le préoccupent.

## PROJET DE MAQUETTE
### DU TOMBEAU DE M. HILLEREAU

*(L'artiste n'a nullement cherché à représenter ici les traits du visage de M. le curé de Saint-Donatien. Il n'a voulu que donner une vue d'ensemble de ce que sera le monument placé dans l'une des arcades du transept de l'autel du Sa... dans la Basilique votive).*

## PROJET DE MAQUETTE
### DU TOMBEAU DE M. HILLEREAU

*(L'artiste n'a nullement cherché à représenter ici les traits du visage de M. le curé de Saint-Donatien. Il n'a voulu que donner une vue d'ensemble de ce que sera le monument, placé dans l'une des arcades du transept de l'autel du Sacré-Cœur, dans la Basilique votive).*

A la fin du mois de septembre, il présida les exercices de la retraite du clergé de la Collégiale, et il se fit remarquer par sa fidélité aux réunions et par sa bonté envers tous.

Cette bonté, il la manifestait plus que jamais, en ces derniers temps, envers tous ceux qui lui rendaient visite ; c'était le père qui se montrait en toutes paroles et en toutes circonstances.

M. Hillereau voulut rendre l' « Octave commémorative » du mois d'octobre aussi solennelle que possible, pour rappeler les belles fêtes du Couronnement du Sacré Cœur de l'année précédente. Les prédications chaudes et entraînantes de M. l'abbé Valade, l'illustre missionnaire vendéen, soulevèrent la paroisse. A chaque réunion le missionnaire répéta en parlant du Cœur de Jésus : « Il faut qu'il règne ! » — « Le Sacré Cœur règnera malgré Satan et malgré ses ennemis ! »

Les manifestations grandioses des deux dimanches furent présidées par deux évêques : Monseigneur Rouard et Monseigneur Mérel, évêque de Canton (Chine).

Aux fêtes de la Toussaint, M. le curé de Saint-Donatien confessa autant et plus qu'à aucune autre fête, et ses vicaires étaient étonnés et ravis qu'il pût fournir un tel travail, fatigant même pour les plus vaillants.

Le dimanche, 10 novembre, M. Hillereau inaugura la messe des catéchismes, à 8 heures. Il parla aux enfants avec une ardeur extraordinaire. Il leur expliqua les cérémonies du Saint Sacrfice, et, en leur demandant la fidélité à cette messe dominicale, il leur promit bien d'être à chaque réunion au mlieu d'eux et de leur adresser la parole.

« Quelle vie dans votre curé ! » — nous dirent, après la messe, plusieurs personnes qui y avaient assisté. — « Il est plus jeune que jamais ! »

Ce jour-là, quatre nouveaux chanoines étaient installés à la cathédrale, et M. le curé de Saint-Donatien avait été choisi pour être le parrain de l'un d'eux, un ami de séminaire, M. Château, curé de Saint-Philbert-de-Grand-Lieu. Monseigneur réunit, après la cérémonie, parrains et filleuls, à sa maison de Talence ; et on nous rapporta, de divers côtés, que M. Hillereau fut d'une joie exubérante, et qu'avec Sa Grandeur, il fit en grande partie les frais de la conversation. — Il revint assister aux Vêpres dans la Basilique, et passa le reste de la soirée à voir quelques malades et à mettre ses papiers en ordre dans son bureau. Le soir, à table, il parla longuement à ses confrères des belles et majestueuses cérémonies de la cathédrale, et il les excita par ses paroles à fairé, à Saint-Donatien, mieux encore que par le passé. — Chacun des vicaires remarqua, ce soir-là, en M. le curé une agitation inaccoutumée, cependant personne n'y donna grande attention.

Le lendemain matin, M. Hillereau fut, comme toujours, rendu le premier à la sacristie, devant le Saint Sacrement où il faisait chaque jour sa méditation. Comme de coutume, il célébra la messe de cinq heures et demie, et confessa ensuite jusqu'à sept heures et demie. A ce moment, il pria son secrétaire de monter à sa chambre pour faire l'état de sa caisse. La messe chantée de huit heures, à laquelle assistent tous les membres de la Collégiale et la Psallette, sonna au moment où il terminait ; et il laissa sur son bureau le papier qui indiquait le résultat de ses opérations. Après la communion de la messe, M. le curé quitta le chœur, en avertissant celui des vicaires, chargé de diriger la maison pendant son absence, qu'il partait pour se reposer chez des amis, au bord de la mer, et qu'il reviendrait dans deux jours.

A la porterie il attendit une voiture demandée, qui n'arrivait pas. Craignant alors de manquer le train, il prit son petit sac à la main, et se rendit un peu précipitamment vers le tramway .

A l'église Saint-Clément, il descendit pour se rendre directement à la gare d'Orléans. Un officier et sa femme, tous deux amis de M. le curé, étaient dans le même tramway ; ils allaient à la gare d'Anjou. — Ils firent ensemble les trois cents mètres qui les séparaient de la gare.— Chemin faisant, M. Hillereau sentit un peu de fatigue, car il demanda qu'on retardât la marche. Son sac, si petit qu'il fût, le gênait ; le docteur lui avait toujours défendu de porter un paquet à la main. — Devant la gare d'Anjou, l'officier et sa femme quittèrent M. Hillereau, qui traversa seul la cour de la gare d'Orléans. — Lorsqu'il pénétra dans la salle des pas perdus, immédiatement il se sentit malade, car il s'assit sur le banc le plus rapproché de la porte et mit son petit sac près de lui. Puis en moins de temps qu'il n'en faut pour l'écrire, il s'inclina sur le côté. — Une dame, qui le connaissait, en fit la remarque et s'écria : « M. le curé de Saint-Donatien qui se trouve mal ! » — Les personnes présentes se détournèrent, s'approchèrent... Hélas ! M. Hillereau était déjà mort !

M. le Chef des gares, M. le Commissaire et tout le personnel s'empressèrent, avec une complaisance admirable, autour de celui qui venait de tomber si subitement, et le corps du vénérable curé fut transporté sur un lit de sangle dans une salle spéciale.

Pendant ce temps, un voiturier venait faire connaître cette nouvelle désastreuse au presbytère.

Quel coup de foudre, grand Dieu ! Les sœurs affolées ne savent comment prévenir messieurs les vicaires. Mais à la première parole prononcée au sujet d'un malaise de M. le curé, tous comprennent, et chacun court immédiatement à la gare.

Quelques minutes après, toute la paroisse savait la triste nouvelle, et la ville entière — M. Hillereau était si connu et si sympathique à tout le monde — ne parlait que de cette mort épouvantable de M. le curé de Saint-Donatien, loin de sa cure, loin des siens, en dehors de sa paroisse.

Personne ne pourra jamais décrire la scène lamentable qui se passa alors près du cadavre encore chaud de M. Hillereau. — Ses prêtres, ses enfants plutôt, sont presque tous là... Ils le regardent, ils lui touchent le front, ils lui prennent les mains, cherchant à saisir encore un reste de vie ! — Hélas ! il n'y a plus de vie, plus rien que la mort !

Plusieurs messieurs, paroissiens ou amis de Saint-Donatien sont accourus aussi, et avec leur aide, le cadavre est hissé dans un grand break qui le ramène lentement au presbytère. — Quelle marche lugubre ! Les prêtres et les hommes qui suivent la voiture sont atterrés ; sur le parcours tout le monde regarde avec attendrissement, les larmes coulent de bien des yeux !

Monseigneur, qui a été prévenu immédiatement de ce terrible événement, vient sans tarder s'agenouiller près de la dépouille mortelle du prêtre qu'il vénérait, et apporter ses consolations paternelles aux membres de la Collégiale. Dès que la grande salle du presbytère fut transformée en chapelle ardente, on y déposa sur un lit d'honneur le corps de M. Hillereau.

Il y resta ainsi exposé du lundi au jeudi matin. Toute la paroisse et la ville de Nantes, on peut le dire, défilèrent devant le curé de Saint-Donatien. — Des ouvriers, des ouvrières, habitant les points les plus extrêmes, se hâtaient de prendre leurs repas pour venir considérer le corps de celui que tous connaissaient, que tous avaient salué si souvent, avaient admiré tant de fois. Beaucoup demandaient aux prêtres de la Collégiale ou aux religieuses de faire toucher leurs chapelets ou autres objets de piété aux vêtements ou aux mains du vénéré défunt. Quelques uns même, très privilégiés, obtinrent quelques mèches des beaux cheveux blancs qui encadraient sa figure.

Que de larmes furent répandues pendant ces jours dans cette chapelle ardente ! Mais avec elles que de prières ferventes montèrent vers le ciel ! Que de communions furent faites à la Basilique ! Que de chemins de croix offerts pour l'âme du bien aimé pasteur !

Tous les journaux de Nantes annoncèrent, dès le lundi soir, avec des détails plus ou moins complets, cette mort lugubre de M. le curé de Saint-Donatien. — Qu'il nous soit permis de citer ce que dit l'un deux, *le Nouvelliste de Bretagne* : « Le clergé de Nantes vient de faire une perte très sensible dans la personne de M. Hillereau... C'est un deuil public. La cure de Saint-Donatien ne désemplit pas : pauvres et riches, heureux et malheureux veulent contempler les traits de celui qui, pendant plus de trente-cinq ans fut le pasteur vénéré de la paroisse, et qui fit d'un quartier délaissé l'un des plus beaux et des plus recher-chés de la ville. On a dit, en effet, et c'est là une vérité, que plus que n'importe qui M. Hillereau avait fait le quartier de Saint-Donatien.

Il a édifié sa Basilique, obtenu le dégagement de ce merveilleux monument, fait tracer des rues, bâti, rue de Coulmiers, une chapelle de secours, établi des patrona-ges, etc. En un mot, il a été non seulement un curé bâtis-seur, mais aussi un homme de dévouement éclairé et de jugement profond. »

A la nouvelle de cette mort de nombreuses cartes et des lettres délicieuses et touchantes d'amis éloignés vinrent mettre un peu de baume sur la douleur des membres de la Collégiale.

Parmi ces lettres, les plus belles furent celles qui nous vinrent du cardinal Richard et d'un général, dont le nom est sinonyme d'une loyauté sans égale et du courage le plus chrétien.

Nous ne pouvons résister au désir d'en citer au moins quelques passages.

Le cardinal Richard, répondant à la lettre que lui avait envoyée M. l'abbé Tendron, disait :

> Paris, le 13 novembre 1907.

Cher Monsieur Tendron,

Je reçois la lettre que vous m'écrivez pour m'annoncer la mort subite du cher et vénéré curé de Saint-Donatien. Je ne veux pas attendre à demain pour vous dire combien je suis intimement uni à votre deuil et à celui de notre chère Eglise de Nantes.

De tout cœur je joins mes prières à vos prières pour le cher défunt, et je me propose de célébrer pour lui la sainte messe.

Nous quittons tous cette terre les uns après les autres... Avec mes 89 ans et mes infirmités, je disparais des relations extérieures et me redis chaque jour la parole de saint Paul : « *Mortui enim estis, et vita vestra est abscondita cum Christo in Deo.* » (1) — Je n'adresse plus au bon Dieu qu'une demande, c'est de faire sa sainte volonté, chaque jour, en toutes choses, petites et grandes, pendant les quelques jours qu'il me donnera de passer encore sur cette terre...

---

(1) « Car vous êtes morts, et votre vie est cachée en Dieu avec Jésus-Christ. » (Colos. III, 3)

A la nouvelle de la mort de M. Hillereau, le général, ami sincère et admirateur du défunt, adressait à M. l'abbé Tendron la lettre suivante :

X. ., 14 novembre 1907.

Monsieur le Chanoine,

Je suis profondément ému de la mort du vénéré Monsieur Hillereau et de la pensée que vous avez eue de m'en informer. Il était déjà trop tard pour que je pusse me rendre aux obsèques...

Oui, c'est une perte, une grande perte pour sa Collégiale bien aimée, une grande perte pour sa paroisse qui l'aimait d'un amour filial exceptionnel, pour la ville de Nantes, où il portait souvent ce sourire de charité sans limites, indulgente à toutes les misères physiques et morales.

Je le vénérais comme un saint ; je l'aimais pour cette bonté, cette indulgence inépuisable, qui lui faisait me témoigner de l'estime, quand il savait mieux que personne toute mon indignité !

Vous priez pour lui, Messieurs ses vicaires; vous en avez le droit autant que le devoir. Moi, hélas ! je ne puis que le prier, lui, qui m'a pardonné tant de fois au nom du bon Dieu, le prier de me pardonner encore et toujours, car il est bien de cette légion triomphante, à laquelle nous nous confessons tous les jours dans le « *Confiteor* », « *et omnibus sanctis,* — et à tous les saints... »

Et quand le digne général eut reçu l'image « *Memento* » de M. Hillereau, il écrivit de nouveau :

« Je vous suis bien reconnaissant de vous souvenir de moi et de m'avoir envoyé l'édifiant « *Memento* » de notre vénéré chanoine Hillereau.

Il me fut très paternel, et, sous sa direction, je me suis senti moins mauvais qu'ailleurs ; il y a des saints qui apprivoisent même les loups.

Hélas ! depuis que j'ai quitté Saint-Donatien, je n'ai pu respirer un air si pur, ni retrouver d'aussi pieuses cérémonies ; aussi je considère ma courte étape à Nantes, comme l'une des meilleures de ma vie... »

Le lecteur ne nous en voudra pas, nous en sommes persuadé, de lui mettre encore sous les yeux les lignes suivantes, écrites aux plus anciens de la Collégiale par la plume d'un fils très aimant de M. Hillereau, le Père Léon Raimbault :

Paris, le 22 novembre 1907.

Très chers et vénérés Maîtres,

En apprenant la mort imprévue de Monsieur le chanoine Hillereau, notre excellent curé de Saint-Donatien, je me sens profondément atteint par le deuil qui fait couler tant de larmes dans la paroisse de ma jeunesse. Et je ne veux pas vous taire, en cette douloureuse circonstance, le déchirement de mon âme. Les larmes des ouailles sont le plus bel éloge des pasteurs.

Celui qui s'en va, soudainement relevé de sa fonction d'infatigable bâtisseur, laisse là-bas un grand vide. Mais son œuvre reste debout tout entière, magnifique témoignage de sa haute intelligence, de son vouloir tenace, de son goût artistique, de sa dévotion aux Reliques de nos deux saints Enfants Nantais...

Je m'unis aujourd'hui à mes condisciples d'il y a trente ans, « prêtres et bons citoyens », qui vivent des principes reçus à Saint-Donatien, pour rendre un témoignage, hélas! posthume, de reconnaissance et d'admiration filiales à la fière et robuste vertu, à la studieuse et pieuse activité, au zèle admirable de ce vrai prêtre du Sacré Cœur de Jésus, de cet incomparable pasteur d'âmes que fut le curé de Saint-Donatien... »

Nous pourrions encore rappeler la lettre si douce, si pleine de souvenirs, si reconnaissante, qui nous vint, quelques semaines plus tard, du fond de l'Océanie, envoyée des Iles Gilbert par Monseigneur Leray. Mais les quelques fragments des lettres précédentes, montrent suffisamment que le deuil causé par la mort de M. Hillereau fut plus qu'un deuil paroissial, plus même qu'un deuil diocésain.

Les obsèques de M. Hillereau furent fixées par Monseigneur lui-même, au jeudi 14 novembre.

La Basilique présentait pour cette cérémonie un spectacle magnifique.

Les basses-nefs étaient entièrement tendues de deuil et toutes les colonnes de l'édifice enveloppées de draperies noires garnies de croix et de larmes d'argent.

Un catafalque des plus grandioses terminait cette décoration, que personne ne trouva trop somptueuse pour celui qu'elle honorait et qui avait tant aimé les riches ornementations du lieu saint. (1)

Dès huit heures et demie, répondant à l'appel funèbre que lancent dans les airs les cloches de la Basilique, la foule se dirige vers Saint-Donatien. Parmi ceux qui viennent offrir au presbytère leurs condoléances aux prêtres de la Collégiale, il y a des députés, des conseillers généraux, des conseillers d'arrondissement, des conseillers municipaux, des officiers de tous grades et de toutes armes, de nombreuses notabilités de la paroisse et de la ville.

A neuf heures et demie, le Chapitre de la cathédrale arrive pour procéder à la levée du corps, et bientôt le cortège funèbre se met en marche. En tête, s'avancent les enfants des écoles, les jeunes filles des ouvroirs et des orphelinats ; puis viennent la Collégiale et plus de soixante prêtres en habits de chœur ; beaucoup d'autres ecclésiastiques sont dans l'assistance ; la place Saint-Donatien est noire de monde.

Sur le cercueil, on a mis les insignes de chanoine et l'étole pastorale ; mais le char funèbre est celui des pauvres, suivant le désir très souvent exprimé du défunt. Il est encadré par six prêtres de la Collégiale en costumes de chœur. Les cordons sont tenus par des prêtres et des laïcs distingués. Le deuil est conduit par MM. les vicaires, que suivent les parents du défunt.

---

(1) Toutes les tentures et le catafalque avaient été gracieusement prêtés par M. le curé de Saint-Nicolas.

Lentement, le cortège funèbre se dirige vers la rue Saint-Rogatien, il prend ensuite la rue Desaix et revient à l'église par la rue de Paris.

Sur tout le parcours — et bien au-delà — la plupart des maisons sont tendues de deuil. Une foule considérable attend devant l'église, où bientôt le cercueil de M. l'abbé Hillereau est introduit.

La décoration funèbre du monument est rendue plus superbe maintenant par la multitude des lumières qui étincèlent à l'autel. Les vastes nefs regorgent de monde ; les tribunes elles-mêmes sont garnies.

Au moment où va commencer l'office, Mgr Rouard fait son entrée ; il est accompagné de Mgr Mérel, évêque de Canton. Pendant la messe, la maîtrise de la basilique, composée des élèves du petit séminaire, exécute les chants liturgiques d'une impressionnante beauté. Les cérémonies sont faites par les enfants de la Psallette de la Collégiale.

A la fin de la messe, Mgr l'évêque de Nantes monte en chaire ; il veut rendre un dernier hommage à la mémoire du prêtre éminent dont son diocèse pleure la perte. (1)

Monseigneur évoque d'abord le suprême enseignement que donne à tous la mort subite de M. le curé de Saint-Donatien, montrant que la main de Dieu s'abat sur nous, à

---

(1) Pourquoi n'y a-t-il pas eu, au pied de la chaire, un sténographe, pour recueillir chaque phrase, chaque mot plutôt de Sa Grandeur ! Son discours fut aussi remarquable par l'élévation et la délicatesse des pensées que par les sentiments pleins d'onction, dont il était rempli. Nous ne pouvons en donner, hélas ! qu'une bien faible analyse.

l'heure même où nous méditons de travailler encore. En présence d'un coup aussi subit, nous devons nous recueillir et prier, pleins de confiance, car le pasteur qui vient d'être ainsi ravi à l'affection de sa paroisse fut « un puissant ouvrier de Dieu ».

« Né sur cette terre vendéenne, si féconde en générosités, appartenant, continue Sa Grandeur, à une famille patriarcale qui a donné à l'Eglise de grands serviteurs, il fut, au début de sa carrière sacerdotale, le vicaire de celui qui devait être Mgr Fournier, ce grand évêque dont le diocèse de Nantes et l'Eglise de France sont justement fiers. Quand vint le jour, où il lui confia la charge d'ériger sur le tombeau des Enfants Nantais cette magnifique basilique, où nous prions aujourd'hui, son évêque lui dit, en lui montrant Saint-Nicolas : « Faites comme moi, et ayez confiance en la Providence. » Le curé répondit vaillamment à la confiance de son évêque.

Mais cette œuvre ne fut pas la seule de M. Hillereau : curé, il voulut faire de ses auxiliaires des hommes de Dieu, il voulut qu'ils eussent des âmes d'apôtres, prêts à tout, ayant leur vie minutieusement réglée, parcimonieusement pour le repos, largement pour le travail, prêts à se donner à tous, riches et pauvres, amis et adversaires. Il fit de sa famille sacerdotale une famille vivant d'une vie d'union, d'obéissance, de prière. Ce fut la Collégiale que tous les évêques de Nantes ont bénie ; et cette œuvre, plus grande encore et plus féconde que l'édification du temple magnifique qu'il avait érigé, il faut qu'elle survive à son fondateur !

Initiateur hardi, âme vaillante, l'abbé Hillereau rencontra des contradicteurs ; mais il les domina et s'en fit souvent des admirateurs. Fidèle, dans sa vaillance, au règlement qu'il s'était imposé, il fut aussi un prêtre soumis, un prêtre obéissant. Ame forte, généreuse, ardente, active, prête pour toutes les œuvres, ouverte à toutes les aspirations, il est un de ces pasteurs dont nos annales diocésaines garderont fidèlement l'impérissable souvenir.

Tout ici chante l'œuvre de cet « admirable ouvrier du Seigneur ». Son activité généreuse se portait sur tous les points où il y a à servir Dieu : église, écoles pour toutes les classes sociales, assistance des pauvres, patronages chapelle de secours... partout nous trouvons la trace de son zèle.

Monseigneur salue la paroisse en deuil de son pasteur, qu'elle comprit si bien. Il convie les prêtres qui l'écoutent à l'union des cœurs par une forte discipline, et termine en invitant son auditoire à recevoir les leçons si éloquentes de la mort de celui que tous pleurent en ce moment. Sa mort, si subite qu'elle fut, ne le surprit pas ; un ami véritable la lui avait annoncée ; (1) il savait qu'elle le guettait, et il l'attendait en se dépensant outre mesure, emporté par sa vaillance et son zèle.

Qu'il repose en Dieu, le prêtre qui toujours travailla pour le salut des âmes. Nous le pleurons, mais avec les larmes de l'espérance.

*Requiescat in pace* | »

---

(1) Le savant docteur Joüon, dont nous avons parlé plusieurs fois dans cet ouvrage.

Après ce discours qui produisit sur l'assistance une impression indescriptible, Monseigneur Rouard, entouré de tout le clergé, donna l'absoute, pendant laquelle, toute l'assistance défila aux pieds du gigantesque catafalque, qui recouvrait la dépouille mortelle de M. le chanoine Hillereau.

A 11 heures et demie, le cortège se reforme ; et faisant une dernière fois le tour de la place, le char funèbre précédé des deux évêques et du clergé, pénètre dans le cimetière paroissial. — C'est là, en attendant des jours meilleurs, que le bon pasteur va reposer, à l'ombre de la Basilique qu'il érigea, dans le caveau, où il rejoint ses vénérés prédécesseurs.

Quelques jours après, Monseigneur Rouard et Monseigneur Mérel revinrent à Saint-Donatien, pour assister au « service d'octave » du vénéré défunt. Il fut célébré devant une assistance aussi nombreuse qu'aux grandes fêtes de la Basilique, et profondément émue encore à la pensée de celui qui n'était plus et pour qui elle priait.

Après l'office, les deux évêques voulurent bien prendre part au repas familial de la Collégiale. Quelques amis intimes avaient également pris place à la table. De nouveau Monseigneur de Nantes manifesta sa grande douleur et en même temps sa plus entière sympathie pour le clergé et les œuvres de Saint-Donatien. Il termina, en résumant l'éloge qu'il venait de faire de M. Hillereau, par ces paroles frappantes: « Lorsque, Messieurs, quelques évêques me font l'honneur d'une visite, je les amène toujours à Saint-Donatien ; je leur montre le monument, et j'en explique l'origine ; je leur parle des saints Martyrs et de leur tombeau, du Sacré Cœur et de la protection qu'il a accordée jadis aux Nantais. J'explique à mes nobles visiteurs les œuvres nombreuses, qui fleurissent autour de cette Basilique, et je n'oublie pas de faire ressortir la beauté de la fondation de la Collégiale... Lorsque nous sortons de l'église ou du presbytère, je termine habituellement par ces mots : tout ce que vous venez de voir, toutes ces œuvres qui vous ont été exposées, *toutes ces merveilles sont l'ouvrage d'un seul homme, dans l'espace de trente ans* !... Ce que je dis à mes hôtes, messeigneurs les évêques, je le dis aussi à vous, Messieurs, pour que nous bénissions Dieu de tout ce qu'il a daigné accomplir ici pour sa gloire par l'entremise de M. le chanoine Hillereau, que nous pleurons tous, et dont ses fils dévoués et nous garderons un impérissable souvenir. »

Dans la *Semaine Religieuse*, l'un des vénérables curés de la ville, qui fut, pendant de longues années, le collaborateur de M. Hillereau, à la Collégiale, se fit l'écho de ses dignes collègues, en terminant par ces lignes la courte notice biographique qu'il fit, à la sollicitation du clergé de Saint-Donatien : « M. Hillereau était notre doyen. Dans ces réunions intimes, où, curés de la ville, nous échangions fraternellement nos lumières et où nous nous concertions pour une action, qui, parce qu'elle est commune, est toujours plus efficace, nous écoutions

M. le curé de Saint-Donatien; lui, longtemps le conseiller apprécié de ses évêques ; lui, enrichi par les années et ses travaux, d'une expérience longue et variée; lui, en l'âme duquel le temps n'avait éteint aucune chaleur et aucun enthousiasme; lui, dont la volonté restait, malgré le déclin de l'âge, toujours forte et audacieuse. Nous rendions hommage à tant de qualités et nous en profitions. De ne plus le revoir, de ne plus l'entendre, ce sera un deuil, ce sera une perte. — Nous garderons son souvenir ; il nous sera une éloquente exhortation à nous dépenser pour Dieu, pour les âmes, pour nos paroisses. »

Le 8 décembre suivant, M. l'abbé Tendron, ouvrier de la première heure dans la fondation de la Collégiale, auxiliaire humble et dévoué de M. Hillereau, à Saint-Donatien depuis 1872, était installé par Monseigneur l'évêque lui-même, curé de la paroisse et prévot de la Collégiale.

En prenant l'étole pastorale, le nouveau pasteur, désiré par tous, déclara qu'il n'aurait qu'une ambition : marcher fidèlement et toujours dans le sillon tracé par son bien aimé et très regretté prédécesseur.

M. l'abbé Tendron ne tarda pas cependant à chercher à réaliser un autre désir ; et ce désir concernait la dépouille mortelle de M. Hillereau  Il lui en coûtait, ainsi qu'à tous ses confrères et à tous les paroissiens, de ne pouvoir donner, dans la Basilique votive, la petite place, à laquelle le fondateur de la Collégiale avait certes un droit très légitime, comme curé bâtisseur, et en raison de ses immenses services rendus à la paroisse.

La chose fut confiée à l'un de nos dévoués Conseillers d'arrondissement, ancien élève de la Psallette de la Collégiale, ami de toutes les heures de M. Hillereau ; nous voulons dire M. François Joüon.

M. Joüon, digne émule de son vénéré père, quand il s'agit de Saint-Donatien, de la Collégiale et des œuvres paroissiales, se mit sans retard en mouvement, et fit les démarches nécessaires pour obtenir l'exhumation des restes de M. Hillereau et leur transfert dans la Basilique.

Les opérations durèrent longtemps ; plusieurs désespéraient de les voir aboutir.

Enfin après dix ou onze mois d'attente pénible, la Préfecture de Nantes fit connaître à M. Joüon l'heureux résultat de sa demande. Ce fut une joie bien douce au cœur de tous les prêtres de la Collégiale et des amis de Saint-Donatien.

L'exhumation et le transfert des restes du défunt furent fixés — la Providence dirige tous les événements — au 11 novembre, à 9 1/2, c'est-à-dire au jour anniversaire et à l'heure même de la mort de M. le curé de Saint-Donatien.

Le vénéré pasteur était parti vers son éternité, en la fête du grand saint Martin, pour qui il eut toujours une singulière et très filiale dévotion. Et ce dut être pour son âme pieuse une douce joie de voir ses restes revenir dans sa chère Basilique, en la fête même de ce patron aimé de l'Ordre bénédictin, pour être présents tous les jours au chant des douces mélodies liturgiques et à la psalmodie de l'office divin.

A l'heure indiquée pour la cérémonie du transfert, le clergé de Saint-Donatien, les membres du Conseil paroissial, les élèves de la Psallette de la Collégiale et les Religieuses du presbytère se rendirent directement, par la porte latérale de l'église, au cimetière paroissial. Le cercueil avait été retiré de la fosse en présence du commissaire de police du 2ᵉ canton ; il était demeuré intact. Par précaution cependant, on l'enferma, sans l'ouvrir, dans une nouvelle bière. M. le chanoine Tendron procéda alors à la levée du corps, et le cortège se dirigea par le même chemin vers la Basilique.

Après le chant du *Libera* et les dernières prières liturgiques qui précèdent la mise au tombeau, le cercueil fut descendu dans le caveau préparé, devant l'autel même du Sacré Cœur, à l'endroit désiré jadis par M. Hillereau.

Avant de fermer ce caveau par des palâtres cimentés, on fixa sur la partie supérieur de la bière une plaque de cuivre portant une inscription latine, dont voici la traduction :

*Ici repose — M. Jean-Baptiste Hillereau, chanoine de l'église Cathédrale, — Prévot et Fondateur de la Collégiale — et curé de la paroisse des Saints Donatien et Rogatien. — Il mourut le 11 novembre 1907 ; — Et le même jour et le même mois de l'année suivante, ses restes furent exhumés du cimetière et transférés dans ce caveau, — en présence des Chanoines de l'église*

*Collégiale — et de quelques Notables de la même Paroisse. — Qu'il repose en paix ! (1)*

Actuellement, une simple carrée de bois, avec une courte inscription indique la tombe de M. le chanoine Hillereau. Mais un jour viendra, sans tarder, nous l'espérons, où un monument digne du curé de Saint-Donatien, du bâtisseur de la basilique votive, du fondateur de la Collégiale, sera élevé sur ses restes vénérés. Une souscription est ouverte à cette fin.

Un *projet de maquette*, au dixième de la grandeur définitive, faite par l'habile sculpteur, M. Vallet, donne une idée de ce que sera le travail. (2) Sur un socle de granit une pierre tombale en marbre portera la statue, en marbre également, de M. Hillereau, représentant l'illustre curé en costume de chanoine de la Collégiale, à genoux sur un prie-Dieu. Il a les mains dans les manches, et il regarde le tabernacle, où repose Notre-Seigneur. C'est l'attitude de la prière, de la communication douce et confiante avec Jésus, telle que l'avait M. Hillereau devant cet autel, surtout dans les dernières années de sa vie.

---

(1) *Hic jacet — D. Joannes-Baptista Hillereau, — Canonicus Ecclesiæ Cathedralis, — Præpositus ac Fundator Ecclesiæ Collegiatæ — Necnon Rector Parœciæ S. S. Donatiani et Rogatiani, — Qui vitâ functus die* XI^a *Novembris, — Anno MCMVII; Et eodem die ac mense anni sequentis — E cæmeterio levatus, — In hunc tumulum translatus est, — Coram Canonicis Ecclesiæ Collegiatæ — Atque dictæ Parœciæ quibusdam Nobilioribus. — Requiescat in pace !*

(2) Voir la photographie de ce *projet de Maquette.*

Nous achevons ici notre travail. — En l'écrivant nous avons eu sans cesse en vue tout d'abord les paroissiens de Saint-Donatien. Ce sera, nous le pensons, pour ceux d'entre eux qui ont connu M. Hillereau, qui l'ont vu à l'œuvre, qui ont été témoins des fêtes grandioses dont il fut l'initiateur et l'âme, une joie de revivre les trente-cinq années les plus glorieuses pour la paroisse.

Les amis de la Collégiale trouveront aussi dans ces pages une consolation dans leur peine ; nous les leur donnons pour cela.

Quant à ceux qui n'ont pas connu cette grande et noble figure du curé de Saint-Donatien, ou qui, dans un avenir plus éloigné, liront l'histoire de sa vie et de ses œuvres, ils ne pourront s'empêcher de l'admirer, car ils reconnaîtront facilement en lui celui que les évêques de Nantes ont appelé « un puissant ouvrier de Dieu. »

Enfin, et c'est notre vœu final, nous demandons au Sacré Cœur et à nos saints Martyrs, Donatien et Rogatien, de conserver toujours, dans la paroisse confiée à leur glorieux Patronage, le vivant souvenir de celui qui fut le délégué du ciel pour les glorifier sur « cette terre sacrée des Nantais », et de faire que cette parole de nos saints Livres soit vraie, dite de M. le chanoine Jean-Baptiste Hillereau :

*« In memoriâ æternâ erit Justus, —*
*La mémoire du Juste sera éternelle. »*

(Ps. CXI, 7.)

# APPENDICE

*Nous donnons ici, en appendice, quelques documents précieux, dont M. Hillereau parlait très souvent, et dont, maintes fois, nous avons fait mention dans le cours de cette biographie. Ils seront assurément très utiles au lecteur, pour lui donner l'intelligence plus parfaite de ce qui précède.*

# I. — Procès-verbal de la Translation des Reliques (1766)
## actuellement conservées à Saint-Donatien (1)

« Marie Jean de la Tullaye, prêtre chanoinne de l'Eglise de Nantes, vicaire général de monseigneur Pierre Mauclerc de la Muzanchère, Evêque de Nantes, sçavoir faisons que les Recteur, prêtres et habitans de la paroisse de Saint-Donatien lez Nantes, nous ayants témoigné qu'ils désiroient avec empressement de posseder quelques reliques de saint Donatien et saint Rogatien, martyrs, patrons, non seulement de la dite paroisse, mais de tout le diocèze, nous ont priés, sous le bon plaisir et agrément de mon dit Seigneur l'Evêque, d'engager Messieurs du Chapitre de la dite Eglise cathédralle, de vouloir bien leur accorder et faire délivrer quelques portions des dites reliques, qui sont déposées au trésor de la dite Eglise cathédralle. A quoi le susdit Chapitre ayant acquiescé, sur notre demande, Monsieur Phelypon, chanoinne et intendant de la fabrique de la dite église, auroit été députe pour faire l'ouverture des reliquaires, où sont renfermés les ossements des dits saints Martyrs, et nous en délivrer quelques portions, en présence de

---

(1) Nous reproduisons cet acte tel qu'il se trouve dans les archives paroissiales.

MM. Devay et Gauvain, chanoinnes de la même église, aussi députés pour cet effet par le dit Chapitre.

» En conséquence, ce jour seizième may mil sept cent soixante six, environ les deux heures de l'après-midi, nous nous sommes transportés au chœur de la dite église cathédralle ou se sont pareillement rendus nos dits sieurs Phelypon, Devay et Gauvain chanoinnes. A l'instant, ayant tous ensemble fait quelques prières à genoux au pied du grand autel, le dit sieur Phelypon a fait allumer plusieurs cierges et s'est revêtu d'un surpelis et d'une étolle, et ayant fait tirer du trésor de la dite église les deux châsses ou reliquaires, où sont enfermés les ossements des susdits saints Donatien et Rogatien, sur l'un desquels reliquaires est cette inscription : *S. Donatianus* et sur l'autre : *S. Rogatianus*, le dit sieur Phelypon a fait à l'instant ouverture de la châsse sur laquelle est inscrit : *S. Rogatianus* dans laquelle il s'est trouvé plusieurs ossemens des différentes parties du corps, enveloppés dans un sac de velours cramoisy, parmi lesquels il a choisi, avec les dits sieurs députés, un ossement d'environ six pouces de long qu'il nous a remis. Et ensuite ayant fait l'ouverture de l'autre châsse, ou reliquaire, sur laquelle est inscrit : *S. Donatianus* et dans laquelle il s'est trouvé pareillement plusieurs ossements de différentes parties du corps, aussi décemment enveloppés dans un sac de velours cramoisy, parmi lesquels il a choisi, avec les mêmes députés, un ossement d'environ six pouces de longueur qu'il nous a remis. Après quoy ayant renfermé tous les autres ossements, le dit sieur Phelypon les a remis dans les dites châsses ou reliquaires, lesquels, après avoir

9*

été fermés, ont été aussitôt replacés au trésor de la dite église, ou nous avons pareillement déposé (après les avoir enveloppés et cachetés) les deux susdits ossements, avec leurs étiquettes convenables, pour y rester jusqu'au vendredy suivant.

» Et avenant le dit jour du vendredy, vingt troisième may mil sept cent soixante six, nous avons en présence de mes dits sieurs Phelypon, Devay et Gauvain, fait retirer du dit trésor les deux susdits ossements que nous avons renfermés chacun dans un reliquaire de bois doré et préparé pour cet effet, auprès desquels on a tenu des cierges allumés. Environ les cinq heures de l'après-midi, le Recteur et le Clergé de la dite paroisse de Saint-Donatien, accompagnés d'une foule de peuple, s'étant rendu processionnellement à la dite Eglise Cathédralle dans la nef de laquelle on avait descendu et posé sur une table les deux susdits reliquaires, nous nous sommes revêtus d'un rochet, d'une étolle et d'une chape, et deux ecclésiastiques revêtus de dalmatiques, ayant pris sur leurs épaules un brancard sur lequel les reliquaires étaient attachés, nous nous y sommes rendus processionnellement en chantant des hymnes, après le *Veni Creator*, que nous avons entonné. Un thuriféraire a porté son encensoir fumant devant les dites reliques, pendant tout le cours de la procession.

Etant arrivés à la dite église paroissiale de Saint-Donatien, les deux reliquaires ont été déposés sur la table du grand autel, et après les avoir encensés, ainsi que nous l'avions fait avant de sortir de l'église cathédralle, nous les avons exposés à la vénération du public sur les gradins du maître autel de l'Eglise de Saint-Donatien, à l'occasion de la fête et solennité des dits saints Martyrs qui se célébroit demain ; après quoi, nous avons entonné le *Te Deum lau-damus* et dit, à la fin, l'oraison pour l'action de grâces et celle des dits Saints.

» De tout quoy nous avons rapporté notre présent procès-verbal pour servir où besoin sera.

Fait à Nantes, le dit jour vingt-trois mai mil sept cent soixante six, sous notre seing, celuy des dits sieurs députés du Chapitre et autres témoins et assistants, et sous le sceau des armes de Monseigneur l'Evêque de Nantes et celuy du dit Chapitre, et finalement sous le seing de Maître Jean Gabriel Texier, prêtre secrétaire du Chapitre, que nous avons pris pour adjoint en cette partie. »

Suivent les signatures :

M. J. DE LA TULLAYE, vic. général. — PHELYPON, chan. — GAUVAIN, chanoinne théologal. — TEXIER, p^tre. — CHAIGNAUD, p^tre.— COURTOIS p^tre. — TREVELLEC DE KEROLLIVIER. — DE LA TULLAYE, proc. gén. de la ch. de… —L. PARIS, p^tre. — DOUAUD-DUPOUET, p^tre vic. —Y. COAT, Recteur de Saint-Donatien.

Place du sceau de l'Evêque          Place du sceau du Chapitre.

✝                                        ✝

## II. — PROCÈS-VERBAL
### de la reconnaissance des Reliques, à l'occasion d'un changement de reliquaire, en 1789.

« Nous, Anne Julien Joseph de la Bourdonnaye, vicaire général de Monseigneur Charles Eutrope de la Laurencie, Evêque de Nantes, sçavoir faisons que le Recteur de Saint-Donatien nous ayant témoigné qu'il désiroit avec ardeur (tant pour satisfaire sa dévotion personnelle et celle de ses paroissiens que pour remplir les vœux de Monseigneur Jean Auguste de Frétat de Sarra, ci-devant Evêque de Nantes, manifestés par sa grandeur à l'endroit de sa visite du 11ᵉ de juillet 1777) transporter les Reliques des saints Donatien et Rogatien, patrons de sa paroisse et de tout le diocèse de Nantes, (qui depuis le 23ᵉ de mai 1766 reposent dans deux reliquaires de bois doré), dans deux nouveaux reliquaires d'argent plus richement ornés, lui permîmes le 22º d'avril dernier, de les en déplacer et de les enfermer respectueusement dans deux bœtes de sapin ficelées et cachetées, jusqu'au jour ou les nouveaux reliquaires fussent en état de les recevoir, moyennant toutefois un procès-verbal en règle, que nous lui enjoignions de rapporter à cet effet, en présence de témoins convenables.

» Avenant le 23ᵉ de mai de la présente année 1789, nous, susdit vicaire général, nous sommes transporté à la sacristie de l'Eglise paroissiale du dit Saint-Donatien lez Nantes, et là, prières faites et cierges allumés, après avoir rompu les cachets apposés aux susdites boëtes de sapin, et avoir lu le procès-verbal, ordonné ci-dessus qui y était renfermé, avons trouvé les reliques de saint Donatien et saint Rogatien dans la forme et dimensions énoncées au premier procès-verbal rapporté par Monsieur de la Tullaye, vicaire général de feu Monseigneur Pierre Mauclerc de la Muzanchère, Evêque de Nantes, le 23⁰ de mai 1766, époque à laquelle il plut à messieurs du Chapitre de l'église de Nantes, sur le bon plaisir du dit seigneur Evêque de favoriser la paroisse du dit Saint-Donatien d'un si riche présent, lesquelles dites reliques de Saint Donatien et de Saint Rogatien avons placées dans les deux nouveaux reliquaires d'argent, bien et dument enrichis pour contenir plus dignement ce précieux trésor ; en présence du susdit Recteur, de Messires Jean-Baptiste Laisné, prêtre, Pierre Jambu et Alexandre Lescan, vicaires de la paroisse, témoins appelés à cette fin ; après quoi nous avons apposé le sceau de nos armes à chacune des dites reliques pour obvier à tout évenement et malversation qui pourraient arriver, faute de cette précaution..... »

L'abbé de la BOURDONNAYE, vic. gén. —
Y. COAT, recteur de Saint-Donatien.
— P. JAMBU, vic, — LESCAN, vic. de
Saint-Donatien.

## III. — Le rachat, en 1803, de l'Eglise Saint-Donatien, du Cimetière, du Presbytère etc., etc.

Les paroissiens de Saint-Donatien n'avaient plus d'église, plus de chapelles, plus de cure, plus de cimetière. La Maison presbytérale, la chapelle Saint-Etienne et toutes les autres dépendances de l'église et de la cure, ainsi que le cimetière avaient été vendus le 2 messidor, an IV (18 juin 1796), pour la somme de 20.510 livres.

Les paroissiens prirent alors la résolution suivante : (1) « Attachés aux restes de notre ancienne Eglise et dépendances, dirent-ils, comme à *nos propriétés personneles*, et privés d'elles par la vente qu'en avoit fait la Nation aux Messieurs Pecot de cette ville, nous nous sommes réunis, habitants et propriétaires de la Sucursale, et avons chargé douze Notables d'entre nous, de racheter dans leurs noms, *pour eux et pour toutes les familles de la ditte Sucursale*, chaque contribuant à cet achat proportionnement à ses moyens, comme nous y sommes tous engagés par un acte particulier, des dits Messieurs Pecot : *l'église, le presbytère, le simetière, jardin et dépendances.* »

---

(1) Nous reproduisons cet acte tel qu'il se trouve dans les archives paroissiales.

Le 19 brumaire, an XI (10 novembre 1802), les douze Notables exécutèrent le mandat dont ils étaient chargés et rachetèrent (1) « des Sieurs Antoine et Mathurin Peccot, frères, l'un commissaire du Gouvernement à la Monnaie de Nantes, l'autre architecte à Nantes, demeurant l'un et l'autre à la Monnaie, *tout ce qui existait de l'église, du cimetière, des chapelles, du jardin, des logements et autres objets dépendant de l'église et de la Maison curiale et presbytérale de Saint-Donatien.* » Le prix réel de vente fut de 15.600 francs, que les acquéreurs s'engagèrent à payer aux époques fixées par le contrat.

Ces douze acquéreurs furent : « Jacques Litou, blanchisseur, demeurant à la Tenue du Boccage ; — Jeanne Belteau, veuve de Gabriel Audrain, et Alexandre Audrain, demeurant à la Tenue de la Bouteillerie ; — Louis Cottineau, jardinier, demeurant au Champ de Pie ; — Antoine Gabriel Lepré, boulanger, demeurant à l'entrée de la Route de Paris (2) ; — Gabriel Bahuaud, jardinier, demeurant à Belle-Isle ; — Jean Rousseau, boulanger, demeurant route de Paris ; — Mathurin de Hergne, rentier, demeurant place des Gracques (3) ; — Aimé Hairo, et René François Métaireau, blanchisseur, demeurant au Boccage ; — François Bézier, fermier, demeurant à la Marrière ; — et Philippe Nogues ». Ils achetaient *au nom de la paroisse tout entière.*

---

(1) Acte de reconnaissance de vente conservé au presbytère de Saint-Donatien.

(2) C'est la rue actuelle de Saint-Donatien. Ce boulanger est celui qui conserva les Reliques pendant la Révolution. — Voir page 114.

(3) Actuellement place Saint-Pierre.

## IV. — Rescrit donnant le Sacré Cœur de Jésus pour Patron de la Paroisse Saint-Donatien

Quand les Fidèles, habitant la paroisse de Saint-Donatien, dans la ville et le diocèse de Nantes, eurent d'un consentement unanime, choisi le Sacré Cœur de Jésus pour patron principal auprès de Dieu, leurs votes furent adressés au R. R. Seigneur Evêque de Nantes. Alors ce R. Evêque non seulement donna son assentiment à l'élection qui avait été faite, mais encore il supplia humblement Notre Très Saint Père Pie IX de daigner approuver cette élection. Aussi Sa Sainteté, sur le rapport que lui fit le substitut soussigné de la Congrégation des saints Rites, confirma de son autorité souveraine l'élection sus-dite ; et elle ordonna que la fête du Sacré Cœur de Jésus fût célébrée par le clergé de cette paroisse de Saint-Donatien, sous le rite double de première classe avec octave, en ajoutant que, par privilège, la solennité de la fête en question pourra être transférée au dimanche suivant, selon l'indult du cardinal Caprara, de très illustre mémoire, pour les Patrons principaux des lieux, en tenant compte des

Rubriques. Nonobstant toutes dispositions contraires. — Le 1ᵉʳ octobre 1874.

R. Evêque d'Ostie et de Vellatri. — Card. Patrizi, S. R. C., préfet. — Pour R. P. D. Dominico Bartolini, secrétaire, Joseph Ciccolini, substitut.

*Place du sceau*
✝

C'est avec respect que nous avons reçu la lettre présente, et c'est avec reconnaissance que nous avons accueilli la faveur qu'elle renferme, que Notre Très Saint Père Pie IX a daigné nous accorder, sur la demande que nous lui avions faite, en le suppliant que l'église de notre diocèse, qui jusqu'ici fut honorée du patronage et du titre des S. S. Martyrs Donatien et Rogatien, eût le Sacré Cœur de Jésus comme second Patron, également principal.

Ayant donc reçu la faveur apostolique, conformément à notre demande, nous voulons que la sus-dite église jouisse de cette faveur telle que, gardant l'ancien titre et patronage des S. S. Donatien et Rogatien, elle ait de plus, comme également principal, le patronage du Sacré Cœur de Jésus, dont la fête sera célébrée sous le rite double de 1ʳᵉ classe avec octave ; et la solennité de cette fête pourra être transférée au premier dimanche suivant.

*Place du sceau*
✝

*Nantes, le 23 octobre 1874.*

Félix, évêque de Nantes.

# V.— Les dimensions de la Basilique votive des Nantais

Longueur totale. . . . . . . . . . . . . . . 69 m. 50
La largeur (de dehors en dehors) . . . . . . 27 m. 50
Largeur au transept (de dehors en dehors). . 36 m. »
Longueur de la grande nef jusqu'au transept. . 28 m. 80
Longueur de la grande nef jusqu'à l'abside. 52 m. 50
Profondeur du chœur. . . . . . . . . . . . . 13 m. 20
Largeur de la grande nef, d'axe en axe. . . . 10 m. 75
    —        —     de mur à mur. . . 10 m. 10
Largeur des basses nefs. . . . . . . . . . . 4 m. 90
Longueur de la travée . . . . . . . . . . . . 5 m. 37
Hauteur de la grande nef sous voûte au tran-
    sept . . . . . . . . . . . . . . . . . . . 25 m. »
Hauteur des basses nefs sous voûte . . . . . 8 m. 95
Hauteur extérieure à la corniche . . . . . . 25 m. »
    —        —        —     des basses-
    nefs . . . . . . . . . . . . . . . . . . . 10 m. 25

# VI. — Les Cloches de la Basilique votive :
# leurs noms, leur poids, leurs inscriptions

*Première Cloche* : LE SACRÉ CŒUR DE JÉSUS

NOTE : *la.* — je pèse 4.614 kilog.

J'ai été baptisée, en juin 1902, par S. E. le Cardinal Richard, archevêque de Paris. — Mgr P. E. Rouard, étant évêque de Nantes, en présence des membres du Conseil de Fabrique. — F. Joüon, Président ; A. Poisson, trésorier. — L. David, — C. Lecureuil, — A. Derennes, — A. Chevalier, — F. Couillaud, — L. Bureau, conseillers. — (Sarradin, maire de Nantes), — et de MM. les Prêtres de la Basilique de Saint-Donatien : L. Tendron, — P. Saillant, — A. Ecomard. — A. Deniaud, — J. Baudry, — A. Delanoue, — D. Joalland, — A. Bourcier, — P. Lamisce, — A. Malécot, — P. Ménoret, — P. Thomas.

J'ai eu pour parrain Auguste-Eugène Rochard, époux de

Pauline-Rose Guillon, et pour marraine Emilie-Marguerite Rochard, veuve de Félix Vidie.

En mémoire des insignes bienfaiteurs de la nouvelle église des saints Donatien et Rogatien : 1º Les Souverains Pontifes Pie IX, qui lui a donné le patronage du Sacré Cœur, et Léon XIII qui lui a donné le titre de Collégiale et de Basilique mineure ; — 2º Les évêques de Nantes, Monseigneur Jacquemet qui l'a préparée, — Monseigneur Fournier qui l'a fondée, — Monseigneur Lecoq qui l'a consacrée, — Monseigneur Rouard, qui présida à son achèvement ; — 3º La famille Vidie-Rochard ; — L. Levesque, — Ch. Nouvellon, — La Roche-Gicquel, — Lapierre, — Orieux. — *J.-B. Hillereau, curé.*

*Deuxième Cloche* : MARIE

Note : *Si.* — je pèse 2.997 kilog.

J'ai été baptisée, en juin 1902, par Mgr Charles Laborde, évêque de Blois. — Mgr P. E. Rouard, étant évêque de Nantes. — Je me nomme Marie-Alfred-René. — J'ai eu pour parrain Alfred de la Tullaye et pour marraine Marie Hénin, épouse de Alfred de la Tullaye. — En mémoire de Henri-Jean-Salomon de la Tullaye, décédé le 29 janvier 1881 et de sa famille ; — De Alfred de la Tullaye et de Marie Hénin, mes parrain et marraine, bienfaiteurs de l'église et de la paroisse.

### *Troisième Cloche* : DONATIENNE

Note : *Do Dièze.* — je pèse 1.975 kilogr.

J'ai été baptisée, en juin 1902, par Mgr Pierre-Emile Rouard, évêque de Nantes — Je me nomme Donatienne, dite *la belle Jardinière.*— J'ai eu pour parrains et marraines Louis Brunellière et Madame Peignon, veuve d'Alexandre Brunellière ; — Auguste Chevalier, conseiller de Fabrique et Louise Grousset, veuve de P. Cottineau; — Louis Bureau, conseiller de Fabrique et Marie Pouplard, épouse d'Alexandre Guillon. — En mémoire des parrains et marraines et des familles des jardiniers de la paroisse, qui ont contribué à l'acquisition de Donatienne, notamment des familles suivantes : Veuve Priou, —Veuve Biton-Caillé, - Veuve A. Brunellière, — Veuve Aug. Peneau. — Auguste Bézier — A. Derennes, — P. Cheminant, — P. Violain, — H. Brunellière, — L. Brunellière, — Loyant, — Auguste Chevalier, — S. Ordonneau, — P. Brunellière, -- Anne Cheminant, — Bretonnière et Minier, anciens conseillers de Fabrique.

### *Quatrième Cloche* : ROGATIENNE

Note : *Ré.* — Je pèse 1.611 kilogr.

J'ai été baptisée, en juin 1902, par Mgr Pierre-Emile Rouard, évêque de Nantes. — Je me nomme Rogatienne-Adèle-

Françoise-Magdeleine-Anne-Louise-Antoinette. — J'ai eu pour parrain et marraine : François Joüon, docteur en médecine, Conseiller général, Président du Conseil de Fabrique et Adèle-Marie-Louise Peigné, son épouse, et François-Marie-Aimé Joüon, docteur en droit, et Magdeleine-Marie-Anne Joüon, épouse de Antoine-Emilien-Alfred-Marie Vincent. — En mémoire des familles Guillois-Peigné et Joüon, bienfaiteurs de l'église et du clergé de Saint-Donatien.

### *Cinquième Cloche :* JOSEPH

NOTE : *Mi*. — Je pèse 1.076 kilog.

J'ai été baptisée, en juin 1902, par Mgr Pierre-Emile Rouard, évêque de Nantes. — Je me nomme Joseph-Paul-Thérèse-Cécile. — J'ai eu pour parrain Paul-Marie Couillaud, époux de Cécile-Marie-Anne Rousselot, ancien président du tribunal de Commerce, et pour marraine, Thérèse-Marie Houget, épouse de Paul Rousselot. En mémoire de Jules Rousselot, fondateur de la Banque J. Rousselot et C<sup>ie</sup> et de ses successeurs, bienfaiteurs de l'église Saint-Donatien.

### *Sixième Cloche :* AGAPIT

NOTE : *Fa dièze.* — Je pèse 771 kilog.

J'ai été baptisée, en juin 1902, par Mgr Pierre-Emile

Rouard, évêque de Nantes. — Je me nomme Agapit-Marie-
Anna-Augustine-Françoise-Conrad. — J'ai eu pour parrains
Auguste Cottineau, Frère Rogatien-Marie, des frères de
l'Instruction chrétienne et Francis-Jules Cottineau, curé de
Pouillé, et pour marraines Maria Cottineau, en religion
sœur Marie de Sainte-Anne, des Ursulines de Redon et
Anna-Augustine Cottineau. — En mémoire d'Auguste
Cottineau et Françoise Cottineau et leurs enfants, bienfai-
teurs de l'église de Saint-Donatien.

### Septième Cloche : AUGUSTINE

Note : *Sol dièze*. — Je pèse 605 kilog.

J'ai été baptisée, en juin 1902, par Mgr Pierre-Emile
Rouard, évêque de Nantes. — Je me nomme Augustine-
Adélaïde-Angélique-Clémence. — J'ai eu pour parrains,
Auguste Poisson, veuf d'Angélique Cottineau et Augustin
Poisson, leur fils, et pour marraines Adélaïde Jannet,
veuve d'Augustin Barberel, et Marie Caillé, veuve de Jules
Biton. — En mémoire de Pierre Cottineau, Angélique
Cottineau, Augustin Barberel et Clément Lecureuil, bien-
faiteurs de l'église et du clergé de Saint-Donatien.

### Huitième Cloche : ANNE

Note : *La*. — Je pèse 500 kilog.

J'ai été baptisée, en juin 1902, par Mgr Pierre-Emile

Rouard, évêque de Nantes. — Je me nomme Anne du Sacré-Cœur Françoise-Marie-Angéline-Eudoxie-Marie. — J'ai eu pour marraine la Congrégation des Enfants de Marie, représentée par Françoise Blanchard, présidente; Angéline Blanchard, Marie Legrand, Eudoxie Brodu, anciennes présidentes. — En mémoire des Jeunes filles de la Congrégation des Enfants de Marie, qui ont fait leur offrande, de M<sup>me</sup> de Moulins et des Religieuses du Sacré-Cœur, directrices de la Congrégation et de l'école paroissiale, ainsi que de Françoise Blanchard, présidente ; Eugénie Jannin, Anna Morandeau, Marie Lesimple, Joséphine Hillereau, Marguerite Brunellière, Alphonsine Maillet, Angèle Savy, Augustine Blanchard, Eudoxie Brodu, Marie Loyant, Eugénie Loyant, Célestine Gautier, conseillères.


### Neuvième cloche : STÉPHANIE

NOTE : *Si*. — Je pèse 377 kilog.


J'ai été baptisée, en juin 1902, par Mgr Pierre-Emile Rouard, évêque de Nantes. — Je me nomme Stéphanie-Sophie-Jenny-François-Paul-Thérèse. — J'ai eu pour parrain Paul Beaupère et pour marraine Françoise Houdemont. — En mémoire des familles Hyrvoix et Frangeul-Hyrvoix, — bienfaitrices de l'église de Saint-Donatien.

*Dixième cloche* : MARIE-EMMANUEL

NOTE : *Do Dièze*. — Je pèse 291 kilog.

J'ai été baptisée, en juin 1902, par Mgr Pierre-Emile Rouard, évêque de Nantes. — Je me nomme Marie-Emmanuel-Rose-Henriette. — J'ai eu pour parrain Henri Lizé, prêtre, enfant de la paroisse, vicaire de la Plaine, et pour marraine Rose Turcot. — En mémoire de Marie Bernardeau et Mariette Ripeau, insignes bienfaitrices de l'église de Saint-Donatien.

# VII. — Bref de Sa Sainteté Pie X,

## autorisant le Couronnement du Sacré Cœur
## dans la Basilique de Saint-Donatien,
## à Nantes

*A notre vénérable Frère,*

Pierre-Emile ROUARD, évêque de Nantes,

PIE X, Pape.

*Vénérable Frère, salut et bénédiction apostolique.*

Vous avez pris soin de nous exposer que l'église paroissiale qui existe dans votre ville de Nantes, sur le tombeau
des Bienheureux frères Donatien et Rogatien, a été rebâtie
depuis 1871, avec plus d'ampleur et de richesse, par les
soins de l'évêque, du clergé et du peuple, en exécution
d'un vœu public fait au Sacré Cœur de Jésus, et qu'elle
a été décorée, quelques années plus tard, par ce Siège apostolique, du titre de Basilique mineure.

Les fidèles qui affluent de toutes parts pour y adorer le
Cœur du Sauveur, soit en des réunions publiques, soit
isolément, et lui adresser des supplications répétées pour
le triomphe de la foi, ont un ardent désir que la statue
qu'on y vénère soit solennellement couronnée d'un diadème d'or.

Pour Nous, qui n'avons rien plus à cœur que de voir les hommes entourer du plus tendre amour le Cœur si aimant de Jésus, dont le culte a pris naissance dans la très noble nation française, Nous avons d'autant plus volontiers résolu de seconder ces vœux, qu'ils sont appuyés par votre recommandation.

C'est pourquoi, — et en vue seulement de la présente faveur, — absolvant et jugeant que l'on devra considérer comme absous de toutes sentences, censures et peines ecclésiastiques qu'ils pourraient avoir encourues, tous ceux à qui ces lettres doivent profiter, Nous confions à Vous, Vénérable Frère, par la teneur des présentes, et pour le jour que vous aurez choisi, la mission de couronner solennellement, selon les règles prescrites en pareil cas, en Notre nom et par Notre autorité, la susdite statue du Sacré Cœur de Jésus, qui se trouve dans l'église curiale susmentionnée de la ville de Nantes.

Et, afin que cette solennité tourne plus abondamment au bien des âmes, Nous accordons miséricordieusement, dans le Seigneur l'indulgence plénière et la rémission de tous leurs péchés à tous les fidèles de l'un et l'autre sexe qui, vraiment pénitents, confessés et munis de la sainte communion, visiteront la dite Eglise et la statue du Sacré Cœur de Jésus, le jour même du couronnement, et, dans l'avenir, le jour anniversaire du couronnement, depuis les premières vêpres jusqu'au coucher du soleil, et y adresseront à Dieu de ferventes prières : pour la concorde des princes chrétiens, l'extirpation des hérésies, la conversion des pécheurs et l'exaltation de notre Mère, la sainte Eglise. La présente indulgence sera aussi applicable, par manière de suffrage, aux âmes des fidèles détenues dans le Purgatoire.

Et ce, nonobstant toutes choses contraires.

Donné à Rome, près Saint-Pierre, sous l'anneau du Pêcheur, le 11 septembre 1906, de notre pontificat le quatrième.

PIE X, pape.

ALOISIUS, CARDINAL MACCHI.

FIN

tien. — Les désirs de l'exhumation des restes de M. Hillereau.
— Succès obtenu par M. François Joüon. — Les restes de
M. Hillereau sont rapportés à la Basilique, le 11 Novembre 1908.
— Ce que sera le tombeau de M. le curé de Saint-Donatien



1º Procès-verbal de la Translation des reliques (1766, actuellement conservées à Saint-Donatien.

2º Procès-verbal de la reconnaissance des mêmes reliques, a
l'occasion d'un changement de reliquaires, en 1789.

3º Rachat, en 1803, de l'église de Saint-Donatien, du cimetière, du presbytère, etc...

4º Rescrit donnant le Sacré Cœur de Jésus pour Patron à la
paroisse Saint-Donatien.

5º Les dimensions de la Basilique votive des Nantais.

6º Les cloches de la Basilique votive : leurs noms, leur
poids, leurs inscriptions.

7º Bref de S. S. Pie X, autorisant le couronnement du Sacré
Cœur, dans la Basilique Saint-Donatien.